Applied Ethics as Liberal Arts

教養としての
応用倫理学

浅見 昇吾／盛永 審一郎 [編]

丸善出版

まえがき

　20世紀から21世紀に入り，倫理のことが以前よりも頻繁に議論されるようになっている．どのような問題が論じられているかと言えば，かつてとは趣きがやや異なる．善とは何か，義務とは何か等々が一般的な形で問われることは，以前ほど多くはない．具体的な問題，身近な問題，日々の仕事や生活と関連した問題が取り上げられる．

　自分ではなく別の女性に出産を任せてもよいのか．社会の安全のためならインターネットへの監視やモニタリングは許されるのか．許されるとしても，どこまでなら許されるのか．同性同士で結婚することは許されないのか．公立学校で宗教的な習慣に発する衣服を身につけることは許されるのか．異なる宗教間の対話，異なる文化間の対話は可能なのか．人生の末期に安楽死を求めることは許されるのか．動物の臓器を人間に移植してよいのか．臓器の売買は許されるのか．遺伝子への介入技術が発展したならば，自分の子どもを好きなようにデザインしてよいのか．多国籍企業への課税はどうすればよいのか．富の格差は是正すべきか．是正すべきなら，どのようにしてどの程度まで是正すればよいのか．

　このような問題はいくらでも挙げることができるだろう．現代人は日常生活を送るなかで，数多くの倫理的問題に直面してしまう．というより，倫理的な問題にほぼ間違いなく何らかの形で巻き込まれてしまうのである．このような状況になったのには少なくとも二つの理由があるように思われる．

　第一に，さまざまな技術の発展が当然，数多くの問題と深く結びついている．生殖補助技術の発展がなければ，体外受精や代理母の問題など生じなかっただろう．インターネットなどの通信技術の大きな発展がなければ，インターネット等にまつわる問題も生まれなかった．さらに，交通・通信技術の飛躍的な発展がなければ，多様な文化，多様な生活様式，多様な考え方があることを知る機会も少なかったに違いない．技術の発展によって，人は自らの考えや生活を相対化するようになっていったのである．この生活様式や価値観の多元化とその実感から，上記の問題の少なからぬものが生まれている．

　第二に，たとえ多くの問題があったとしても，それを処理できる原理や原則があれば，問題を解決することは困難ではない．しかし，これまでの倫理の原理や原則でそのまま問題が解決できるとは言い難い．自由主義社会の発展から生じた自己決定権にしても，さまざまな制限を設ける必要があると考える人が多い．市場原理にしても，市場にすべてを任せるべきだと考える人は少なく，富の再分配を強く促す意見が多い．多様な意見があるときの合意形成システムとしての民主

主義すら，十全に機能しているとは言い難い．言うなれば，事実が理論や原理や原則を追い越してしまっていて，理論や原理や原則が事実に対応できていないのである．

　こうした状況下にある以上，現代人はどうしても自分で具体的な問題，応用倫理の問題と言われるものに取り組まなければならないことになる．そして原理や原則を個別的なケースに単純に適用できないので，その二つのものを整理し，仲介し，調整せざるを得ない．この課題が現代人には突きつけられているのである．本書を編む際には，このようなことが念頭に置かれていた．

　本書は 10 章からなっている．それぞれの章では，現在の応用倫理の重要な問題が扱われている．つまり，応用倫理の領域としてよく挙げられるもの，具体的には，情報倫理，生命倫理，ビジネス倫理，環境倫理等の章が作られている．その各領域の重要な概念になるものを章のタイトルにも適宜入れるとともに，各項目でコンパクトに応用倫理の各領域の問題点や議論の方向を挙げている．言うまでもなく，この 10 章で応用倫理と言われる分野のすべてをカバーしているとは思っていない．しかし，応用倫理のかなりの範囲のことは主題化できているのでないかと考えている．

　全体の構成は，情報倫理の問題にはじまり，医療情報，生命倫理などを経て，グローバリゼーションや合意形成の問題に至るようになっている．このような順序でなければならない理由はないが，情報を得て個別的な主体が何かを自律的に判断していく際に，比較的身近なことに関する判断から大きな領域のものへの判断へ進んでいくというイメージで構成している．言うまでもなく，情報を得て個別的な主体が自律的に判断していくというイメージすら，今では根本的に疑われなければならないのであるが，このような構成はわかりやすいと思われると同時に，古典的な判断の主体というイメージに疑念を抱かせるのにも適しているのではないだろうか．

　また，全体を振り返ると，「自由と規制」と「価値観の多様性と合意形成」とが縦糸と横糸になっているようにも思われる．この二つは密接に結びついているので，縦糸と横糸という表現が適切かどうかはわからないが，この二つが応用倫理の根底にある問題をある程度表現していると言えるのではないだろうか．

　さて，本書のタイトルは『教養としての応用倫理学』となっている．「教養」とは何かについてここで明確な考えや答えを出すことはできない．すべての人に共通する理解があるとも思えない．すぐに想像できると思われるが，ここで「教養」と冠したのには，大学生に教科書として利用してもらいたいという意図がある．けれども，大学生だけに，しかも単なる机上の知識として応用倫理を身につけてもらいたいのではない．上述のように，現代人は否応なくいわゆる応用倫理の問題

に巻き込まれていく．とすれば，応用倫理についての見取り図，応用倫理の基本的な考え方，応用倫理の目指す方向は，現代社会を生きていくために誰もが身につけておかねばならないものになるだろう．生きていくために必要なもの，自分らしく，よりよく生きていくために身につけておくべきものという意味で「教養としての」応用倫理に取り組んで頂ければ幸いである．

　最後になったが，本書の出版にあたり，丸善出版の小林秀一郎氏・加藤祐子氏に大変お世話になったことを記して深く感謝申し上げたい．

2013 年 9 月

編者を代表して
浅見昇吾

目　次

序章　なぜ応用倫理学を学ぶのか……………………………………………… I
　1. 現代社会における倫理的問題と応用倫理学　2
　2. 価値観の多様性と応用倫理　4
　3. 倫理理論，倫理原則と応用倫理　6
　4. 反照的均衡と応用倫理　8
　コラム　　加藤尚武『新・環境倫理学のすすめ』　10

第1章　情報社会と情報倫理 ………………………………………………… II
　1. 情報の定義　12
　2. 情報犯罪──無害な行為や匿名性の規制は必要か　14
　3. 監視社会とプライバシーと自由主義　16
　4. インターネットと情報の所有権　18
　5. 災害時の情報伝達──社会を守る「高貴な嘘」の嘘　20
　6. コンピュータ倫理学　22
　7. 電子投票　24
　コラム　　ローレンス・レッシグ　26

第2章　医療情報と情報倫理 ………………………………………………… 27
　1. 医療情報とインフォームド・コンセント　28
　2. 医療情報の所有者　30
　3. 「知る権利」と「知らないでいる権利」　32
　4. 倫理コンサルテーション　34
　5. 地域医療情報ネットワーク　36
　6. 疫学研究と情報　38
　7. 個人の遺伝子・ゲノム情報の取扱い　40
　8. 集団データベースの倫理的問題　42
　9. 医療過誤の情報と患者への伝達　44
　10. EBM・NBMと情報　46
　コラム　　ダグラス・バデノック／カール・ヘネガン『EBMの道具箱』　48

第3章　生命倫理と自己決定権 …… 49

1. バイオエシックスの誕生　50
2. 患者の権利——WHO憲章，リスボン宣言，患者の権利章典　52
3. パーソンという概念　54
4. インフォームド・コンセント——本人の意思，代理意思，事前意思　56
5. ケアの倫理　58
6. 人間の尊厳と生命倫理　60
7. EU「バルセロナ宣言」とユネスコ「生命倫理と人権に関する世界宣言」　62
8. 安楽死・尊厳死　64
9. 緩和ケア　66
10. リビング・ウイルと事前指示と自己決定　68

コラム　ジョン・スチュアート・ミル『自由論』　70

第4章　市場社会と生命倫理 …… 71

1. 脳死と臓器移植　72
2. 臓器売買　74
3. サバイバルロッタリーと医療資源の配分　76
4. 異種移植　78
5. ES細胞・iPS細胞　80
6. エンハンスメント　82
7. 医師の役割と職業倫理　84

コラム　ニコラス・ローズ『生命それ自体の政治』　86

第5章　性と愛と家族の倫理 …… 87

1. 家族のあり方と結婚制度　88
2. 宗教と家族制度　90
3. 性教育　92
4. ジェンダー　94
5. 異性愛・同性愛　96
6. リプロダクティブ・ヘルス／ライツ　98
7. 人工妊娠中絶と出生前診断　100
8. 代理母・代理出産・卵子提供　102
9. 離別・悲嘆とグリーフケア　104

コラム　フロイトと精神分析――性と愛と家族の倫理　106

第6章　市民社会と技術倫理……………………………………107

　1. 現代の技術の特徴　108
　2. 科学者の社会的責任，技術者の社会的責任，専門職の倫理　110
　3. 製造物責任　112
　4. バリアフリーとユニバーサルデザイン　114
　5. ヒューマンエラー　116
　6. 技術者倫理教育　118
　7. 技術予測　120
　8. 予防原則とリスク　122
　9. テクノシステムと倫理　124
　　コラム　ハンス・ヨナス『責任という原理』　126

第7章　技術の発達と動物倫理……………………………………127

　1. 肉食の問題とベジタリアン　128
　2. 動物実験　130
　3. 種差別　132
　4. 動物の心　134
　5. 動物の権利　136
　6. 功利主義と動物倫理　138
　7. 進化論の論理・倫理と人間　140
　8. 脳科学，脳神経倫理と人間の地位　142
　　コラム　ピーター・シンガー　144

第8章　グローバル化とビジネス倫理……………………………145

　1. 近代科学と資本主義　146
　2. 多国籍企業　148
　3. 内部告発　150
　4. コンプライアンス　152
　5. 企業の倫理綱領　154
　6. 倫理的な調達と企業の社会的責任　156
　7. 異文化とビジネス　158
　8. 富の格差　160

9. 発展途上国と開発援助　162
  10. 身近なところへの援助と遠いところへの援助　164
  コラム　トマス・ポッゲ　166

第9章　自由主義と環境倫理 …………………………………… 167

  1. 戦争と暴力　168
  2. 戦争と環境　170
  3. 持続可能な発展（開発）　172
  4. IPCC　174
  5. 土地倫理とディープエコロジー　176
  6. 生物多様性　178
  7. 自然権訴訟　180
  8. 放射性廃棄物　182
  9. 世代間倫理と未来倫理　184
  コラム　J・ベアード・キャリコット『地球の洞察』　186

第10章　民主主義と合意形成 …………………………………… 187

  1. 社会的決定と民主主義　188
  2. 社会契約論とロールズ　190
  3. リベラル・コミュニタリアン論争　192
  4. 分配と正義　194
  5. 文化の単位，政治の単位，経済の単位　196
  6. 多元的世界における合意形成　198
  コラム　ナンシー・フレイザー／アクセル・ホネット
　　　　　『再配分か承認か？──政治・哲学論争』　200

■ 索　引（人名索引/事項索引）…………………………………… 201
■ 編者・執筆者紹介 ………………………………………………… 212

序章

なぜ応用倫理学を学ぶのか

　加藤尚武は，日本におけるバイオエシックスに関するパイオニア的本である『バイオエシックスとは何か』（未來社，1986年）で，「人類はアニミズムの時代からずっと持ち続けてきた倫理意識の在庫が，根底から危機にさらされるという初めての体験を前にしているのではないであろうか」と書いている．永遠と思われていた事実判断が変貌したことにより価値規範が意味を失ったということである．「天が下に新しきものあり」というのだ．　　　　　　　［盛永審一郎］

1. 現代社会における倫理的問題と応用倫理学

　17世紀に近代形而上学，ついで近代科学が，18世紀には近代科学技術が生まれた．この近代科学技術とは，自然のからくりを数量化してとらえ，自然にいくつかの手段を挿入し，自然から人間を解放し，人間の生活を容易にし，豊かにするもの，すなわち自然に対峙しての自由を人間に獲得させるものだった．ところが人間にユートピアを夢見させた科学技術は，自然・生命・人間の生活に予期せざる反作用を及ぼし，脅かすものとなるか，あるいは少なくとも両義的なものとなった．特に原子爆弾の技術による人類の自己絶滅と生命の自然的基盤の破壊の可能性は，世界を破局の寸前へと導き，黙示録的な状況を作り出した．

●**応用倫理学**　科学技術によりもたらされた自然・生命・生活の問題を解決するために1970，80年代に登場した学問領域が「応用倫理学（applied ethics）」で，具体的には「生命倫理学（bioethics）」，「環境倫理学（environmental ethics）」，「企業倫理学（business ethics）」，「技術者倫理学（engineering ethics）」，「情報倫理学（information and computer ethics）」などからなる．応用倫理学というと，①キリスト教における「決議法」のように，代理母・エンハンスメント・地球温暖化などの現代的諸問題に対して，これまでの倫理理論を尺度にして，その倫理的是非を問うたり，②逆に新しい諸問題を篩にして，これまでの倫理理論それぞれの権能を批判的に問うたり，あるいはわれわれの意志決定の仕方を構築していく学問と考える人が多いだろう．しかしそれだけではなく，③従来の倫理理論ではもはや解決不能なとき，科学技術によりもたらされた新しい事実や状況に対応する新しい倫理パラダイムを構築する学問でもある．

●**脳科学**　このことは例えば脳科学において見ることができる．①は，脳神経倫理とは，「脳や中枢神経系のさまざまな測定や介入から生じる倫理的問題に関わる生命倫理の一部門」「人間の脳を治療することや，脳を強化することの是非を論じる哲学の一分野」という定義に見られる．生命倫理の問題のうち，脳や中枢神経系が関わるものを扱うのが，脳神経倫理学というものである．それに対し，「疾病・異常・死・ライフスタイルといった社会的問題と生命の哲学を，基礎となる脳のメカニズムの理解に基づいて，われわれがどのように扱おうとするのかを吟味する」（ガザニガ）という定義には②を，現代を代表する三つの道徳論，ミルの功利主義，カントの義務論，アリストテレスの徳倫理学．「カントは前頭葉，ミルは前頭前野と，大脳辺縁系と，感覚野．アリストテレスは，すべてを適切に連携させながら働かせる」（ケイスビア）という言葉には，脳の解明の結果に応じて，倫理を改変ないし作り出すという③を見ることができる．MBE（医学に基づく

倫理学) といえる．

●**生殖医療**　1978 年に英国で，世界初の体外受精児が誕生した．体外受精は，子どもをもちたいがどうしてもかなわない親に福音となる技術だった．しかしこの技術は子どもを授けることだけに利用されたのではない．反対に，人間に生殖に関与する権利をも与えることにもなった．すなわち，望まない子の場合は受精卵を廃棄することを可能にする選別の道を開いた．また，救世主兄弟の誕生のように，初めから目的をもって作られる可能性も開いた．これまでは命がそれ自体として最大の価値であった．しかし今は命よりも「健康」が，あるいは人間の能力が高い価値とされるようになった．また，これまでは愛・性・生殖は三位一体であったが，それが崩壊し，さまざまな家族の形を生み出すことになった．まさに，ヒトの受精卵を掌中にすることにより，人間の誕生や家族のあり方に新たな倫理観が構築されていく，といえる．

●**科学技術と行為の変化**　それでは科学技術は人間の行為をどのように変えたのだろうか．「すべてこれらのことが決定的に変わった．現代技術は，新しい範囲の，新しい種類の対象や結果を伴う行為を導入したので，以前の倫理学の枠組みはそのような行為をもはや把握することはできない．不思議なもの，人間の不思議な力についてのアンティゴネーの合唱は，今日全く異なった不思議なものを予想して，別様な言葉とならざるを得ない」(ハンス・ヨナス)．「人間は技術的に行為することによって，人間の力を大きくしてしまった．だからこの状況に対して人間は，系統発生的に小集団の中で発展してきた道徳では，もう対処できなくなっている．小集団の中で各人はそれぞれ知り合った間柄であり，小集団が対抗(対立)するのは，いつも別の小集団に対してであった．今では，大陸や多くの地域をまたに掛けた影響や行為が，多様な姿で編み合わされている」(ハンス・レンク)．かつて技術は，人間の器官・機能の代理，増強であり，手段だった．人間の使用の仕方で善にも悪にもなるものだった．しかし現代の科学技術は，能力において地球的規模に拡大し，未来を射程距離に置き，人間の制御できる範囲を超えた．そして現代の科学技術は人間の意志から独立し，無限に前進し，未来に両義的な結果をもち，もはや価値中立ではない．

●**ニヒリズム**　人間はこの科学技術を規範により規制しなければならないのだが，無目的な自然から生まれた人間には，そのような能力はない．こうして「われわれはむき出しのニヒリズムの中で震えることになる」(ヨナス)．新しい倫理パラダイムはいかにして構築されるのだろうか．　　　　　　　　　　　　[盛永審一郎]

【参考文献】
[1]　ハンス・ヨナス，加藤尚武監訳『責任という原理』東信堂，2000．
[2]　マイケル・S. ガザニガ，梶山あゆみ訳『脳のなかの倫理』紀伊國屋書店，2006．
[3]　ハンス・レンク，山本達・盛永審一郎訳『テクノシステム時代の人間の責任と良心』東信堂，2003．

2. 価値観の多様性と応用倫理

　哲学や倫理学が一時期，現実の諸問題から離れ，定義や概念の吟味などメタレベルの分析に精力的に関わっていた時期があった．その後，哲学が再び現実的な問題に積極的に関わるようになり，堕胎，安楽死等々の具体的な問題に取り組むようになっていく．その中で応用倫理学に注目が集まるようになる．しかし，すぐにこのような倫理学への疑念，あるいはこのような倫理学が越えなければならないハードルが出てくる．具体的な問題に対しては，種々さまざまな意見や考え方があり，それぞれが互いに異なる議論や論拠を提示し，他の人々の議論や論拠によって説得されることなど多くはない．つまり，応用倫理という分野は，常に価値観の多様性の問題，生き方の多様性の問題と不可分に結びついているのである．

●**多様性と倫理原則**　価値観の多様性が強く現れるのは，文化同士の価値観の相違という場面であろう．例えば，宗教的信念が異なれば，具体的な事柄に対する評価が変わってくる．だから，どのような場面でどのような衣服を身につけるべきかについても，文化毎，宗教毎に考えがかなり違う．また，自由主義社会，民主主義社会では，一つの社会の中でも価値観の大きな多様性が見られる．例えば，妊娠中絶の是非，脳死状態の人からの臓器摘出の是非等々については，アメリカの国内でも，日本の国内でも，いろいろな意見がある．このようなさまざまなレベルでの多様性を前にすると，倫理理論の徹底的な基礎づけを行い，一つの倫理体系を確立し，それを各状況に適用すればよい，と考えたくなる．事実，長い間，哲学や倫理学はこのような方法を採用しようとしていたとも言える．だが，それでは応用倫理という分野は成立しないだろう．哲学や倫理学の特定の基礎理論や基礎原理を単純に生命や環境やビジネスや情報等々の分野に応用するだけであれば，応用倫理は基礎的な哲学や倫理学の付随的な分野にすぎず，一つの分野として確立され，大きな注目を浴びることはなかったに違いない．また今では，哲学理論や倫理理論の究極的基礎づけに賛成する人は必ずしも多くはない．それゆえ，具体的な問題に目を向け，具体的な問題に関するさまざまな意見や行為を積極的に評価し，そこから倫理の規則や原則や原理を吟味し，場合によってはそのことで倫理原則や倫理規範等々を書き換えることが必要になるだろう．もちろん，特定の理論的立場から具体的な場面の問題を見るとどうなるかを，その理論に即して突き詰めていくこともきわめて大切である．このような作業がなければ，応用倫理の分野の議論が貧弱なものになるだろう．

●**多様性の中での模索**　そして価値観の多様性を議論する際に忘れてはならないのは，価値観が多様だとしても，すべてが相対的であるとは限らないということ

である．好みや嗜好は場所や時代によって大きく変わるかもしれないが，人間の生存に必要なもの，人間の生存に密接に結びつくものに関しては差異や変化は少ないかもしれない．例えば，人間が生きていくための物理的条件や生物学的条件については，共同体や社会が変わっても，大きな変化があるとは思えない．また，根拠のない殺害行為 (gratuitous killing) は許されない，というような規則はほとんどの共同体や社会で認められてきたとも言われる．この規則に合致していないように見えるケースでも，状況をよく見極めれば規則に合致しているのかもしれない．次に，一つの原理や原則，あるいは一つの体系から個別的なケースへ厳密な適用を行うのではなく，中間 (諸) 原則や中間 (諸) 原理のようなものをつくり，そこから個別的なケースへの適用を考えるという方法もあるだろう．生命倫理などでは，このような方針をとることも少なくない．例えば，ビーチャムとチルドレスは生命倫理の四原則 (自律尊重原則，無加害原則，与益原則，正義原則) を提案したが，これも中間原理，中間原則である．ユネスコの「生命倫理と人権に関する世界宣言」にしても，世界共通の生命倫理の原則が必要にならざるを得ないという認識から生まれ，いくつかの原則を挙げているし，人間の尊厳を普遍的な原則と考えている．けれども，人間の尊厳も一義的で厳密なものではなく，さまざまな解釈を許すものであることを認めている．そのうえ，世界には多様な文化があることを認め，その多様性を尊重することを主張している．いわば中間原理，中間原則に近いものとして機能していると言える．このような中間原理，中間原則を模索することは，価値観が多様な社会での応用倫理の可能性を広げるものであろう．もちろん，中間原理，中間原則には欠点も伴う．例えば，原則同士で対立するケースも出てくることになる．この場合にどちらの原則を優先させるかは，中間原理，中間原則からだけでは導き出せない．諸原則が体系的なものでなければ，どの原則にもあてはまらない例外的なケースも出てくるだろう．このような欠点はあるが，中間原理，中間原則は緩やかなものでよいのかもしれないし，そこに中間原理の大きな可能性があると言えるだろう．また価値観の多様性と倫理原則との関係を考える際には，その他に反省的均衡，反照的均衡と言われるモデルもある．われわれがもつ道徳的直観や判断と抽象的なレベルでの倫理原則，道徳原理とをすりあわせながら，原理や原則の修正や道徳的直観の修正を行っていこうというものである．価値観が多様な社会では，これも大きな可能性をもつアプローチだと思われる．

　総じて価値観が多様な社会で具体的な問題に対する指針を示すためには，価値観や意見が異なる人たちからどのような形で(最低限の)合意を導くか，どのような手続きで社会的決定が行われるべきかが，決定的に重要な問題になるだろう．つまり，合意形成や社会的決定がどのようなものであるべきか，という問いも応用倫理が避けて通れない重要な課題なのである．　　　　　　　　　　　［浅見昇吾］

3. 倫理理論，倫理原則と応用倫理

　日常私たちの使用する言葉には，事実を記述する言葉とは違う言葉がある．「べき」「善い」「正しい」などである．これらの言葉や，これらで構成される世界を，問題にするのが倫理学である．倫理学には相互に交差した三つの分野がある．①記述的倫理学：さまざまな道徳的現象を記述する研究，道徳的現象の経験科学的研究．②規範的倫理学：行為を指図する規範的な倫理学．「何がよいか」の「何」を探求する伝統的な倫理学．③メタ倫理学：「何がよいか」ではなく，「善いとは何か」，つまり道徳的な命題の概念・言語分析．

●**倫理理論**　倫理理論としては，①自然主義的倫理学：経験的・実証的に，すなわち自然科学的に知ることのできるような存在上の事実・法則から倫理的な価値・規範を導き出そうとする考え方で，功利主義・生命主義が代表的な理論である．功利主義は，結果原理，功利原理，幸福主義的原理，普遍主義的原理の四つから成り立つ理論で，J. ベンサムや J. S. ミルがその代表的思想家．20 世紀の新功利主義は，規則功利主義と選好功利主義であり，後者は古典的功利主義の幸福主義的原理を「選好」で置き換えるもので，P. シンガーがその代表．②形而上学的倫理学：自然科学とは異なる方法によって知られるような，何等かの意味で超越的な存在上の法則・性質を想定し，そこから倫理的な価値・規範を導き出そうとする考え方で，プラトンのイデア論や，「善い意志とは自律的な意志」とする I. カントの倫理思想がその典型．③メタ倫理学：価値・規範は存在上の法則・関係性・性質などから導き出すことができない独自なもの・究極なものとする考え方で，G. E. ムーアの直覚主義，A. J. エイアーの情緒主義，R. M. ヘアーの指令主義など英国の分析哲学．④徳倫理学：「よさ」とは行為する人の態度や意志の性状が問題であるとする．アリストテレスなど．

　また倫理学を，認知主義的倫理学と非認知主義的倫理学に分ける見方もある．前者はさらに，非自然主義的（主観の選好に還元される主観主義と主観的な価値の選好と普遍的なモラルの間には推論的関係は成立しないとする客観主義，実在論）と自然主義に分けられる．また行為の善悪の判定の基準を行為結果の価値におく結果倫理学（目的論的倫理学・帰結主義的倫理学）と行為の価値を行為の意図や動機，あるいは行為の仕方を基準において判定する原則倫理学（心情倫理学・義務論的倫理学）に分ける見方もある．

●**倫理原則**　判断や行為の道徳的正しさを理由づけるものには，具体的な道徳的規則，倫理原則，倫理理論がある．原則とは，理論と規則の中間にあり，これによって多くの道徳的な基準や判断が支持されたり，あるいは妥当性を与えられた

りする基本的な行為基準のことである．しかしそれは，絶対的拘束力をもっているのではなく，乗り越えられていくものであるゆえに，暫定的義務である．しかし，たとえ乗り越えられるとしても，道徳的意味をもつので，決して消滅しないゆえに，重要なものであるとビーチャムは指摘している．

与益（善行）原則（beneficence）　行為の対象となる生物の幸福に貢献することを目的に，行為を選択することを促す原理．他人にとって正当な利益の範囲を越えて他人の利益（善）を促進すること．積極的に危害を予防したり，除去したりする義務も含まれる．

無加害原則（non-maleficence）　害悪や危害を加えてはならない．危害を加えるとは単に虐待したり，不当に扱うことだけではなくて，当事者の利益が侵害行為により，妨害されたり，挫折させられたり，阻止されることを意味する．古くはヒポクラテス『流行病』の中に，「患者を救うか，害を与えない」とある．

自律原則（autonomy）　患者ならびに被験者の自己決定権の尊重．判断能力のある成人には，十分に説明し，理解を得た後，自由意思に基づく同意（informed consent）を受けなければならない．自律的な行動の基本条件とは，(1) 意図的に，(2) 理解をもって，しかも，(3) 行為を決定する支配的影響なしに行為すること．求められている自律とは，重大な威圧（coercion）や不等な影響（undue influence）のない状況のこと，実質的自律であり，完全な自律ではない．法的判断能力を有さないものには，その代理人（代諾者）による同意を受けなければならない．

正義原則（justice）　人格への尊重を社会的レベルで示す原則．患者は人種，国籍，性別，社会的地位，能力によって差別されてはならず，医療資源の負担と利益は公平に配分されなければならない．似た状況に置かれている人は等しく扱われる．正義を相互性からではなく，道徳的推論により導き出すのがJ. ロールズである．

このほかに，ヨーロッパ型の生命倫理学の四原則としては，「自律」「尊厳」「統合性」「脆弱性」がある．このうち，最も尊重されるのが「尊厳原則」で，現代の価値多元的社会にあって，道徳的に重要な分母で，自己決定を支える原則であると同時に自己決定を制限する基礎的原則とされている．

●**原則主義批判**　しかし，原則主義に対しては以下のような批判がある．①原則が対立するケースを原則主義では解決できない，②原則や規則を適用しようとすれば「抽象化」を避けて通ることはできず，ある状況をまさにその状況たらしめている特徴を無視し，切り捨てなければならない．③また原則を適応することは，ともすれば，行為する人の態度を度外視することになる．具体的なケースでは，配慮，信頼，愛情の方が重要である，④非個人的，公平を原則とする普遍的な義務で，特別な人間関係や動機から生まれた配慮や義務に十分注目することができない，⑤原則主義は個人主義的倫理学である．　　　　　　　　　　　　［盛永審一郎］

【参考文献】
[1]　T. L. ビーチャム，J. F. チルドレス，永安幸正他訳『生命医学倫理』成文堂，1997．

4. 反照的均衡と応用倫理

　現在，哲学や倫理学の分野では一つもしくは若干の確実な命題から他の命題を厳密に導き出すような哲学体系，倫理体系あるいは正当化の体系は少ない．もちろん，かつてデカルトが方法的懐疑によって疑い得ない確実なものを見つけ出そうとしたように，絶対に疑い得ない命題を探そうとする思想家もいる．例えば，ヴィットリオ・ヘスレなどは今でも知の究極的基礎づけが可能だと考え，絶対に確かな命題を提示しようとしている．しかし今日，緩やかな基礎づけ自体はあきらめないにしても，不可謬の確実な前提と見なすことができるような信念や命題があると考える思想家は少ない．それゆえ，道徳的な直観や道徳的な判断，道徳的な原理を正当化する際には，古典的な基礎づけではなく，別の方法が用いられることが多い．その一つが，反照的均衡ないし反省的均衡（reflective equilibrium）とよばれる方法である．

●**ロールズと反照的均衡**　反照的均衡の基本的なアイデアはアリストテレスにまで遡れるとも言われるし，ネルソン・グッドマンによって提示されたとも言われるが，反照的均衡について議論される際に出発点と見なされるのは，多くの場合，ジョン・ロールズの提案である．ロールズは正義論において，道徳の原理と直観（ないしは熟慮された上での判断）等々との間（あるいは規則と推論，契約状況の条件と熟慮された判断との間）でバランスをとることを提案している．例えば，理想的と思われるような原初状態（公平さが支配する仮想的状況）の条件を考え，そこから正義の原理を導き出し，その原理をわれわれの直観(熟慮された判断)と照らし合わせ，そこに矛盾や齟齬があれば，原初状態の条件を変更して新たな正義の原理を作り出すか，われわれの直観(熟慮された判断)を修正する．このプロセスを繰り返し，正義の原理とわれわれの直観(熟慮された判断)が一致するようにする，つまり均衡状態が生まれるようにする，というのである．この考え方によれば，正義の概念は自明で確実な前提や原理から単純に演繹できるものではなく，さまざまな要因を考慮し，それらの要因が互いにうまく支えあうような状態，一つの調和した状態から得られるものだということになる．この反照的均衡の方法がロールズの正義論の枠を越えて使われるようになっている．正義論や原初状態の議論にとどまらず，総じて道徳の原理とわれわれの種々さまざまな直観（熟慮された判断）とを照らし合わせ，道徳の原理か直観（熟慮された判断）のどちらかを修正し，均衡状態を生じさせよう，というのである．

●**広い反照的均衡**　その後，道徳の原理と熟慮された判断との間でだけバランスをとると，矛盾や齟齬が生じたときにどちらかを修正するように迫られてしまう

が，そこに背景理論というものを加えて，三つのものの間で調和をとるようにした方が柔軟に対応できるという考え方も出てきた．これが，ノーマン・ダニエルズが提唱した広い反照的均衡という考え方である．背景理論には，社会理論，道徳的発達の理論，人格についての理論，手続き的正義についての理論等々，さまざまなもの，異なるレベルのものが挙げられる．このことで，より柔軟に均衡状態を作り上げることができるようになるというのである．たしかに，道徳の原理と道徳的な直観のどちらを修正するか考える際には，無意識のうちに何らかの基準を使うかもしれない．言い換えれば，何らかの背景理論を利用するかもしれない．たとえこの背景理論がすべてを裁く基準になるものではなく，道徳の原理と道徳的な直観と並べられるものだとしても，背景理論を考慮に入れることで均衡状態への柔軟なアプローチが可能になるだろう．

●**価値の多様性と反照的均衡**　こうした反照的均衡の方法は，応用倫理には特に適していると思われる．応用倫理の分野の問題は，現実の具体的な場面で価値観が衝突しているケースから生じることが多い．また，現代の倫理的問題の多くは，科学技術などによって生じた新たな事態から生まれることも多いので，それまでの権利・義務関係が適用できなかったり，それまでの道徳の原理が適用できなかったりするケースが少なくない．つまり，一つの道徳の原理から簡単に結論が導き出せないケースが多いだけでなく，道徳の原理とわれわれの道徳的直観が衝突しているケース，道徳的直観同士が衝突しているケースが多いと言えるだろう．1980年代に米国で起きたベビー・ドゥ論争などはそのよい例だろう．これは，ダウン症で気管食道瘻の男児に対して，両親が新生児の栄養補給に必要な手術を承諾しなかったことをきっかけに起こったもので，差別をしてはならないという原則と，重い障害をもった新生児の両親の判断，あるいは集中治療室で働く医療関係者との判断や資格についての論争であった．論争は合衆国保健福祉省と全米病院協会の対立にまで発展し，長い期間にわたって激しい議論が戦わされた．これは，差別をしてはならないというような多くの人が認める道徳の原則も具体的な場面に適用する際には，微妙な問題を数多く引き起こすということをよく示している．

　言うまでもなく，反照的均衡の方法を認めるとすれば，道徳のあり方が相対化してしまうのではないかという懸念も出てくるだろう．しかし，古典的な狭い厳格な基礎づけが難しいからこそ反照的均衡が出てきたのである．ある程度の相対化はやむを得ないだろう．というより，広い反照的均衡ならば，それぞれの社会の価値観をかなり反映した道徳のあり方を導き出せるだろう．価値観が多様な社会における道徳のあり方を考える際には，反照的均衡は有力な選択肢になるのである．　　　　　　　　　　　　　　　　　　　　　　　　［浅見昇吾］

> コラム

加藤尚武『新・環境倫理学のすすめ』

丸善, 2005

　加藤は応用倫理学，とりわけ環境倫理学をわが国にいち早く紹介した論者として広く知られている．その最初のまとまった著作が『環境倫理学のすすめ』(1991，以下旧版と略記)だが，それから14年後に上梓された新版では旧版とは重要な点で大きな違いがある．加藤は旧版において環境倫理学の基本テーゼを三つ挙げた．すなわち自然物に生存の権利を与えるアニミズム，未来世代の生存と幸福に現在世代が責任を有する世代間倫理，意志決定の単位を個人ではなく地球生態系だとする地球全体主義である．そしてこれらのテーゼがいずれも個人主義的・自由主義的なバイオエシックスの原理と相容れない性格を有することを強調することで，環境倫理学が市民社会的な視点を獲得することを暗に求めた．これに対して新版において加藤は，旧版の書かれた冷戦崩壊直後と比べて世界が劇的に変化したことに注意を促す．つまり「アメリカの圧倒的な軍事的優位」の中で「中国・インドは開発途上国から先進国に変わり」「イスラム圏の国々は「経済成長」から取り残されている」(210頁)というのが現状であり，こうした不均衡な経済発展の中，各地で地下資源をめぐる争いが多発していると指摘する．

　この事情については新版より後に書かれた『資源クライシス』(2008)に詳しいが，世界が持続可能な発展をし続けるには，旧版でバイオエシックスを擁護する仕方で示唆された「市場経済と民主主義と基本的人権」という三つの「原則が守られるだけでは不十分で」バイオエシックスの依拠する個人主義的・自由主義的原則の見直しを求める．具体的にいえば，「環境難民」の発生による間接的な自然破壊を防止するため，難民を発生させる軍備に市民的な原則を適用することが提言される(206〜207頁)．新版によれば「まだ誰の財産でもない資源の枯渇も，誰もが所有権を放棄した廃棄物の累積も，経済的な取引関係の外部からはみ出してしまう」(v頁)がゆえに市場経済は不十分であり「同一の国に属する，同世代の人々の合意が，最終的に決定の根拠」である民主主義は「未来の世代の利益擁護や国境を隔てた人々の拘束力を確保するためには」不十分であり「ヒト以外の生物の種を守ることが，人類の責任として登場してくるときに」基本的人権の原則は「あまりにも狭い」(vi頁)とされる．

　それゆえ新版は「基本的な考え方は，前著とまったく変わりがない」としながらも「枯渇型資源への依存と廃棄物の累積を回避しなくてはならないという義務」「持続可能性の確保」「生物多様性の保存」(211頁)という義務を提唱する．これら三つのうち生物の多様性が，一見すると人間中心主義的な「人類の存続可能性」から導かれていることに注意したい．

[菅原　潤]

第1章

情報社会と情報倫理

　現代社会は情報にあふれている，とよく言われる．しかし，そのような表現では現状を捉え切れていない．情報増加のスピードは凄まじく，短い期間で情報社会のあり方すら変化していく．今では，ほとんどの情報が吟味されずに捨てられてしまう．このような状況を前にして，情報の取捨選択を行うべきで情報リテラシーが必要だと説かれ，判断力を備えた古典的な主体の必要性が主張されるが，多大な情報に囲まれてしまえば，判断する主体自身が大きく変貌してしまう．人間の成長過程で膨大な情報にさらされたらどうなるかなど，今は予想もつかないが，伝統的な人間像を維持するのは難しいだろう．また，情報の劇的な増加は，個々人が情報と接するときの態度に変更を迫るだけではない．社会のあり方を根底から変えてしまい，民主主義のあり方も新しく問い直される．情報は，一人ひとりが何かを問うときの基盤であり，社会のインフラであり，倫理のきわめて重要なテーマである．
　　　　　　　　　　　　　　　　　　　　　　［浅見昇吾］

1. 情報の定義

「情報」という語は，文脈に応じてさまざまな意味で用いられるため，一義的に定義することは困難であるが，大別すると下記のように定義できる．
1. 何らかの物事や出来事，状況，思想等について知らせるもの．
2. 情報理論において，確率論的・客観的に定量化されるもの．
3. 生体系が働くための指令や信号．

ここでは，上の順に，文脈に応じて「情報」という語がどのように用いられているかを確認していくこととしよう．

●日常用語としての情報　日本語の「情報」は，歴史的に見ると，フランス語の「renseignement」の訳語として使われ始めた．そこでの情報とは「敵情の報知」あるいは「敵情の報告」を縮めた表現とされる．「情報機関」とは，国家の安全保障のために主に敵国の内情を合法的・非合法的に収集・分析し，自国の戦略を立案する機関の意味で用いられるが，まさにこの意味である．

しかし現在では，情報は一般に information の訳語として使用される．その場合，データを一定の型（form）にあてはめ，私たちにとって有用な知識に形成されたものを表すと言える．例えば，機械的に収集された気象データは，私たちの解釈によって，台風の接近を表す情報となるといった具合である．データは私たちが処理する以前の単なる事実であり，それを処理し有意味な形に変換されたものが情報ということになる．とはいえ，データと情報とが同じ意味で用いられることもあれば，情報が蓄積された集合体を，データもしくはデータベースと呼ぶこともあり，両者の関係は錯綜している．特にコンピュータで処理される情報は，データと同義で使われることが多い．「データ処理」と「情報処理」はほぼ同義に使われる．「個人情報」を「個人データ」と言いかえても通用するだろう．

さて，情報の最も一般的な意味では，それは何らかの物事や出来事，状況，思想等について知らせるものを表す．「コンサート情報を入手して公演に行く」と言った場合のように，情報は何かの目的のために入手する必要のあるものである．情報は，すでにそこにあったものではなく，どこからか伝えられるものである．「敵情の報知」は，軍事作戦を立案するために欠かせないものとして，報告される．特に，敵が新型爆弾を開発したかどうかなど，未知のことを既知にするために，情報は必要とされる．つまり情報の価値は新奇性にある．知らなかったことを，できるだけ早く知らせる情報は，情報としての価値が高い．

また，情報は物質と異なり，無限に複製が可能である点に特徴がある．物は譲渡すれば手元には残らないが，情報は伝達しても失われない．

●**知識と情報**　情報は，知識と同じような意味でも用いられる．しかし，例えば「株価についての情報がある」という表現と，「株価についての知識がある」という表現を比べてみよう．「情報がある」と言った場合，ある株式銘柄の現在の価格がどうなっているかが知らされた，つまり，速報性・新奇性の高い，細切れの知識をもっているといったニュアンスが強くなる．それに対して「知識がある」と言うと，株価がどういった要因で変動するかなど，株に関する幅広い知識を身につけているというニュアンスが強くなる．このように，情報の特徴は，即時性，断片性，有用性などにある．役に立たない情報は，手に入れる意味がないし，利用された後はすぐに捨てられるか忘れられるという意味で，刹那的でもある．それに対して，知識は，情報と比較した場合，ある種の体系性をもっており，すぐに忘れられるものではなく，累積的に充実していく場合が多い．

●**情報理論における情報**　1948年に情報理論を発表したクロード・シャノンは，「情報」にこれまでとはまったく異なる意味を与えた．情報理論における情報は，量的に計測可能なもので，主観的な価値とは無関係に，確率論的・客観的に定量化される．上で述べた日常的意味での「情報」がもっている有用性や価値は，定量化できず，コンピュータ処理できない．それゆえ主観的な要素は捨象され，ビット（bit）という単位で表される機械的に処理可能な量だけが問題にされるのである．情報理論とは，通信の経済性と信頼性を確保するための理論と言えるが，これによって，情報が科学的・工学的な研究対象となり，ひいてはコンピュータ・サイエンスなどの情報工学の発展につながったのである．

　今日，「情報処理」と言えば，コンピュータを使って行われる二進法の計算であり，さらには，「情報機器」「情報通信技術」といった言葉における「情報」に至っては，コンピュータやそのネットワークなどを指す場合もある．このように，現在における「情報」の多義性は，通信工学やコンピュータ・サイエンスの発展に伴って生じた面が大きい．

●**その他の意味**　「遺伝子情報の解読」と言った場合，DNAの塩基配列の読み取りを意味している．ここには，無意味なデータを整形して意味ある情報を読み取るといった意味合いはない．また，「情報伝達蛋白質」と言った場合も，生体に対して特定の反応を引き起こすタンパク質という意味で用いられており，ここでの情報は，生体に何らかの反応を引き起こす原因を表している．植物にとって，光という情報は，光屈性を生じさせる原因となる．このように，生体系が働くための指令や信号を意味する場合もある．この用法での情報は，生体に対する何らかの意味や価値をもつ点で，情報理論における情報よりも日常用語に近いとも言える．　　　　　　　　　　　　　　　　　　　　　　　　　　　　　　　　［坪井雅史］

2. 情報犯罪——無害な行為や匿名性の規制は必要か

　コンピュータやインターネット，スマートフォンなどの情報技術を利用した違法行為は，ときにほかの違法行為とは異なる特徴があるように思われる．本節ではこれらの違法行為を「情報犯罪」と呼び，情報犯罪の倫理的問題を考察する．

●**ハイテク犯罪からサイバー犯罪へ**　1971年，日本のある出版社が下請けの郵便物発送業者に預けていた磁気テープから購読会員データがコピーされ，別の出版社に転売される事件が起きた．これが，日本における情報犯罪第一号とされる．

　この事件は犯人がわからずじまいだったが，当時はこのような行為を規制する法律がなかった．現在ならば，企業の顧客リストや製造ノウハウ，物質の組成などの「営業秘密」の漏洩や転売は，不正競争防止法で取り締まられる．しかし，この事件当時，不正競争防止法には，営業秘密を守り，産業スパイを処罰する規定はなかった．また，企業の情報を漏洩する行為を刑法上の犯罪と規定しようという声もあったが，実現していない．

　1970年代には，銀行オンラインシステムを悪用して金銭をだまし取るなどの事件が起き，容疑者は詐欺や私文書偽造を理由に逮捕された．1990年代半ば以降，インターネットが日本国内でも普及し始めると，インターネットを利用する詐欺や違法薬物の販売，電子掲示板での名誉棄損などが起こるようになった．

　かつてコンピュータや電気通信ネットワークを悪用する犯罪は「ハイテク犯罪」と呼ばれたが，2004年以降，「警察白書」ではサイバー犯罪の呼称を採用する．

●**不正アクセス禁止法とマルウェア犯罪・提供罪の創設**　電子計算機を利用する犯罪行為を取り締まる法律の整備は，1980年代以降に進んだ．

　1999年に「不正アクセス禁止法」が成立し（2000年施行），情報通信ネットワークを介して自分の権限のないコンピュータにログインする行為や，どのコンピュータにログインできるか明らかにしたうえでパスワードを提供する行為などが禁止された．この法律の整備は，バーミンガムサミットで，インターネットを利用する国際的犯罪を防止するため，各国に法改正が求められたことが背景にある．

　また，2011年の刑法改正によって，正当な理由なく，無断で他人のコンピュータで実行させる目的でマルウェアを製造・提供したり，取得・保管したりする行為が，刑罰の対象となった．マルウェアとはソフトウェアの一種で，他人がそのコンピュータソフトウェアをあるコンピュータ上で実行すると，その人が意図せぬ方でコンピュータが動作するよう，故意に設計されたソフトウェアである．一般的には，コンピュータウイルスとも呼ばれる．この規定は，情報セキュリティの研究目的の場合は対象ではないと，法務省は説明する．

●**無害な行為も処罰の対象となるか**　情報犯罪は技術進歩とともに新しい危害行為が登場し，犯人を特定しにくいため，被害者が泣き寝入りする場合もある．一方，一度法律を制定すると，無害な行為までも過剰に取り締まられる懸念もある．

　不正アクセス禁止法制定以前は，予告なく自分が権限をもたないコンピュータに対してログインを試みる行為は，そのコンピュータが安全かどうか確認しセキュリティを高めるために必要であるし，誰も利用していない時間に勝手にコンピュータにログインして利用することはコンピュータという資源を無駄遣いしないためにもよい行為だという意見もあった．不正アクセス禁止法が存在する現在では，これらの意見はあまり強い影響力を持たなくなっている．

　しかし，誰にも被害を与えない無権限ログイン行為までも取り締まるべきだろうか．米国の例だが，無害な無権限アクセス行為が罪に問われ，自殺に追い込まれた者もいる．2013年，技術者のアーロン・シュワルツは，マサチューセッツ工科大学（MIT）の論文データベースから学術論文約400万本を無許諾でダウンロードして公開した．彼は情報の自由な利用や共有を主張する運動に加わり，著作権制度の改良や情報の利用促進を行うサービスに取り組んできた．MITはシュワルツと交渉する中でデータベースのデータの無償公開を進めることを決定した．学術情報は無料で公開されるべきと考える研究者は多く，実質的な被害者はいない．だが，検察は不正アクセス行為などで彼を訴追し，彼は自殺した．

●**匿名性の問題**　インターネットは匿名の世界だから，犯罪者の特定・追跡が難しいとされる．そのため，刑事訴訟法などの改正に加えて，インターネットユーザーを特定できるIDを導入し，匿名技術を禁止しようという提案もある．

　2012年には，自分の正体を隠して他人のパソコンを遠隔操作して，その他人に罪をなすりつける事件が起きた．犯人はTorという匿名技術を利用して，正体を隠していた．2013年1月，警察庁は，Torなどの匿名技術を悪用する犯罪対策を重要課題に掲げた．

　韓国ではインターネットでの誹謗中傷を防ぐため，ポータルサイトなどを利用する場合，住民登録番号を登録するよう義務づけるようになった．しかし，ID登録制を導入しても誹謗中傷はさほど減少しなかった．また，2012年韓国憲法裁判所は，自由な言論への萎縮効果を理由に，同制度を違憲とした．

　インターネットの匿名性は犯罪の隠れ蓑になるものの，言論・表現の自由の重要な条件でもある．匿名性の害を取り除き，有益さを生かす方策が求められる．

〔大谷卓史〕

【参考文献】
[1] 越智貢・水谷雅彦・土屋俊編『情報倫理―電子ネットワーク社会のエチカ』ナカニシヤ出版，2000．
[2] 土屋俊監修・大谷卓史編著『情報倫理入門』アイ・ケイコーポレーション，2012．

3. 監視社会とプライバシーと自由主義

　現代の自由主義社会の主体は，自己決定を行う自由な個人であると考えられている．もちろん，自由とは何か，個人とは何かなど，多くの問題を含んではいるが，主体による自己決定は，自由主義社会を支える基本的な前提と言ってよい．その自己決定権を保障する権利の一つが，プライバシーの権利である．このプライバシーが，現在の情報技術の発達に伴って脅かされ，ひいては自由主義社会そのものが脅かされるかもしれない．以下ではその事情を見てみよう．

●**プライバシー**　プライバシーの権利は，他人に知られたくない私秘的な事柄を，みだりに他者に干渉・侵害されない権利として19世紀に確立した．「放っておいてもらう権利」としてのプライバシー権である．その後この権利は，個人の自律を尊重するために，私的領域から他者，特に統治権力の介入を排除する権利に拡張される．米国で，人工妊娠中絶がプライバシーの権利として認められたことは有名である．思想や信条の自由のためには，プライバシーの保護が必要であることからも，自由主義社会にとってプライバシーが重要であることがわかる．

　さらに，社会の情報化に伴って，プライバシーの権利は，他者に侵害されないという意味での消極的権利としてではなく，より積極的な「自己情報コントロール権」として解釈されるようになる．他者が管理している自己の情報について，訂正や削除を求めることができるこの権利は，個人情報の収集の仕方や，その後の利用法等に関する制限を設ける，個人情報保護法によって保障される．

　しかし，ネットに流れた個人に関する情報は無数にあり，それらをコントロールすることなど不可能ではないのか．個人情報保護法が規制するのは，一定の企業や政府による情報の収集や利用の方法だけであって，すべての個人情報の流通が対象ではない．また，ウェブサイトにはプライバシーポリシーが表示されているが，それを見れば個人情報がどのように利用されるのかが，容易にわかるわけでもない．いったんそのポリシーを受け入れてしまえば，ウェブサイトの利用状況や，自ら入力した個人情報が，後にコンピュータの力で他の情報と結びつけられ，再利用されることもありうるのである．

　また，私たちはさまざまなコミュニティーに属しており，文脈に応じてアイデンティティを使い分けることがある．家庭での顔と職場での顔がまったく違うと言われる人はいるだろう．それゆえ，ある文脈での自分の行動について，他者によって別の文脈で明らかにされた時，それをプライバシーの侵害と言いたくなる人はいるだろう．SNSの普及は，こうした問題を生じさせやすい．

●**監視社会**　現在のプライバシーの問題は，私秘的な領域よりも，ネット空間を

含めた公共空間におけるプライバシー保護のあり方にある．公共空間における個人の行動についての情報を保護する法律はない．それゆえ，警察や探偵などによって合法的にその情報を集めることができる．公共の場であれば，誰がいつどこで何をしていたのかといった情報は，プライバシーとして保護されるわけではない．従来は，その収集コストが高くつくため，それで問題はなかったのである．

しかし，情報収集のためのコストは，情報社会では劇的に低くなる．監視カメラ映像を利用する．ネットのウェブサイト閲覧履歴を入手する．SNS上の情報を検索する．ポイントカードの利用状況を調べる．これらのことは，民間企業の手で容易に可能であり，一般の個人であっても，ネット上，つまりは公共の場にある，ある特定の個人の情報をかき集めれば，かなりのことが明らかになる．こうしたデータ監視は，今ではコンピュータによって自動化され日常的に行われている．さらにさまざまなデータが相互に結びつけられ，プロファイル化される．現代の監視はオーウェルの世界よりもはるかに進んだ技術によって成り立っている．

このような監視は，プライバシーとどう関係するのか．機械的に自動化されて行われるものだとはいえ，誰かに見られている〈かもしれない〉という意識だけで，私たちの行動は影響を受けることがある．それゆえ，機械によるデータ収集と処理は，それ自体私たちの尊厳を否定するものだと考える人もいる．また，やましいことをしている意識などなくとも，思想や宗教，あるいは自分の病歴などの知られたくない情報が，データマイニングによって明らかになるかもしれない．現代の監視は，個人の自己決定を侵害する可能性をもっているのである．

●**監視社会と自由主義**　このような監視は，今や企業の販売戦略にとって欠かせないものとなっている．データによって人々を分類し，どのサービスを提供するかで人々を差別化するのである．個々人に応じたサービスを提供されることは，消費者にとっても便利だろう．しかし，こうした操作は，ポータルサイトの表示やSNSにおける他者との結びつき方など，さまざまな場面で実現される．そのため，差別化は，例えば人々をその特徴によって分断化し，同質の者同士だけでの交流を促進しやすくなる．私たちのネット上でのコミュニケーションは，それでなくとも自分と関心の近い者たち同士でのそれに限定されやすくなる特徴がある．この結果，同質な人々が集まる小集団が，多数ネット上に生まれやすくなるのである．こうして，ネット上の社会は次第に分極化し，相互に共通の基盤をもちにくくなる．そのような集団の中では，同質性が求められ，異質なものは排除されやすい．このようにして，機械による監視の拡大が，ひいては民主主義の基盤となる自由な議論のあり方に影響する恐れもあると言えよう．　　　［坪井雅史］

【参考文献】
[1]　D. ライアン，河村一郎訳『監視社会』青土社，2002.
[2]　土屋俊監修・大谷卓史編著『情報倫理入門』アイ・ケイコーポレーション，2012.

4. インターネットと情報の所有権

　著作権は，財産的権利と人格的権利から構成される．前者はコピーライト（copyright）と呼ばれる．本節では，コピーライトとしての著作権について考察する．

●**著作権の社会的・経済的機能**　コピーライトの社会的・経済的機能は，①クリエイターや著作物（芸術作品やコンピュータ・プログラムなど）の流通事業者に対する，著作物を創造し流通させる金銭的動機づけの機能と，②著作物を創造せずに他者の著作物を勝手に販売して利益を得るフリーライダー（ただ乗りをする者）を排除するという市場秩序維持の機能であると考えられる．

　前者の考えによれば，クリエイターや流通事業者が著作権を強くしてほしいと要求する限り，著作権を強くする必要がある．一方，後者によれば，不当な利益を得るフリーライダーの排除さえできればよいので，必ずしも著作権を強めてほしいという要求に応じなくてもよい．著作権の二つの機能には常に緊張がある．

●**著作権小史**　著作権の起源をたどると，フリーライダー排除の機能がもともと大きかったことがわかる．著作権の始まりは，ヨーロッパで活版印刷術が普及し，出版・印刷業が成立した16～17世紀だ．出版・印刷業者は，海賊版業者を排除して自らの利益を守りたいと考えた．一方，各国の政府（国王）は，政府や政府の支配権を正当化する宗教的権威に挑戦する出版物を望まなかった．そこで，政府は，首都の出版・印刷業者の組合に，政府の検閲を認めさせる代わりに，出版・印刷の独占的営業権を与えた．これが，コピーライトとしての著作権の起源だ．

　英国では，ピューリタン革命や名誉革命を経て国王の権利が弱まり，それとともに，出版・印刷業組合の独占的出版権も17世紀末には認められなくなった．そこで，出版・印刷業者は政府に猛烈なロビイングを行って，1710年に「学習奨励のための法律」を成立させた．この法律は，学習奨励を理由として，出版・印刷業者にコピーライトを与えるというものだった．これは世界初の著作権法と呼ばれるが，実態は出版者が著作物のコピーライトを有するという内容であった．

　英国において，コピーライトが著作者の権利になったのは，著作者が力を得た19世紀になってからだ．その他のヨーロッパ各国で著作権制度が整備されたのは，やはり18世紀末から19世紀半ばにかけてのことであった．

●**著作権は強化すべきか**　インターネットやパーソナルコンピュータ，スマートフォンなどのデジタルテクノロジーの普及によって，情報の複製や加工・伝達が容易になった．インターネットからダウンロードした情報は，ツイッターやFacebookなどに公開すれば，人づてに転々と世界中に広がるかもしれない．消

費者が音楽や映画に勝手に手を加えて自分の作品として発表することもできる．

　デジタル技術のこのような性質を考えて，音楽や映画などのコンテンツ産業には著作権を強化すべきだという意見が強い．コンテンツが転々とユーザー（消費者）の間で複製されてしまえば，コンテンツが売れなくなると考えるからだ．コンテンツ産業は，複製をコントロールする技術を解除・無効化する行為や，個人が勝手に違法コピーの複製をダウンロードする行為などの禁止を議会や政治家に訴えてきた．この結果，著作権法が改正され，これらの行為は禁止された．

　その一方で，コンテンツを利用する機器やサービスを提供する人々や消費者は，おおむね著作権強化に反対してきた．例えば，著作権者がコンテンツ流通に複製回数を制限する技術を採用した場合，法律上この技術は解除・無効化できない．しかし，家電メーカーからすれば，この技術のせいで新しいデジタル機器のしくみや機能も制限されるかもしれないし，複製できる機器が制限されれば，消費者はコンテンツを利用できる場所や機器が限定され利便性が下がる．

　デジタル放送の複製回数制限に限らず，著作権保護期間の延長や私的複製の範囲の縮減など著作権を強くする著作権法改正は，コンテンツ産業にはよいことかもしれない．しかし，これらの著作権強化策は，やはりほかの産業分野や消費者の利益を損なう可能性がある．また，コンテンツ産業にとっても，著作権を緩和して，ある程度自由に音楽や映画を使わせたほうが，あまり有名ではない作品は売り上げが上がるので利益があるという研究もある．

　ヨーロッパでは著作権強化に反対する「海賊党」という政党が複数の国の国会・地方議会で議席をわずかながら獲得し，注目されている．また，著作権法の社会的利益と費用を研究する計量経済学者の中には，現在の著作権法は社会全体の望ましい利益の水準から見ると強すぎるという者もいる．

　ところで，デジタルテクノロジーの発展で，複製をコントロールするだけでなく，消費者の著作物の視聴・使用状況を監視する技術も可能になりつつある．著作物を視聴・利用するたびに課金できれば，コンテンツ産業には都合がよい．しかし，これは消費者のプライバシー侵害の懸念があるうえ，コンテンツ産業はマーケティング名目で人々の思想監視と支配を行うかもしれない．著作権強化が行き過ぎれば思想・表現の自由が損なわれる可能性もある．著作権のあり方は，経済的利益や利便性だけでなく思想・表現の自由にも関わる問題なのである．

［大谷卓史］

【参考文献】
[1]　名和小太郎『デジタル著作権』みすず書房，2004．
[2]　水谷雅彦編『岩波 応用倫理学講義3 情報』岩波書店，2005．
[3]　新宅純二郎・柳川範之編『フリーコピーの経済学』日本経済新聞社，2008．
[4]　土屋俊監修・大谷卓史編著『情報倫理入門』アイ・ケイコーポレーション，2012．

5. 災害時の情報伝達——社会を守る「高貴な嘘」の嘘

　東日本大震災を踏まえて，情報化社会における災害時におけるよりよい情報伝達の条件を考えよう．特に，政府がパニックを恐れて情報を隠蔽するのは社会を守る「高貴な嘘」といえるだろうか．

●**災害時の重要な情報伝達経路は何か**　現代においては，情報伝達経路は多様化している．東日本大震災では，電話が輻輳(ふくそう)などで不通になり，政府の対応の遅れや福島第一原子力発電所事故の情報隠蔽のためにマスメディアは機能せず，ミニブログのツイッターやSNS（ソーシャル・ネットワーキング・サービス）などの「ソーシャルメディア」が情報伝達に役立ったという意見が多く見られた．

　ところが，現実には，多くの人々はラジオやテレビ（ワンセグ放送），口コミなどの旧来のメディアを活用していた．震災直後，被災地で役立ったとされる情報伝達の経路はラジオやワンセグ放送，口コミ情報だった．そして，地震からの日数が経つにつれて，テレビや新聞が役立ったという人々が増えていった．インターネットやソーシャルメディアは，人々に実際に役立ったかという点で見ると，思いのほか存在感は小さい（文献[2]などを参照）．

　では，なぜソーシャルメディアが震災時に役立ったという意見が広まったのだろうか．災害心理学者の関谷直也は，私たちがいままで経験したことがなかったような大災害となった東日本大震災においては，人々の情報への渇望が強く，この渇望をマスメディアが埋められなかったために，個人がきめ細かい情報を発信できるソーシャルメディアに期待が集まったからだと説明する．ソーシャルメディアへの期待感が現実に役立ったという錯覚を生んだというわけだ．

　しかし，今後ソーシャルメディアは災害時の情報伝達に重要な役割を果たす可能性がある．東日本大震災でもソーシャルメディアが活躍した例は複数ある．最も有名なのは，気仙沼市の中央公民館に避難した児童施設の児童と園長の例だろう．園長と児童は津波と火災で公民館屋上に孤立し，地上からの救援が期待できない状況だった．園長はわずかな期待をもってロンドンにいる家族に救援要請の電子メールを送ったところ，家族がツイッターで情報を発信し，最終的に東京都副知事にこの情報が届き，東京消防庁のヘリコプターの救援出動が行われた．

　多くの情報が錯綜し混乱する災害時においては，積極的に被災者や関係者が情報発信を行わなければ必要な救援が行われない場合がある．今後，ソーシャルメディアは救援の前提となる積極的な情報発信を助ける可能性がある．

●**政府は災害時に情報を隠してもよいか**　大災害にはしばしば流言が伴う．
　流言とは，根拠が不確かであるにもかかわらず，人づてに広がってしまう情報

をいう．流言の内容は本当の場合も虚偽の場合もある．「デマ」ということばも使われるが，これはもともと政治的対立者を悪意ある嘘を広めて失脚させる「デマゴギー」という言葉に由来する．つまり，悪意のあるなしがデマと流言を区別する．ただし，社会心理学者も流言とデマをあまり厳密に区別しない場合が多い．

流言はパニックの原因となるので，政府は流言を規制するべきだし，パニックを防ぐためなら情報を隠してもよいという意見は俗耳に訴えるところがある．

実際，東日本大震災においては，2011年4月6日に総務省がインターネット関連の業界団体に対して，インターネットの電子掲示板などの流言蜚語を削除して規制するよう要請した．「地震等に関する不確かな情報等，国民の不安をいたずらにあおる流言飛語が，電子掲示板への書き込み等により流布しており，被災地等における混乱を助長することが懸念され」るというのがその理由だ．

しかしながら，流言に関する研究が示してきたように，事態が重大で今後の推移が不明確であって，人々が不安であれば流言は起こる．流言を鎮めるのは，正確な情報と情報発信者への受信者の信頼だ．また，社会心理学の研究から，緊急事態においても日常と同じことが続くと考える正常性の偏見などのせいで，災害時でもパニックが生じる例は少ない．正確な情報こそが流言を抑え，人々の適切な行動を促すためには必要だ．

政府が情報を統制しなくても，インターネットでは虚偽情報の訂正情報や，事態のよりよい解釈が広まった．電子掲示板やソーシャルメディアに流れた虚偽の流言（千葉のコスモ石油の施設爆発事故によって有害物質がばらまかれたなど）は，実のところインターネット上のツールを使って情報の発信源をつきとめ，情報の真偽を確認したうえで，ツイッターなどで訂正情報を流すインターネットユーザーの働きでほぼ打ち消されてしまった．また，福島第一原子力発電所の事故の推移や影響は，物理学者らがツイッターやウェブを使って，わかりやすく解説し，人々の不安を鎮める方向に働いた．

政府は，福島第一原子力発電所事故により大気中に放出された放射性物質の大気中の移動を予測するデータも，影響を受ける人々が取るべき適切な対応とともに公開すべきであった．情報を隠していると思われたために，政府や東京電力は信頼を失い，適切なリスクコミュニケーションを行えなくなった．政府や政府発表を伝えるマスメディアへの失望をインターネットが埋めた．災害時のいたずらな情報隠蔽は社会を守る「高貴な嘘」とは言えず，社会を危険にさらすだろう．

[大谷卓史]

【参考文献】
[1] シセラ・ボク，古田暁訳『嘘の人間学』TBSブリタニカ，1982．
[2] 福田充編『大震災とメディア—東日本大震災の教訓』北樹出版，2012．
[3] 荻上チキ『検証東日本大震災の流言・デマ』光文社，2011．
[4] 廣井脩『流言とデマの社会学』文藝春秋，2001．

6. コンピュータ倫理学

　コンピュータ倫理学とは，コンピュータやそのネットワークなどの関連技術の開発と活用に関する倫理的問題を考察する研究領域であり，応用倫理学の一領域である．しかし，コンピュータ倫理学という言葉は，少なくとも現在の日本では，あまり耳慣れない言葉であると言ってよいだろう．むしろ情報倫理学という言葉がほぼ同じ意味で広く知られるようになっている．これらの概念は，それぞれ異なる由来をもち，対象とする領域も異なるものであったが，現在の情報化社会では，コンピュータとインターネットを度外視した情報に関する倫理問題を考えることはきわめて困難であるため，コンピュータ倫理学で扱われていた諸問題は，現在では情報倫理学において扱われていると言ってよい．

　ここでは，コンピュータ倫理学ではもともと何が問題とされてきたかをふり返り，さらに情報倫理学に受け継がれた諸問題について概観しておこう．

●**コンピュータ倫理学**　コンピュータに限らず，新たな技術の登場は，それにまつわる倫理的問いを私たちに突きつける．J. ムーアは，「コンピュータ倫理学とは何か」(1985)において，コンピュータ技術によって可能になった新たな行為の可能性に関して，「指針の空白」が発生することを指摘した．新しい技術をめぐっては，それをどう扱うべきかに関するルールや慣習が存在しない．例えば，コンピュータのソフトウェアは誰かに所有されるべきものなのか，その場合どのような法律で所有権を保障すべきなのか．こうした問題に答えるには，そもそも情報を所有するとはどういうことかなど，関連する基本概念の再検討が必要とされる．コンピュータ倫理学では，こうした「指針の空白」を埋めるための基礎的研究が行われることとなる．

　歴史をふり返れば，1970年代に関心を集めたのは国家権力によるプライバシー侵害の問題である．当時，コンピュータは個人のものではなく，大きな組織にしか利用できない大がかりな装置であったため，そこで扱われはじめた大量の個人情報への関心が，「ビッグ・ブラザー」への怖れにつながった．また，その当時はソフトウェアも利用者の共有財産として扱われることが多かったため，ソフトウェアの所有権という考え自体がなく，マイクロコンピュータやパーソナルコンピュータが利用されるようになってはじめて，それが問題となったのであった．

　その後，インターネットの普及と共に，コンピュータ倫理学が扱う問題群もインターネットと切り離せなくなり，情報倫理学との境界は曖昧になる．今後，私たちの生活がますますコンピュータに依存するようになるにつれて，コンピュータ倫理学の問題は，倫理学一般の問題と区別することが困難になるであろう．

●**情報倫理学**　情報倫理学は，必ずしもコンピュータや情報機器に関する問題のみを扱うわけではなく，図書館司書のような情報専門職の倫理や表現の自由をめぐる問題についても扱ってきた．しかし，表現の自由の問題を考える上でも，現在はインターネット上の表現の自由の問題などと切り離して考えることはできない．ネット上の情報検閲や，匿名掲示板での誹謗中傷の問題などとの関連でこそ，表現の自由が問い直されるのである．こうして，現在ではコンピュータ倫理学と情報倫理学は同じ問題群を取り扱うことになった．

　これらに共通する問題の一つは，プライバシーの問題である．プライバシーとは何か，それはなぜ大切にされるべきかという問題は，コンピュータが普及する以前からの問題ではある．しかし，コンピュータ，さらにはインターネットが普及してからは特に，データマイニングや監視社会化と結びついたプライバシー侵害への懸念などから，プライバシーに関する問題は未だに大きな関心事であり続けている．企業が従業員のメールを閲覧したり，行動を監視したりすることはプライバシーの侵害にあたるのか．GPSなどの新たな技術の普及や，ビッグデータの活用などに伴って，「指針の空白」は，今も新たに生じているのである．

　また，インターネット上の情報には，これまでにないいくつかの特徴がある．まず，それは国境を越えて世界中に流通すること，また情報は無限に複製可能であり，一度流出した情報を回収することはほぼ不可能であること，さらに情報源を特定しにくいことがある．近年ではサイバーテロが話題になっているが，情報セキュリティーをめぐる問題は，これらのインターネット上の情報の特徴によって不可避的に生じる．情報漏洩や，不正コピー，有害情報の流通などは，インターネットによって，これまでとは比べものにならないほど大きな問題となっている．例えば，ウィキリークスによる機密情報の公開は，表現の自由の範囲内であると言えるのか．ここでも，表現の自由とは何か，あるいは情報はどこまで共有されるべきなのかといった，情報をめぐる基本的な考え方が問い直されることになる．さらには，ネットワーク社会にふさわしい著作権管理のあり方を含め，インターネット上の情報に対する規制のあり方も見直しが必要になろう．

　最後に，情報処理に関する専門家の責任の問題をあげておこう．コンピュータや周辺機器といったハードウェアだけでなく，ソフトウェアの作成に関わる人々，さらには情報を入力しさまざまに処理する人々など，現在では多くの人々が情報技術や情報処理に携わっているが，それらの人々ははたして専門家と言えるのか，あるいは複雑化した情報システムにおいて専門家の責任はどこまで問えるのかなど，社会的分業と責任のあり方が問い直されているとも言える．　　　［坪井雅史］

【参考文献】
[1]　D.G. ジョンソン，水谷雅彦・江口聡訳『コンピュータ倫理学』オーム社，2002.

7. 電子投票

　情報技術による政治の変化の象徴的存在として語られてきたのが，電子投票である．国内外で実施されてきたが，リスクや問題も指摘されている．

●**2002年米国投票支援法の成立**　電子投票への期待が高まったのは，2000年米国大統領選で生じた投票集計をめぐる大混乱のためである．

　この選挙では，テキサス州知事ジョージ・W. ブッシュが，元副大統領・上院議員アル・ゴアを僅差で破った．とりわけフロリダ州では二人の票があまりにも僅差だったため，州法に基づき票の再集計が行われ，その集計の途中結果でさらに票差が縮まる可能性が出てきた．そのため，ゴア候補は再集計を求めたが，フロリダ州州務長官は時間切れを理由に開票を途中で打ち切り，同州の選挙人をブッシュ候補が得ることとなった．ゴア候補は裁判に訴えたものの，最高裁は選挙結果を有効とした．当時フロリダ州知事はブッシュ候補の弟だったため，政治的介入があったと疑われ，ゴア候補の支持者らは「票が盗まれた」と批判した．

　このとき各候補の獲得投票数が集計のたびに異なった大きな理由として，投票機・集計機の事故や故障が疑われた．この大統領選では，旧式のレバー式投票機やパンチカード式投票機が数多く使われていた．旧式の機械のため故障が生じやすかったうえ，特にパンチカード式投票機では，支持する候補を示す箇所に穴を空けるときに，適切な場所に穴が開かないなどの事故が起こっていた．これらの故障・事故が開票結果の誤差につながったと考えられたのである．

　当時すでに米国では，マークシートの光学読み取り方式や，タッチパネルに表示された候補者名を選択する方式の投票機（これら装置が「電子投票機」に相当する）が導入されていたものの，すべての投票所に行き渡っていたわけではない．

　2002年，大統領選挙の混乱を踏まえて米国投票支援法が成立し，2004年の大統領選挙までに旧式の投票機を一掃し，電子投票機を導入することを求めた．

　これら一連の事件がきっかけとなって，電子投票への期待が大きく膨らんだ．

●**日本での電子投票の導入**　日本では，1990年代前半から電子投票への期待が語られていた．電子投票は投票日や場所の制約を取り除くので投票率を上げ，データ処理だけでよいので開票作業をより正確・効率的にするというのがその理由だ．

　その後，2000年のIT基本法の成立を受けて，e-Japan戦略の中で電子政府実現が政府の重要施策となった．この目玉の一つが電子投票の導入である．

　2001年11月，地方選挙で電子投票を可能とする，公職選挙法の特例法「電磁記録投票法」が成立し，翌年2月から施行された．岡山県新見市はこの法律の成立を受けて条例を整備し，2002年6月に市長・市議会選挙で電子投票を実施した．

投票機に採用されたのは，電子投票普及協業組合のタッチパネル方式の投票機であった．現在までに10以上の地方自治体が電子投票を実施した．

タッチパネル式の投票は自書記入式の投票と違い，①手指などに障害がある人でも投票がしやすい，②タッチパネル上の候補者名の選択のため無効票が減少する，③トラブルがなければ開票の格段の時間短縮が実現するなどの長所がある．

●**電子投票への批判**　一方，電子投票のリスクや問題を指摘する批判もある．

第一に，コストの問題．電子投票機のレンタル・購入費用が地方自治体の財政を圧迫し負担となることが指摘された．新潟県鯖江市や広島市安芸区は財政難を理由に電子投票を廃止し，新見市もいったん財政難を理由に休止した．

次に，故障やバグの問題がある．米国では，電子投票機の不調による大統領選でのトラブルや，内蔵プログラムのバグの発見が報道されている．国内でも電子投票機の故障が問題となった．2003年7月の岐阜県可児市の市議会選挙では暑熱によるコンピュータ故障により，投票中に投票機が停止したり，開票時に投票者数と投票数が合わないトラブルが生じた．同年7月，同じ方式で行った神奈川県海老名市の市長・市議会選挙も同様のトラブルに見舞われた．可児市の選挙は，裁判によって無効が確定した．その後，両市ともに電子投票を廃止した．

第三に，今後インターネット経由での電子投票や集計が可能になれば，投票機会が増加し，投票率の向上や集計の効率化が期待されるが，同時に投票内容の覗き見や改竄・操作などのリスクも考えられる．現代の暗号技術は高度な防御を提供しているものの，人的要因によるセキュリティ障害やプライバシー侵害の恐れは，投票所における電子投票よりも高まるだろう．

第四に，電子投票機は内部機構を確認できないので，投票者の選択が集計に正確に反映されているか，集計に誤りや意図的な偏りが生じていないかわからないというブラックボックス性が指摘されることがある．米国では，電子投票機製造企業と特定党派や候補者との関係が指摘され，不正選挙を疑う報道もある．ただし，電子投票を研究するR.マイケル・アルヴァレズは，投票・開票の全体もしくは一部がブラックボックス化することは匿名秘密選挙では避けられず，電子投票に限った問題ではないと指摘する．

コンピュータの正確性や迅速性という一般的特徴への期待が電子投票への期待には反映されているだろう．技術の圧倒的な力に騙されず，将来の民主政をデザインする中で電子投票の必要性とあり方を検討する必要がある．　　　［大谷卓史］

【参考文献】
[1]　岩崎正洋『eデモクラシーと電子投票』日本経済評論社，2009．
[2]　湯淺墾道「電子投票の日米比較」2005．http://home.att.ne.jp/omega/yuasa/documents/publiccyoice2005.pdf
[3]　水谷雅彦「電子民主主義」加藤尚武編集代表『応用倫理学事典』丸善，2008，pp.112-113．

コラム

ローレンス・レッシグ

　米国の憲法学者であり，サイバー法学者．1961年生．スタンフォード大学教授．クリエイティブ・コモンズの創始者でもある．『CODE──インターネットの合法・違法・プライバシー』(1999, 訳2001)で，サイバー空間における法規制のあり方について，独自の見解を展開し有名となった．そこで展開された考え方に基づいて，著作権の拡大に反対し，フリーソフトウェア運動にも力を注いでいる．『CODE』の他の主な訳書に，『Free culture──いかに巨大メディアが法をつかって創造性や文化をコントロールするか』(2004)，『コモンズ──ネット上の所有権強化は技術革新を殺す』(2002)がある．

　『CODE』で論じられたのは，インターネットの発達に伴って，今後サイバー空間の規制はどうあるべきかという問題についてである．その際，特に焦点があてられたのが，「コード」による規制である．レッシグによれば，私たちの行為は，法律，規範，市場，アーキテクチャーの四つの様式で規制される．法や規範，市場が私たちの行為の仕方を規制することは，容易に理解できよう．アーキテクチャーによる規制とは，物理的な障壁，例えば城壁を設けたり，扉を閉めたりすることなどによって，人の行為を方向づけることと言える．サイバー空間では，アーキテクチャーはコードによって実現される．私たちがインターネット上で何をすることができるかは，ウェブサイトやさまざまなサービスのコード(ソフトウェアやハードウェアの仕様)が決定しているからである．

　レッシグによれば，サイバー空間では，今後ますます規制が強化され，私たちの自由はますます脅かされることになる．サイバー空間をコントロールするためのコードが，企業や政府によって管理されているとき，自由を守るにはどうすればいいのか．これが，彼にとって最大の問題である．

　この問題に対する彼の答えは，サイバー空間上の社会を，ある根本的な価値の上に構築することによって，である．自由は，無政府状態から生じるのではなく，むしろ，社会を自覚的にコントロールすることによってこそ実現される．その自由の中身は，今後われわれが意識的に選択する必要があるという．

　企業(団体)や政府は，今後ますます私たちの行動に対する管理を強めてくる．それに対抗するには，法によってコードを規制することが必要だというのである．法によって規制に不完全さを導入しなければ，コードによる規制は，ますます厳格に私たちの行為をコントロールのもとにおく傾向があるため，逆説的ではあるが，法による意識的な規制が必要だというのである．　　　　[坪井雅史]

【参考文献】
[1]　L. レッシグ，山形浩生訳『CODE VERSION2.0』翔泳社，2007．

第2章

医療情報と情報倫理

　あふれる情報とどのように接すればよいか．膨大な情報をどのように使えばよいか．情報の取り扱い方が変わると自分の身にどのようなことが起こるか．情報についてのこうした問題群がはっきりとした形で現れるのが，医療における情報の取り扱いの場面であろう．少なからぬケースにおいて情報と命が直接に結びついている．情報がなかったから，あるいは情報を正しく評価できなかったから，命を落とす場合もあるだろう．また，医療情報の問題は，命そのものだけでなく，患者の生き方，自分らしい生き方の選択の問題とも結びついている．自分らしい生き方を全うするために，場合によっては，情報を与えられないことを望む者もいる．情報社会においてこのようなことがどこまで許されるか，自分らしい生き方と情報の関係はどのようなものであるべきか，そもそも情報を自分で処理して自分で自分のことが決められるかは，現代社会の重要な問題だろう．　　　　　［浅見昇吾］

1. 医療情報とインフォームド・コンセント

　医療におけるインフォームド・コンセント（IC）とは，ある治療ないし研究について，患者・被験者が十分な情報を受け，理解した上で，当の治療・研究参加に同意することである．

　IC には診療上のものと研究に関するものの二種類があり，両者はその歴史的背景も目的も異なる．どのような情報がどこまで説明されるべきかを理解するには，そもそも IC が何のために導入された倫理原則かを知る必要がある．

●**診療における IC**　1907 年，一人の夫人が消化不良を訴えニューヨーク州の病院を訪れた．医師は腹部にしこりを認め，検査を勧めた．彼女は麻酔下での腹部検査に同意したが，たとえ悪性腫瘍であっても切除しないよう伝えていた(当時，がんの手術を控えることは珍しくなかった)．しかし夫人が麻酔で眠っている間に医師は腫瘍を子宮筋腫と判断し，卵巣もろとも切除した．目覚めた夫人は腹部の手術痕に気づき，激しい痛みと左手の痺れに苦しんだ．病院からの説明はなく，執刀医とは術後二週間も連絡がとれなかった．やっと会えた医師からは，そんな痛みは気のせいだろうと言われた．激怒した夫人は病院を訴えた（シュレンドルフ裁判）．

　残念ながら，この裁判で夫人の訴えは退けられた．彼女が利用したのは診療を無償提供する慈善病院であり，患者は過失を犯した医師を訴えることはできても，無償で受けた治療のことで病院を訴えることはできないからである．それでも，州最高裁判事ベンジャミン・カードーゾは 1914 年の判決で「精神の正常な成人は誰しも，自分の身体に何がなされるべきかを決定する権利を有する．患者の同意なく執刀を行う外科医は暴行を加えたことになり，患者が無意識でありかつ本人の同意を得る前に手術を緊急に行う必要のある場合を除き，その損害について責任を負う」と述べた．診療における同意原則を明示した有名な文言である．

　しかし，侵襲性の高い処置に患者が同意したと言えるためには，その処置のリスクがどのようなものであり，そのリスクにもかかわらずなぜその処置を受ける必要があるのかを患者が理解し納得しているのでなければならない．シュレンドルフ判決で示された同意原則は，その後数十年を経て，説明を受け納得した上での同意（インフォームド・コンセント）の原則として徐々に社会に浸透していく．関連する判例として，1957 年のサルゴ判決(大動脈造影で麻痺を生じた男性の訴えを認め，医療行為への単なる同意では十分でなく，生じうるリスクや合併症について説明がなされたのでなければ妥当な同意とは言えないとした)や，1960 年のネイタンソン判決（乳がん手術後のコバルト照射療法で火傷を負った女性につ

き，治療内容やリスクのみならず代替治療法についても説明すべきとした）などがある．

●**医学研究・治験におけるIC**　医学研究におけるICの必要性が国際的に認識されたのは，ナチスドイツの医師らによる人体実験を裁いたニュルンベルク国際軍事裁判と，その結果として1947年に出された倫理綱領によってである．綱領の第一条は被験者の自発的同意が人体実験の絶対条件であることをうたっている．この精神に沿いつつ，ICの詳細とICが免除される条件などを示したものが，世界医師会のヘルシンキ宣言(1964)である．しかし実際はさまざまな国で，被験者への十分な説明のないまま，リスクの高い臨床研究が繰り返された．米国だけでも，末期がん患者や囚人などを用いた40〜70年代の放射能実験，知的障害児施設で児童を肝炎ウイルスに感染させガンマ・グロブリンの予防効果をみた1963〜66年のウィローブルック肝炎研究，「黒人男性は悪い血をもつから」という説明のもと約600人もの黒人小作農男性らに脊椎穿刺を行って髄液を調べ，梅毒の自然経過を観察しつづけた1932〜72年のタスキギー梅毒研究などがある．これらの研究(90年代まで機密扱いされた放射能実験を除く)が1970年代に次々に明るみに出たことで，米国では1974年に全米研究法が施行され，5年後に公布されたベルモント・レポートで，「被験者を人として尊敬すること」という大原則の一貫として，被験者に十分な説明を行うことの重要性が改めて強調された．

●**何のために，どの情報を？**　以上の経緯を踏まえると，診療におけるICとは，医療行為の結果として患者が思いもしなかった副作用や傷害により不本意に苦しまないようにする一つの方策であり，患者の最善の利益は何かを医師患者双方が確認するために使える一つの手段である．研究におけるICとは，研究の真意を被験者本人が知ったなら到底引き受けないような非人道的研究は絶対にしないことを，被験者に保証するための一つの手段である．

　何が適法かということでいえば，同意を得るために医師が患者に伝えるべき情報は，治療行為の内容，効果とリスク，代替治療法などであり，研究者が被験者に伝えるべき情報は，研究・治験の内容とその医学的根拠，生じうる効果とリスク，被害が生じた場合のサポート体制などである．しかし倫理的になすべきこととしては，医師が患者に伝えるべきは，情報そのものというより，情報提供を通じて示される，患者の痛みに寄り添おうとする医師の誠意であるだろう．そして研究者が被験者に伝えるべきは，国家の利益や医療推進の名目であなたを研究のダシに使うことはしないという，研究者の良心であるだろう．　　　　［奥野満里子］

【参考文献】
[1]　Lombardo, Paul A. *The Journal of Law, Medicine and Ethics* 33(4)：791-801, 2005.
[2]　Pence, Gregory E. *Classic Cases in Medical Ethics*, McGraw Hill, 2007.

2. 医療情報の所有者

●「医療情報」とは？　「医療情報」と言うと，健康保健・福祉領域にまたがる広い意味合いになるが，「診療情報」は，「医療の提供の必要性を判断し，又は医療の提供を行うために，診療等を通じて得た患者の健康状態やそれらに対する評価及び医療の提供の経過に関する情報」（厚生省「カルテ等の診療情報の活用に関する検討報告書」1998）と定義される．診療情報（看護実践上において必要な看護情報も含む）は，患者の生命・身体に直接大きな影響を及ぼす情報であり，その扱いには十分な慎重さが要求されるセンシティブ情報である．

●「センシティブ情報」とは　個人情報の中でも特に取り扱いに注意すべき情報を，「センシティブ情報」と呼ぶ．病室のネームプレート，点滴・輸液袋の患者名表記はもちろん，学校や職場，地域において実施される健康診断の情報や，人間ドックの情報，介護保険に関わる情報，そして臓器提供に関するドナー登録の情報など，保健医療や予防医療において収集される「健康管理情報」もまた，重要なセンシティブ情報となる．

●医療情報は「誰のもの」か？　「リスボン宣言」（世界医師会 1981 年第 34 回総会採択，2005 年 10 月第 171 回総会修正）「7．情報に対する権利」にあるように，「患者は，いかなる医療上の記録であろうと，そこに記載されている自己の情報を受ける権利を有し，また症状についての医学的事実を含む健康状態に関して十分な説明を受ける権利を有する」．この意味において，診療情報は「患者自身のもの」である．しかし，情報の帰属先は患者自身にあるとはいえ，すべての医療情報が「患者の所有」されるべきものとなるのではない．診療情報は，カルテや看護記録として医師をはじめ，看護師等のメディカルスタッフによって「作成」され，紙媒体，電子媒体，もしくはフィルム，プレパラートなどさまざまな形態で「保存」されている．その点では病院によって「管理」されている成果有体物として当該医療機関の「所有物」であるという側面もある．また，患者に帰属することになる医療情報は，開示請求対象となる情報であり，基本的には患者自身が「知りたい」と考える情報である．「知りたくない」ものまで強制的に開示し，無理やり帰属させるという性質のものではない．医療情報を所有する「主体者」は患者ではあるが，情報の「所有者」はその目的や管理のされ方，形態・性状によって変動する．情報の発信源として患者は「情報の主体者」であり，「情報の提供者」である．その意味では，当然発信した情報は元の発信源に「帰属する」ことになるが，医師や看護師によって「手を加えられた」情報は，「情報の作成者」であり，「情報の管理者」である医療機関側に所属するという側面もある．

● **開示請求の対象となる医療情報**　したがって，患者が「知る権利」として医療情報の開示請求を行う際に対象となる医療情報は，あくまでも当該患者に固有の診療情報であって，病院等の医療機関が「所有」しているすべての医療情報が開示対象となるわけではない．開示請求対象となるものは，医師法第24条に規定されている「診療録」，医療法第21条第1項第9号に規定されている「診療に関する諸記録」が中心となる．具体的には，臨床所見，処方箋，手術記録，熱計表，X線写真，心電図，脳波記録，その他の特殊臨床検査記録，検査所見，看護記録，退院サマリーなどである．

● **医療情報開示の法的根拠**　いわゆる診療報酬明細請求（レセプト）を含むカルテ開示請求権は，民法第645条「受任者の報告義務：受任者は委任者の請求あるときはいつにても委任事務処理の状況を報告し，委任終了の後は遅滞なくその顛末を報告することを要す」に基づき法的にも根拠があるものとされてきた．さらに2005年4月より個人情報保護法が全面施行されて以降は，同法第25条を中心とし，医療機関等の「個人情報取扱事業者は，本人から当該本人が識別される保有個人データの開示を求められたときには，本人に対し，政令で定める方法（書面の交付等）により当該保有個人データを開示しなければならない」と明記されたことで個別法によっても明確に義務づけられた．しかしながら，同法第25条には「ただし，開示することにより次の各号のいずれかに該当する場合は，その全部又は一部を開示しないことができる」とあり，「1. 本人又は第三者の生命，身体，財産その他の権利利益を害する恐れがある場合，2. 当該個人情報取扱事業者の業務の適正な実施に著しい支障を及ぼす恐れがある場合，3. 他の法令に違反することとなる場合」，以上が該当要件として挙げられている．例えば「1」の具体例としては，末期がん患者の場合でストレス耐性が低い基本性格のために，これまでにも自殺未遂があった等から，もし一度に告知を行い，カルテも開示すると，再び自殺企図に結びつきかねないと判断した場合には，暫定的にカルテ開示を行わない，あるいはカルテの一部のみを開示する等の対応を取ることが挙げられる．「2」に関しては，医師が備忘録として，まだ確定診断に至っていない診断名を鑑別診断中のメモとして残している等の場合には，それが「確定した情報ではない」ことからも，かえってこれらもすべて開示すると，患者に要らぬ不安や混乱した情報を与えかねないと判断するケースがある．ただし，いずれの場合も「開示しない」という判断の正当性を医師個人ではなく，当該医療ケアチームや病院の倫理委員会等の複数の視点で検討した上で「開示しない」，もしくは「一部のみを開示する」と判断する必要がある．　　　　　　　　　　　　　　　　［板井孝壱郎］

【参考文献】
[1]　日本診療情報管理学会編『診療情報学』医学書院，2010.

3.「知る権利」と「知らないでいる権利」

●「知る権利」の根拠としての「プライバシー」 法的権利としてのプライバシーは，他人からの干渉や侵害から保護されることで「そっとしておいてもらう権利 (the right to be let alone)」という消極的プライバシーと，自分に関する情報流出を自ら管理し，制御する「自己情報コントロール権 (the right to control the circulation of information relating to oneself)」という積極的プライバシーの二つの側面から成る．前者に関しては，1890年にサミュエル D. ウォーレンとルイス D. ブランダイスの連名でハーバード・ロー・レビュー第4巻第5号に掲載された論文「プライバシーの権利」の中で定義されたことが最初と言われている．しかし，情報技術（IT）革命と言われるようなコンピュータやインターネット等の情報処理，通信網の急速な発達が見られる今日では，私生活をみだりに「知られない権利」としてだけでなく，公的機関および私企業が保有する自分のデータについて「知る権利」をもち，それらが誤っていれば訂正・修正させる権利をもつという積極的・能動的な権利として保障される必要性が生じてきた．

●「知る権利」とは 世界医師会の「リスボン宣言」をはじめ，今日多くの患者の権利に関する倫理的宣言には，「知る権利」が明記されている．日本でも，2005年4月より「個人情報保護法」が施行され，「自己情報コントロール権」としてのプライバシーの法的根拠が明確にされた．「看護者の倫理綱領」（日本看護協会，2003年8月）においても，その「第4条」には，「看護者は，人々の知る権利及び自己決定の権利を尊重し，その権利を擁護する」とうたわれており，さらにその解説の中では「人々は自己の健康状態や治療などについて知る権利，十分な情報を得た上で医療や看護を選択する権利を有している．看護者は，対象となる人々の知る権利及び自己決定の権利を擁護するために，十分な情報を得る機会や決定する機会を保障するように努める．診療録や看護記録などの開示の求めに対しては，施設内の指針等に則り誠意をもって応じる」と記されている．また，「医師の職業倫理指針」（日本医師会，2008年6月）「第1章 医師の責務」「2. 患者に対する責務」「(7) 患者の個人情報，診療情報の保護と開示」において，個人情報保護法を遵守する重要性について述べながら，「患者や代理人から診療情報の開示を求められたときには，原則として開示しなければならない」と記している．こうした「知る権利」は，同指針「(1) 病名・病状についての本人への説明」でも，「医師が患者を診察したときは，患者本人に対して病名を含めた診断内容を告げ，今後の推移，および検査・治療の内容や方法などについて，患者が理解できるようにやさしく説明する義務がある」として，いわゆるインフォームド・コンセントを取得する

上でも根本的に重要な権利であることを強調している．

●「知らないでいる(知らされないでいる)権利」とは　その一方で,「自己情報コントロール権」には「知る権利」だけでなく,自分に関する情報を「知らないでいる(知らされないでいる)」ことを選ぶ権利も含まれている．この「知らないでいる権利」をめぐる議論の発端は,遺伝子診断の領域,特にハンチントン病の発症前遺伝学的検査（まだ発病していない段階で,その病気になりうる遺伝子を持っているかどうかを確かめる検査）であった．臨床心理士でもあったナンシー・ウェクスラーは,自分の母親がハンチントン病で1978年に死亡した．そのため自分にもその遺伝子が受け継がれている可能性があることを知る．この病気には現在も治療方法はなく,当時は遺伝子検査の技術もなかったが,「ウェクスラー遺伝病財団」の創設後, 10年以上に及ぶ研究の結果, 1993年に国際研究チームがハンチントン病遺伝子の診断技術を確立した．しかし彼女は,遺伝子検査を受けるべきだという周囲の見解に対し,治療法もなく,ただ遺伝子をもっているとだけ告げられることは"死の宣告"を受けるに等しく,「いったんその情報を得てしまうと,いらないから返すというわけにはいかない」,「重要なのは,知っているかどうかではなく,いつ知るかという点である」と述べ,「今は知らないでおく」という選択ができる権利の重要性を強調した．これが「知らないでいる権利」の始まりと言われているが,このように正確には「"今は"知らないでいる権利」であって,一度「知らないでいたい」と患者が主張したからと言って,それは決して「知る権利」を放棄し,この先一生「知らないでいる」と決めたのではないことに留意しなくてはならない．またこの権利は,「調べ尽くされない権利」という側面も含んでいる．患者（未発症の場合は患者ではないので,クライアントと呼ぶ）が「知らないでいる」ということ,すなわち遺伝子検査を受けないことを選択したならば,医療者側も「それ以上,検査をしない」ことが求められるのであって,「遺伝子の変異等を(本人同意なく勝手に)調べ尽くさない」ことも含まれている．この点に関しては,上述の「看護者の倫理綱領」第4条の解説においても,先の文章に続けて「自己決定においては,十分な情報に基づいて自分自身で選択する場合だけでなく,知らないでいるという選択をする場合や,決定を他者に委ねるという選択をする場合もある．看護者は,人々のこのような意思と選択を尊重するとともに,できるかぎり事実を知ることに向き合い,自分自身で選択することができるように励ましたり,支えたりする働きかけも行う．個人の判断や選択が,そのとき,その人にとって最良のものとなるように支援する」と明記している．

[板井孝壱郎]

【参考文献】
[1]　日本看護協会編『看護記録および診療情報の取り扱いに関する指針』日本看護協会出版会, 2005.

4. 倫理コンサルテーション

●「倫理コンサルテーション」とは　広くは「医療現場で生じた倫理的問題の解決のために行われる助言や相談活動全般のこと」を指し，その問題領域は，いわゆる治験や臨床研究をはじめとする「研究倫理」の問題を包含することもあるが，日常診療の現場で生じる「臨床倫理」の問題に関わるケースを対象とする場合は，「臨床倫理コンサルテーション（clinical ethics consultation）」という意味において用いられることが多い．ASBH（American Society for Bioethics and Humanities）によって，1998年に公表された「医療倫理コンサルテーションにとっての核となる能力（Core Competencies for Health Care Ethics Consultation）」という報告書によると，「患者，家族，代理人，保健医療従事者，その他の関係者が，保健医療において生じた価値問題に関わる不安や対立を解消するのを支援する，個人やグループによるサービス」であると定義されている．その活動形式は，①「臨床倫理委員会（clinical ethics committee）」による「委員会コンサルテーション」，②「倫理コンサルタント（ethics consultant）」と呼ばれる専門家による「個人コンサルテーション」の2種類に大別されるが，1990年代終わり以降の北米圏では，③倫理委員会と個人コンサルテーションの中間にあたる少人数グループによる「チーム・コンサルテーション」の形態が最も一般的である．

　先述のASBHによる報告書がまとめられた際，倫理コンサルテーションをめぐるさまざまな問題や今後の基本的な課題が整理されたものの，米国内においても倫理コンサルテーションに従事する職種を公的資格として整備するか否かについては賛否両論あり，現在も結論は出ていない．

●問題点　臨床現場にとって倫理コンサルテーションが不可欠であるという見解自体には，概ね異論のないところではあるが，①「個人コンサルテーション」は迅速対応が可能な反面，倫理コンサルタントの「個人的価値観」が前面に出てしまう危険性もあり，またその専門的トレーニングや資格整備の問題など「社会的責任と責務」の範囲が曖昧なままであること，②「委員会コンサルテーション」は，多様な人材による多面的アプローチが可能な反面，招集には時間がかかり機動力に欠け，時として「お墨付き委員会」のような「権威主義」に陥りやすく，特に日本国内では依然として多くの倫理委員会はいわゆるIRB（治験審査委員会）等の「研究倫理委員会（research ethics committee）」の性格が強く，「臨床倫理」の問題を扱う委員会がないことも多く，今後検討すべき課題は山積している．

●「臨床倫理コンサルタント」とは　臨床倫理に関するトレーニングを受けた専門家のことを指し，患者の治療やケアにおいて倫理的ジレンマが生じた際に，その

解決のための支援を行う人材のことを言う．米国における臨床倫理コンサルタントの学問的背景としては，医学，看護学，法学，哲学・倫理学，神学，あるいはソーシャルワークなどさまざまであるが，臨床の現場が理解できる素養が不可欠であるとされる．臨床倫理コンサルタントにとって重要な四つの活動目標は，ジョン・C. フレッチャーによると以下の通り．

①患者や家族，医療専門職や当該医療施設にとっての利益を最大限にし，危害を最小限にするために，患者および代理人の希望を尊重し，さまざまな文化的価値観を尊重した公正な意思決定がなされるように支援すること．
②関係者たちに敬意を払い，その利益，権利および責任を考慮に入れつつ，円滑に対立を解決できるように支援すること．
③当該症例における倫理問題を理解し，倫理的水準を高めることによって，医療施設としての運営方針の発展をはかり，医療の質を向上・改善し，なおかつ医療資源の有効活用をはかること．
④医療機関・病院職員に対する臨床倫理に関する教育を行うことにより，現場スタッフが倫理問題を解決できるように支援すること．

●今後の展望　日本国内においても近年，GCP省令に基づく治験のみならず，厚生労働省指針に準拠した医師主導型臨床研究の重要性が高まってきている中で，被験者に対するより一層の安全性や人権の保護といった「倫理性」を確保することが不可欠となっている．また，上述のように研究の場面のみならず日常の医療現場においても，さまざまな倫理的問題が存在していることを鑑みると，先端研究や臨床研究のみならず，日常の臨床現場にとっても「生命・医療倫理」に精通した高度専門職業人としてのトレーニングを受けた倫理コンサルテーションを担う人材育成が急務であるだろう．こうした「倫理コンサルタント」や「倫理コーディネーター」による支援体制の必要性が高まる中，この分野は今後新たな職域として成長する可能性を秘めている．医療・福祉系の学部卒業生をはじめ，農学・工学などの自然科学系学部卒業生，心理学，社会学，教育学，哲学，法学などの人文社会科学系学部卒業生など，あるいはまた臨床心理士や医療・看護・福祉関連の資格を有し実務経験と問題意識のある社会人などを対象とし，医科学的知識のみならず，法的・倫理的知識に関するトレーニングを受けた人材は，医療スタッフをバックアップする倫理的支援体制の中心的人材となり，病院機能評価においても求められている「臨床倫理委員会」等を運営するコア・メンバー，あるいは臨床研究支援センター等における「研究倫理コンサルテーション」を担う専門職員として活躍することも期待される．　　　　　　　　　　　　　　　　［板井孝壱郎］

【参考文献】
[1] Fletcher JC, Siegler M, What are the goals of ethics consultation? A consensus statement. *The Journal of Clinical Ethics*, 7, 1996, pp.122-126.

5. 地域医療情報ネットワーク

●**地域医療とは**　日本社会は現在，高齢化率の上昇に伴う疾患構造の変化が生じており，特に生活習慣病に代表される慢性疾患が増加傾向にある．また，「医師不足」という問題も絶対数の不足だけを指すのでなく，とりわけ都市部への医師の偏在により，地方都市や山間部，あるいは僻地と呼ばれる地域，特に「無医村」と呼ばれるところでは一層深刻である．医療技術や医療機器などの進歩は目覚ましいと言われる一方で，その恩恵を受けられるのはやはり都市部に集中しており，この点でも「地域格差」は激しくなっている．しかし，いわゆる「高度医療」というものを享受できないところに「地域医療」が求められるということではない．その意味において「地域医療＝僻地医療・農村医療」ではない．生活習慣病をはじめとする慢性疾患の予防・治療のためには，急性期医療以上に，それぞれの地域特性に根差して，地域住民一人ひとりの「生活」に密着した医療活動を行うことが不可欠である．そのため，医療そのもののあり方が，病気になって初めて大きな病院へ救急車で運ばれるというような「大病院収容型」から，日々の食生活や運動量など，その土地ごとの生活習慣に即した健康管理，保健指導を行い，家庭医（かかりつけ医）や訪問看護師，保健師等が地域住民の生活空間の中へ入り込んでいくという「地域密着型」へとシフトしていくことになる．こうした地域密着型の医療活動としての「地域医療」は，大病院などの医療機関が単独で行うのではなく，地域の行政機関（保健所や包括支援センターなど）をはじめ，市中のさまざまな公立・民間病院，診療所，訪問看護ステーション，高齢者施設，そして自治会などの住民組織等とも協力・連携して進めていく医療活動全般を指す．

●**地域医療情報ネットワークとは**　地域に根差した，大小さまざまな医療・保健・福祉関連施設等が協力・連携して医療活動を実践するためには，それぞれを結びつけるネットワークが不可欠である．こうしたネットワークを構築し，推進していくためには，情報技術（Information Technology）を各分野に応用し，電子ネットワーク化することが一つの有効な手段となる．大規模医療機関だけでなく，地域の保健機関にもコンピュータが導入され，一定の成果が得られるようになっているが，地域住民を中心に据えた健康づくりや生活習慣の改善などへの支援という立場からは，まだ多くの課題がある．もちろん，医療・保健・福祉の各分野に情報技術を導入し，地域医療情報ネットワークシステムを構築したからといって，そのハード面が，健康的かつ豊かな生活を保障してくれるわけではない．それらをどのように管理・運営していくかが重要である．健康や生活に関わる情報は，そのほとんどが個人情報に属するものであり，扱い方次第では人権やプライバ

シーを侵害する恐れがある．

●**地域医療情報ネットワークの意義**　情報技術を導入し，電子ネットワークを活用する地域医療情報ネットワークが可能となる前提として，電子カルテシステムの開発が必須であった．医療・保健・福祉分野の情報化を推進するために2001年，「保健医療分野における情報化にむけてのグランドデザイン」が公表され，レセプト(診療報酬)電算処理システムをベースに，電子カルテシステムの国レベルでの普及が明確化された．このグランドデザインの目的は，医療の地域格差の解消と安心できる地域医療の提供，および遠隔医療の普及推進にあった．電子カルテによる医療情報の電子化が，他施設のカルテとの連携，検査情報，レセプト請求システムとの連携も可能にし，これまでは各病院に分散していた患者のカルテを一元化する，いわゆる「一患者・一地域・一カルテ」の実現も期待された．

●**地域医療情報ネットワークの分類と課題**　地域医療情報ネットワークのあり方は，どことどこが連携し合うかによって，以下のように分類され，それぞれに課題がある．

　1.　**病院間での情報連携**——比較的大きな病院（ベッド数100床規模を越えるような）間での連携のことを「病—病連携」という．この連携によって，(1) 医療水準の地域格差是正，(2) 医療行為の重複減少による医療の効率化，(3) 地域での大型検査機器共同利用の推進，(4) 救急時の患者状態把握の円滑化，(5) 紹介患者の情報伝達の迅速化，(6) 転院時の医療継続の円滑化（転院時の作業の省力化等），(7) 施設間情報連携の正確化による医療事故防止，(8) 感染情報の施設間情報連携による感染対策の向上，等の課題達成が期待されている．

　2.　**病院と薬局との間での情報連携**——この連携のことを「医—薬連携」というが，いわゆる「おくすり手帳」等がその役割を担っていることが多い．これによって (1) 薬局での服薬指導の正確化，効率化，(2) 薬局から医療機関への服薬情報のフィードバック，(3) 処方の重複減少による医療の効率化などが期待されている．

　3.　**病院と診療所との情報連携**——比較的大きな病院と地域の在宅訪問診療などを担っている小規模病院や診療所との連携を，「病—診」連携という．この連携によって期待されている課題は，上述の「病—病連携」とほぼ同じであるが，それらに加えて (1) 診療所への逆紹介円滑化による診療所外来患者数増，(2) クリニカルパスの継続性確保（地域クリニカルパスの実現等），(3) 施設間情報連携の円滑化による患者への安心感向上などが挙げられる．その中でも，「安心感」は抽象的な課題のように見えるが，日頃からよく診察・診療してくれている家庭医（かかりつけ医）と総合病院の担当医が十分に連携していることは，「地域と生活に密着した医療」のあり方を支える上で極めて重要であり，地域医療の根幹に据えられるべき理念でもある．　　　　　　　　　　　　　　　　　　　　　　　　　[板井孝壱郎]

【参考文献】
[1]　越智貢・板井孝壱郎編『医療情報と生命倫理』太陽出版，2005．

6. 疫学研究と情報

●**疫学研究とは** 厚生労働省・文部科学省合同による「疫学研究に関する倫理指針」(平成14年6月，平成16年12月全面改正，平成20年12月一部改正) によると，「明確に特定された人間集団の中で出現する健康に関する様々な事象の頻度及び分布並びにそれらに影響を与える要因を明らかにする科学研究」であると定義される．疫学の「疫」は感染症を意味しており，歴史的には1848年，英国ロンドンで集団発生したコレラに対する医師ジョン・スノウの研究に端を発するとされる．当時，コレラは空気感染すると思われていたが，スノウは流行地域であっても発症する患者の自宅等が隣接しておらず一定ではないことに注目し，「汚染された水を飲むことでコレラが発症している」という経口感染仮説を立て，その検証のために疫学調査を行った．コレラを発症した患者の自宅等の位置情報を地図上にプロット，その分布に規則的なパターンを見出し，中央に位置する井戸を封鎖した．

これは，1882年にロベルト・コッホがコレラ菌を発見する約30年前の出来事であり，病原体などの生物学的要因が明らかでなくても，感染源および感染経路を社会的要因から解明する疫学的観察によって感染症を予防できることを示したものであり，疫学研究の黎明とされる．疫学の世界では，特定の水道会社の水を飲む等のことを「曝露 (exposure)」，その結果コレラが発症することを「疾病発生 (disease outcome)」，そして疾病発生の頻度(確率)に影響を及ぼす曝露のことを「危険因子」(risk factor) と呼ぶ．危険因子には，年齢，性別や遺伝的因子など制御不可能なものがある一方で，生活習慣などの制御可能なものに対してはこれを変えることによって疾病の予防が可能となる．

●**疫学研究と情報の保護** 「臨床研究においては，被験者の福利に対する配慮が科学的及び社会的利益よりも優先されなければならない」と謳っているヘルシンキ宣言の「患者・被験者福利の優先」という精神は，当然ながら疫学研究においても遵守されるべき重要事項である．厚生労働省・文部科学省合同による「疫学研究に関する倫理指針」「前文」においても，「疫学研究では，多数の研究対象者の心身の状態や周囲の環境，生活習慣等について具体的な情報を取り扱う．……この指針は，世界医師会によるヘルシンキ宣言や，我が国の個人情報の保護に関する法律等を踏まえ，疫学研究の実施に当たり，研究対象者に対して説明し，同意を得るなど個人情報の保護を原則とする．」と明記されている．

しかしながら，疫学研究の場合，個々人を対象としながらも集団観察を中心とするために，その「集団」が大きくなればなるほど，患者や被験者一人ひとりに対

し個別に説明し同意を取得するという個別同意の手順(オプト・イン方式)を取ることが現実的には不可能となってしまう．そのため，一度に集まっての「説明会」の実施，もしくは公共メディアを使った広報(ホームページへの掲載など)によって対象者に「周知」し，研究に協力したくない場合には申し出てもらうという手法(オプト・アウト方式)を取らざるを得ないことも多い．こうした場合には，個別に説明を受けていないので，場合によっては自分の情報が疫学研究に利用されているという意識や自覚が希薄なままとなり，十分なインフォームド・コンセントが取得されたとは言い難いという問題も起こり得る．「完全な匿名化」がなされるのであれば，個人が特定されないという点でプライバシーは保護されるため，個別同意がなくとも大きな倫理的問題は生じにくいと言いうる．

しかし，疫学研究においては個人を「特定」する必要はないが，「識別」する必要があることも多い．例えば，有病率を明らかにするような研究では，重複がないかどうかを確認するために生年月日や性別，居住地を個人識別情報として利用する場合がある．また，コホート研究等では追跡調査を実施するために，どうしても個人を特定する情報(氏名など)が必須となる．

●疫学研究をめぐる倫理的ジレンマ　疫学研究では，患者や被験者の状態を長期的に追うものも多く，しかも「集団」として情報を扱う際，研究対象者の「欠落」が多く出てしまうとデータに偏りが生じてしまうため，可能な限り全数(悉皆)に近い参加者を確保する必要がある．また，研究の特性上，個人を同定しうる情報(氏名，性別，年齢まで必要な場合や，氏名は不要としても，生活環境との関係が病気の発症と相関していることを研究したい場合などは，少なくとも居住地の情報が必要である等)が欠かせず，完全な匿名化が不可能である場合も多い．もちろん，健康に関する情報や生活習慣に関する情報等は「他人には立ち入ってほしくない情報」であるからこそ，可能な限り「匿名化」されなくてはならないし，研究に使用されることに関する「同意」が取得される必要がある．

しかし，「自分は，疫学研究の成果等に基づき確立されてきた現在の医療水準を享受したい．でも自分の情報は，集団罹患の予防法解明や将来の医療政策の立案のための疫学研究に利用されることには同意しない」であるとか，「他人の情報を使って自分の病気の治療方法は開発して欲しい．でも自分の情報を使われるのはイヤだ」というような「拒否権」はどこまで妥当性を有するのか，「プライバシー保護」の名のもとにいったいどの程度まで「個人の権利」，すなわち「被験者の福利に対する配慮」を「科学的及び社会的利益よりも優先」すべきか等，疫学研究をめぐる倫理的ジレンマは深い．　　　　　　　　　　　　　　　　　　　　　　　［板井孝壱郎］

【参考文献】
[1]　越智貢・板井孝壱郎編『医療情報と生命倫理』太陽出版，2005．
[2]　板井孝壱郎・村岡潔編『医療情報』(シリーズ生命倫理学第16巻) 丸善出版，2013．

7. 個人の遺伝子・ゲノム情報の取扱い

　人体を構成する約60兆個の細胞には，その一つひとつに核がある．核は23対の染色体からなり，染色体を繙くと二重らせん状のDNAが現れる．DNAはA, T, G, Cという四種の塩基が連なってできている．特定の塩基配列の情報をもとに一つの蛋白質が作られ，その蛋白質が体内でさまざまな生理学的機能を担う．この，一つの蛋白質を生む塩基配列のまとまった領域が「遺伝子」と呼ばれる．細胞核DNAには二万数千の遺伝子が含まれ，この遺伝子の総体がゲノムである．個人の遺伝子・ゲノム情報は，疾患の診断・治療に役立つほか，さまざまな仕方で利用される可能性をはらんでいる．ここでは小児と成人の遺伝子・ゲノム検査に焦点を絞り，その倫理問題を概観する．

●**遺伝子・ゲノムと疾病**　両親から半分ずつ受け継いだ遺伝子の組み合わせが特殊なものであった場合，特定の染色体や遺伝子が生まれながらに欠損・変異していたり後天的に傷つくなどした場合，生体内の機能に支障が生じ，人が病気になることがある．ダウン症のように染色体数の違いに起因するものもあれば，血友病やハンチントン病のように単一遺伝子による病気もあり，がんのように環境要因が複数の遺伝子変異を惹起し発症に至る病気もある．どの遺伝子がどの働きをするかについては未知の部分がまだ膨大にある．しかし同時に，疾病や体質と遺伝子・ゲノムとの関連についての知見の進展がここ数年で目覚ましいことも確かである．

●**遺伝子検査と全ゲノム解析**　今日では1,000種以上の疾患に関する遺伝子検査があると言われる．遺伝子検査とは，ある病気特有のDNA配列を読み取る検査であり，特定の遺伝子に焦点を絞って診断を行う．遺伝子を調べれば，その人が遺伝病をもつか，遺伝病の保因者であるか，一定の病気にかかりやすい傾向をもつか，また特定の薬や治療法が効きやすい体質か，さらには目や肌の色など病気と関係ない遺伝的要素もわかるようになってきたと言われる．加えて近年では，患者の病変細胞の全ゲノムの塩基配列を高速で読み取る技術も欧米・中国をはじめとする各国で用いられ始めている．2003年に完了したヒトゲノム計画では13年の月日と30億ドルを費やして全ゲノム解析が行われたが，近い将来には一日で解析可能になり，コストは1,000ドルを切り，いずれ個々の遺伝子検査より安価になる日が到来するとも言われている．これは，全DNAを無数の断片に裁断し，それら断片の配列を高速同時並行で読み取り，コンピュータ上で再びデータをつなぎ合わせて全配列を復元する技術が可能となったためである．

　全ゲノム解析は従来の遺伝子検査より診断精度を上げ，個人の疾病タイプに

合った治療を選べるようにする可能性を秘めている．米国での一例を挙げれば，生理学検査によって遺伝性神経疾患である瀬川病と診断されたものの，治療が効かず深刻な病態にあった二卵性の双子が，2010年に全ゲノム解析をうけ，瀬川病の原因とされるドーパミン産生に関わる遺伝子ではなく，重要な神経作用を担うもう一つの物質セロトニンとドーパミン双方の産生に関わる別の遺伝子の欠陥が原因と判明し，処方を変えて劇的に改善したという事例がある．

●**倫理的懸念**　しかし，遺伝子・ゲノム検査で得られた情報をどう利用するかについてはいくつかの倫理的懸念がある．古典的な懸念は，遺伝子情報が差別に使われうるというものである．ある人が一定の疾病リスクをもつという情報は，生命保険への加入，就職，長期ローンの審査や結婚などで不利に働くかもしれない．

全ゲノム解析に関して言えば，知りたかった遺伝子のみならず，他の遺伝子部分の塩基配列情報もすべて判明することで生ずる新たな問題もある．家族性高コレステロール血症かどうかを知りたかった患者が全ゲノム解析をうけ，その疾患の関連遺伝子には問題がないとわかったが，代わりに若年性アルツハイマーを発症する可能性の高い遺伝的プロフィールをもつことが判明した場合，その偶発的な所見は本人に知らせるべきだろうか．小児患者の全ゲノム解析の結果が電子カルテと共に保存されたとして，その後十年で医学が格段に進歩し，検査当時は知られなかった疾患リスクをその患者がもつことが判明した場合，それは本人に知らせるべきだろうか．このほか，全ゲノム解析を父子で受けた結果，実は血縁関係のないことが判明した場合に両者に伝えるべきか，といった問題もある．

●**秘密保持か，露呈を見越した保護か**　こうした懸念に関してとりうる方策はいくつかある．遺伝子・ゲノム情報の意味するところの詳細については，特に求めがない限り本人に知らせず，第三者への情報開示も徹底して禁ずるという方策もあるだろう．どの疾病についてどの程度まで知りたいか，また他者にどこまで知らせて構わないかを，検査前に，または段階的な話し合いを通じて患者本人に決めてもらう方策もありうる．また，情報がいずれ他に知られる可能性を見越して，欧米諸国ですでに採用されているような遺伝子差別禁止法を制定する方策もある．日本社会に適しているのは，果たしてどの方策だろうか．　　［奥野満里子］

【参考文献】
[1] U. S. Presidential Commission for the Study of Bioethical Issues, *Privacy and Progress in Whole Genome Sequencing*, Penny Hill Press, 2012.
[2] Bunnik, Eline M et al., "A tiered-layered-staged model for informed consent in personal genome testing." *European Journal of Human Genetics,* 2012, doi: 10.1038/ejhg.2012.237.

8. 集団データベースの倫理的問題

　遺伝子・ゲノム情報を臨床に応用するには大規模なデータベース研究が必要である．患者や有志の人々から病変細胞や血清などの試料を提供してもらい，それを解析した遺伝子・ゲノム情報をDNAデータベースに蓄積する．そのデータを診療情報などと照らし合わせて初めて，遺伝子の機能と疾病との関連が解明される．　日本でも2003年にオーダーメイド医療実現化プロジェクトが発足し，30万症例(20万人)以上の血清試料・DNA・臨床情報が収集されている(biobankjp.org)．集団データベースの管理・利用には個人情報保護やインフォームド・コンセントのあり方などの倫理的課題があるが，これについては諸国でさまざまなセキュリティ対策と倫理指針が整えられ，一見すると問題は解決済みに見える．しかし，ことはそう単純でない．集団データベースのはらむ倫理問題は継続的な検討と論議を要するものである．

●プライバシーの崩壊？　2013年1月，科学雑誌『サイエンス』に一報の論文が掲載された．先端的な遺伝子研究で名高いMITホワイトヘッド研究所の研究者らによるその論文は，匿名のゲノム情報と，年齢や居住州などのわずかな追加情報とがあれば，ありふれたインターネット検索で当のゲノムのもち主を特定できてしまう場合が少なからずあるという報告であった．用いられたのは，①研究用のDNAデータベースと，②自分のDNA情報を入力すれば家系をたどることができるとして静かな人気を呼ぶ娯楽用の家系データベースと，③全米規模の電話帳といえるPeopleFinderなどの人物検索サービスである．②③はインターネット上に無料で公開されており，誰でも利用できる．①の研究用DNAデータベースには，インフォームド・コンセントを経て生体試料を提供してくれた人々のゲノム情報が匿名化された上で登録されている．この匿名ゲノム情報のうち男性のY染色体のDNA配列情報を用いて②の家系データベースで検索すると，DNAの持ち主の苗字がわかるものが続々と出てきたという．その苗字をもって③で人物検索をすると，全米のさまざまな場所に住むさまざまな年齢の同姓人物が現れるが，①のDNAデータベースとともに保存されている年齢や居住州などの（大まかな属性情報で，個人を特定するとは通常見なされていない）補足情報をもとに，一人の人物に絞り込める場合がある．こうして，この研究チームは匿名ゲノム情報とインターネットだけで50名近くの匿名ゲノムの持ち主の身元を明らかにしてしまったのである（もっとも，良心的なこの研究チームは，判明した身元を公開せず，ただ個人を特定できた事実とその手法のみ公表した）．

●**現行システムと今後の課題**　奇しくも米国では，大統領生命倫理委員会が2012年10月に報告書「全ゲノム解析におけるプライバシーと進歩」を出し，患者・研究参加者を人として尊敬するという大原則のもと，人々に健康上の恩恵をもたらすDNAデータベース研究を推進しながら，個人情報保護とインフォームド・コンセント手続きの充実をはかるべき旨を改めて呼びかけたところであった．一方日本では，文科省・厚労省・経産省の共同指針「ヒトゲノム・遺伝子解析研究に関する倫理指針」が2013年2月に改正され，個人の特定された診療情報と，研究用に匿名化された遺伝子・ゲノム情報とを結びつける「対応表」を破棄するとした改正前指針の内容が（対応表がないと意味のある疾患関連遺伝子研究ができないとして）撤回されたばかりである．オーダーメイド医療実現化プロジェクトの同意用説明文書には，個人から得られた試料・データについては二段階の匿名化を行い，研究成果は個人が特定されない形で公表されるなどの保護策がとられていること，また研究協力はあくまで自由意志に基づくものであり，同意の撤回も可能であることが明記されている．しかし，もし匿名のゲノム情報からでも個人を正確に特定できてしまう場合があるとすれば，個人情報保護についての説明もインフォームド・コンセントのあり方も見直さなければならない．

●**半公共情報としての個人ゲノム情報**　幸い日本では『サイエンス』誌の研究報告で用いられたような家系検索サービスは米国ほど流行していない．しかし，個人が自分や他人についての情報をインターネット上に思い思いに発信できる時代にあって，われわれは，研究用データベースに保存されている個人のゲノム・遺伝子情報を，匿名化したとはいえ十分に保護しきれるのだろうか．ある患者がフェイスブックやTwitterを通じて「病院なう」とつぶやき，その人の疾病の状況も大まかな居住地域も人々に知られている状況を想像するとよい．中には，備忘録として自分の検査結果などをブログに載せている人もいる．必要なのは，匿名化やアクセス制限などで個人情報を完全に保護できると過信することより，ゲノムの持ち主が誰かは第三者に知られる可能性が常にあるという想定のもとに，本人に実質的な経済的・社会的・心理的不利益（ある遺伝的傾向をもつと知られることによる差別や，疾病リスクについての偶発的な所見を知らされることによる心理的ストレスなど）が生じた場合について配慮を尽くしておくことかもしれない．

[奥野満里子]

【参考文献】
[1]　Gymrek, Melissa et al., *Science,* 2013, 339: 321-24.
[2]　U.S. Presidential Commission for the Study of Bioethical Issues, *Privacy and Progress in Whole Genome Sequencing,* Penny Hill Press, 2012.

9. 医療過誤の情報と患者への伝達

　医療過誤とは，専門家たる者であれば防げたはずの医療上の過失——誤診，治療器具・治療部位や患者の取り違え，手技のミス，術後管理の怠りなど——をいう．医療過誤によって患者に被害が生じた場合，医療者側は患者や家族に事実を伝え，謝罪すべきだろうか．あるいは，患者側が医療過誤で医師らを訴えた場合，訴えた患者や家族が望むのは，医師らが裁かれ罰せられるのを見届けることだろうか，それとも，何が起きたのかを納得のいくまで説明してもらい，苦しみを共有し，同じことが起こらないよう将来につなげることだろうか．

　従来の慣習では，医療者が医療過誤について真摯に説明し謝罪の言葉を述べることは医療者側にとって法的に不利である．しかし，過誤の情報を正確に伝え謝罪しようという運動が米国の一部の病院で起こりつつある．理由は「それが倫理的に正しいことだから」である．

●**人はミスをする**　「あってはならない」とされる医療過誤であるが，実際にはどの医療機関でもミスは起こりうる．優秀な医師でさえ長い経歴の間には重苦しい失敗を体験する．1999年に発表された米国科学アカデミー医学研究所の報告『*To Err Is Human*』によれば，全米の病院では推定で毎年44,000〜98,000人が医療過誤で亡くなっている．この報告をうけ，医療の安全評価システム，医療過誤の報告制度，病院内の症例検討会や生涯教育など，過誤防止策はさまざまに練られているが，それでも過誤は起こる．医療チームも人であり，人は時にミスをするからである．

●**ミシガン大学病院の試み**　医師らが医療過誤について口を閉ざす理由はいくつかある．一つには訴訟を恐れるからであり，また医師としての自負が押し潰され，患者や家族の怒りに向き合わねばならない精神的重圧に耐えられないからでもある．他方，医療過誤が積極的に開示されないことの弊害も大きい．まず，過誤の体験から学び，安全面の改善につなげることができない．事情のわからないまま取り残された患者と家族の悲しみと怒り，不信もおさまらない．何より，患者のために最善を尽くすはずの医療従事者として，過誤の事実を告げ，患者を改めて支えることのほうが倫理的に正しいという心の奥の思いは消えない．

　こうした事情を検討した末に，ミスをした医師を法的・精神的にサポートしながら患者側に事実を積極的に伝える方向へと大きく舵をきったのがミシガン大学病院である．ミシガン大は2001年に過誤開示の方針を採用し，(1) 医療過誤により患者が被害をうけた症例については迅速かつ公正に補償を行う，(2) ただし，過誤が認められないと判断した事例は争ってでも擁護する，(3) 有害事象を検討

し手順の改善をはかる，の三原則を掲げ実践した．驚いたことに，四年後の2005年にはミシガン大病院の訴訟コストは三分の一に下がり，苦情や訴訟の解決までにかかる日数も訴訟・苦情の総数も半減した．この印象的な成果は，『ニューイングランド・ジャーナル・オブ・メディスン』誌に2006年に発表されたヒラリー・クリントンとバラク・オバマの共著論文（医療過誤開示・補償法案をめぐる論考）にも引用された．ミシガン大の2012年の報告では，苦情件数と和解費用平均の減少傾向はその後も続いている．同じ動きはハーバード大関連病院など他の病院にも広まり，患者にどのように過誤の事実を伝え，患者や家族の感情にどう向き合うか，自信を喪い動揺している医師らを他のスタッフや医療機関全体がどのように励まし，その後の改善につなげていくか，等々が検討され実践されている．

●"謝罪法"　この新しい方針によれば，患者側に過誤の起きた事情を伝える際，医師側が真摯に謝罪の言葉を口にするのは望ましいことである．過失が本当にあったのかが定かでない状況では「私のミスです，すみません」など責任を負うような発言はすべきでないが，このようなことが起きて私も心を痛めています，という思いを伝えることは常に適切だと言われている．その発言が損害賠償責任の法的証拠として利用されることを恐れるのであれば法律の方を変えてしまえと言わんばかりに，これまでに全米で35の州が，医療提供者が発した謝罪の言葉を，法廷でその者を不利にするための証拠として使ってはならない，といういわゆる「謝罪法」を施行している．

なお，日本では患者と医師の間にたって相談窓口となる医療メディエーターが近年活躍を増している．これに対応する患者の代弁者は米国の病院でも重要な役割を果たしている．しかし，米国の過誤開示支持者によれば，過誤の説明と謝罪はあくまで医療従事者が行うべきである．何が起きたかを医学的事実も含め正確に説明でき，直接に謝罪の意を伝えられるのは当の医師たちだからである．

●患者—医師関係の再構築へ　大事なのは，ミスが生じる要因を減らすために何をすべきかである．選択肢は少なくとも三通りある．起きてしまった医療ミスを積極的に反省し前進していく社会と，患者に問われた時点で医師ひとりが謝罪し責任をとって辞めていく社会と，患者にはミスを知らせず何もなかったこととする社会．どれを選ぶかは，われわれが決めることである．　　　　［奥野満里子］

【参考文献】
[1] Institute of Medicine, *To Err Is Human*, National Academies Press, 2000.
[2] Clinton, Hilary R and Obama, Barack, *The New England Journal of Medicine*, 2006, 354(21): 2205-8.
[3] Boothman, Richard C et al., *Frontiers of Health Services Management*, 2012, 28(3): 13-28.
[4] Truog, Robert D et al., *Talking with Patients and Families about Medical Error*, Johns Hopkins University Press, 2011.

10. EBM・NBMと情報

● **EBM（Evidence-Based Medicine）とは** 1991年，G. H. ガイアットが提唱し，日本では「科学的根拠に基づく医療」と訳されることが多い．ところが「科学的根拠」と訳すと，狭い意味での科学的な実証的データのみが重視され，「患者の価値観」など実証的検証が困難な視点が軽視されてしまうのではないかと危惧を感じさせた．そのため，「EBMは患者の『数値化』を促し，医療実践から『人間性』を奪ってしまうのではないか」といった疑問や批判の声が挙がった．

● **EBMにとっての「情報」** 上記のような批判は，EBMにとっての「情報」の意味を誤解していることに起因している．第一の誤解は，EBMが重視する「情報」とは，実験医学的な方法論によって得られたデータを質の高いエビデンスと捉え，それだけを重要な情報と見なすのだという誤解である．もちろん基礎科学的データもまったく無意味ではないが，動物モデルで効果があったからといっても人間の作用機序とは異なるので，それだけで信頼のおけるエビデンスとはならない．第二は，その情報が「定量的(≒数値的)」でさえあれば質の高いエビデンスと捉えているという誤解である．「%などの数値で示されている」ということが，そのまま信頼性や妥当性を裏づけるのではなく，臨床疫学的・生物統計学的に批判的吟味(critical appraisal)を加え，「数値のカラクリ」を見抜いた上で初めて意味のある「情報」となる．第三は，無作為化割付(RCT)によるデータのみを「エビデンス・レベルが高い」と捉え，それ以外の情報は無意味と考えているという誤解である．EBMの実践においては，患者の検査，診断，治療をめぐる問題定式化によっては，RCTではなくとも観察研究やサンプル数の少ない症例報告もまた重要な情報となるのであって，エビデンス・レベル(階層)が低いものは無意味ということでは決してない．この誤解はまた，「EBMは診療ガイドラインを作成し，標準化された医療行為を強制するもの」という誤解にも結びついていることが多い．

● **NBM（Narrative-Based Medicine）とは** 1998年，T. グリーンハル，B. ハーウィッツをはじめとする主に英国のGP（General Practitioner：家庭医，総合診療医）を中心に提唱された．NBMに関しては確立した定義があるわけではないが，斎藤らによると「『患者が主観的に体験する物語』を全面的に尊重し，医療者と患者との対話を通じて，新しい物語を共同構成していくことを重視する医療」である．NBMの特徴として，次のような近代医学に対する批判的姿勢がある．近代医学は患者を「生活世界(life world, Lebenswelt)」から切り離し，「生活者」としてではなく「患者」として「対象化(客観化)」してしまい，病気を疾病分類法に基づく「疾患(disease)」として定量的(≒数値的)にのみ捉えようとし，「唯一の正

しい科学的真実」だけから治療を押し付け，患者との対話（コミュニケーション）も，「医師が欲しい情報」を聞きだすためだけの「手段」としか捉えない．

● NBM と情報　NBM は，病態生理学的観点から客観化された「疾患」としてのみ病気を捉えるのではなく，患者自身の主観的な体験として語られる「病い（illness）」を疾患とは区別して重要視する医療人類学の方法論をベースにしている．例えば「睡眠薬を飲んでも眠れない」と訴えている患者に対し，「科学的」観点からエビデンスを得るために情報検索し，より効果が高いと考えられる処方量に増やしたり，新たな睡眠薬を処方するだけであるならば，それは「不眠」という「疾患」状態を捉えただけである．「睡眠薬の量を増やしても眠れないのはお辛いですね．よろしかったら，眠れないときのことをもう少し詳しく聴かせて頂けませんか」と「無知の姿勢(not-knowing)」で接し，患者の眠れないという「病いの物語」に耳を傾け，「対話」を進めていくことで得られる「情報」を重視することが「物語と対話に基づく医療」と訳される NBM にとって根幹をなす．「眠っているとき夢見が悪いというか，どうしても怖い夢を見て目が覚めてしまうんです」と語る患者の「物語」を「こんなことは医療には関係ない」と無視して，「これだけ処方量を増やせば，80％の方は眠れるというデータがあるのですから眠れないのはおかしいですね」と言ってしまうとしたら，「統計的にも 20％は効果がない患者がいる」ということを忘れ，「あなたがおかしい」と患者を非難し，「ふつうは効くのなら，自分の身体はもっと異常なのだろうか……」と患者をさらに不安にしていること，そしてそれが一層「不眠」を増悪させている可能性があることにさえ気づいていないとしたら，その医師の頭の中は「科学的」という名の「論理実証モード」に凝り固まった「医師アタマ（石頭）」になってしまっている．

● EBM と NBM の統合的関係　サケットらによる EBM テキスト改訂第 2 版(2000)には，「経験と意味(experience and meaning)」という項目が追加された．これは，「患者が病いをどのように経験し，どのように意味づけているか」という，まさに NBM が主眼としてきた「病いの体験における主観的な語り」の重要性を，EBM も明確に意識し始めていたことを示唆している．NBM 提唱者の多くが同時に EBM 推進派でもあったことに鑑みるなら，EBM はその初期から NBM を内包していたが明確に意識されていなかったために，エビデンスの意味も誤解され，やや「科学偏重」に陥りかけたが，NBM が軌道修正をかけ，本来あるべき EBM の姿（患者の「物語」として主観的体験的価値観をも重視する Ethics-Based Medicine)へと成長させた，というべきかもしれない．　　　　　　　　　[板井孝壱郎]

【参考文献】
[1]　斎藤清二『医療におけるナラティブとエビデンス―対立から調和へ』遠見書房，2012．
[2]　尾藤誠司『医師アタマ―医師と患者はなぜすれ違うのか？』医学書院，2007．

コラム

ダグラス・バデノック／カール・ヘネガン
『EBM の道具箱』

斉尾武郎監訳, 中山書店, 2002.
D. Badenoch, C. Heneghan: *Evidence-based Medicine Toolkit*, BMJ Books, 2002.

EBM の解説書は山ほどあるが,ダグラス・バデノックとカール・ヘネガンによる本書は,聖路加国際病院理事長の日野原重明先生の,「これほどわかりやすい EBM のテキストはほかにないと言っても言い過ぎではないでしょう」という推薦文どおりの本である.EBM の基本を知りたい,学びたい,と思ったなら,まずはこの本を手にしてみることを心から推奨する.この本は 80 頁ほどの薄い本だが,EBM を実践する上で必要にして最小限の「道具」がぎっしり詰まっている.日本語版序文には,この「道具箱」の目的は「EBM の核心となる概念を,持ち運びやすくシンプルな形にしようという試みにすぎない」とあるが,本当に「携帯しやすい道具箱」に仕上がっているので,常に手元に置いておきたくなる.

EBM のアプローチをシンプルに描くなら,以下の「5 段階」になる.

ステップ 1:患者が抱えている問題を定式化してみる.ステップ 2:エビデンスを探す.ステップ 3:エビデンスを批判的に吟味する.ステップ 4:エビデンスを患者の価値観と統合しながら適用し,診療上の決断をする.ステップ 5:以上のプロセスを経て行われた診療の結果を評価する.

「1」について,EBM の「道具」として必須である「PICO(ピコ:P = Patient, I = Intervention, C = Comparison, O = Outcome)」の使い方から紹介されているが,これも実にわかりやすい.例えば,「P:拡張型心筋症による心不全の 40 歳代女性に,I:標準治療だけでなく,ワーファリンによる抗凝固療法を併用すると,C:標準治療だけの場合と比べて,O:血栓塞栓症による死亡率はどれくらい低下するか」といった具合である.この「臨床的疑問」をもって「2」のエビデンスを探す際に必要な「道具」である「検索ストラテジー」についても,エビデンス・レベル(どのようなエビデンスが信頼に値するのか)や,エビデンスの電子情報源の種類(MEDLINE, PubMed, Cochrane Library, Best Evidence, CAT など)を解説し,文献データベースを「いかに正しく選択するか」についても記してくれている.「3」に関しても,エビデンスの「使い方(読み方)」がいかに重要であるか,エビデンスを「盲信」せずに,「批判的に吟味する」ことの大切さ等,エビデンスの妥当性を判断する上での「道具」もたくさん用意されている.特に「4」のエビデンスを眼前の患者に適用する際に,患者の生活習慣や価値観などの「数値にならないところ」にも,しっかりと目を向け,患者にとって本当に「最善」と言える治療法を考える重要性を強調しているところも,「誤解された EBM(≒データさえあればよい)」を流布してしまっている他の文献と大いに異なる点である.巻末にある「EBM 用語集」や「研究デザイン」の解説も,本当に有り難い「道具」である.「これこそ,EBM をこの上なくわかりやすく解説した"EBM の玉手箱"ともいえる本だと信じています」という日野原先生の言葉に,またもや共感してしまう. [板井孝壱郎]

第3章

生命倫理と自己決定権

　「ヒポクラテスの誓い」にうたわれているように,「私は能力と判断の限り患者に利益すると思う養生法をとる」とはどういうことだろうか．医療者が患者に代わって最善のことを判断するというのが旧来の「医の倫理」だった．しかし,それはともすれば,患者の自由を侵害する結果となった．このようなパターナリズム的な旧来の医の倫理の反省のもとに,1970年代における体外受精や心臓移植などの先端医療医科学の進展を背景にして,米国で誕生した学際的学問がバイオエシックスである．そこで確立した最大の原則とは「自律」である．ここからIC（インフォームド・コンセント）の言葉が生まれてきた．ところが,最近,日本の医療従事者たちは,よく「インフォームド・コンセント・ハラスメント」という言葉を使用する．病気を告げられ,気も動転している患者に対して,同意のサインを求める何枚もの文書で責め立てるのはかわいそうだというのだ．だから「包括同意」で,というのである．「最善の自己決定はパターナリズムの受容」ということなのだが,そうなのだろうか． 　　［盛永審一郎］

1. バイオエシックスの誕生

　バイオエシックス（bioethics）という言葉は，生命倫理あるいは生命倫理学と訳される．ギリシア語の生命（bios）と倫理学（ethike）に由来する．バイオエシックスとは，「ライフサイエンス（生命科学）と医療の道徳的諸側面の体系的研究であり，学際的環境においてさまざまな倫理学的方法論を用いるもの」である．

　バイオエシックスは，1970年代に米国で確立した学問である．それ以前にも，あるべき医師・患者関係について論じる医の倫理があった．従来の医の倫理に対するバイオエシックスの新しさは，範囲が広いことと，医療者だけでなく患者や社会の視点も重視されることである．第一に，従来の医の倫理は，医療の倫理問題だけを扱うものであったのに対して，バイオエシックスは，生命科学研究の倫理問題も扱うものである．第二に，従来の医の倫理は，医師が患者の利益を考えて患者に代わって意思決定を行うパターナリズムに基づくものであったのに対して，バイオエシックスでは患者の意思も尊重される．第三に，従来の医の倫理では，医療の倫理問題に取り組むのは，医療の専門家だけであるとされていたのに対して，バイオエシックスでは社会全体であるとされる．

●**誕生の背景**　従来の医の倫理からバイオエシックスへの転換が起きた背景には，1960年代頃に生じた医学・医療の進歩と，1960年代から70年代に生じた米国社会の変化などがある．医学・医療の進歩として挙げられるのは，腎臓透析，臓器移植，人工呼吸器などの延命技術の普及，安全な人工妊娠中絶，経口避妊薬，出生前診断，遺伝子組み換え技術などである．これらの新しい技術は，希少な腎臓透析器や臓器をどう配分すべきか，死にゆく人をいつまで延命すべきか，人工妊娠中絶，出生前診断，遺伝子組み換え技術などを許容すべきかといった倫理問題を引き起こした．医学・医療に関わるこれらの問題は，医療者だけでなく社会全体が取り組むべきものと捉えられるようになったのである．社会的な変化として挙げられるのは，消費者運動，公民権運動などの活発化である．20世紀に入って登場した消費者運動は，1962年に当時のケネディ大統領が教書の中で，安全である権利，知る権利，選ぶ権利，意見を反映させる権利という「消費者の四つの権利」を挙げたことで広く認知されるようになった．加えて，アフリカ系米国人などが人種差別撤廃を求めて展開し，1950年代に盛んになった公民権運動が，消費者，女性などさまざまな弱者の権利に人々の関心を向けさせた．こうして1960年代から盛んになった消費者運動は，医療にも及んだ．そして，医療者と患者の関係は，医療サービスの提供者と消費者の関係と捉えられるようになり，パターナリズムに基づくものから患者の意思を尊重するものに変化した．

●誕生の歴史　バイオエシックスという言葉を最初に用いたのは，ウィスコンシン大学医学部の腫瘍学者V. R. ポターの論文「バイオエシックス，生き残りの科学」(1970) である．ただし，ポターのいうバイオエシックスは，環境問題や人口問題に対応するための学問を指す．医学・医療の倫理という意味でこの言葉が最初に用いられたのは，1971年にジョージタウン大学の産科学・婦人科学教授A. E. ヘレガースが「ヒトの生殖とバイオエシックスの研究のためのジョセフ P. アンドローズ F. ケネディ倫理研究所 (ジョージタウン大学ケネディ倫理研究所)」を設立して，その一部門をバイオエシックス・センターと名づけたときのことである．

　バイオエシックスが学問としての体裁を整えるようになったきっかけは，終末期の患者などに生きたがん細胞を投与したユダヤ人慢性疾患病院事件，施設の精神遅滞児にウイルスを接種して肝炎を発症させたウィローブロック事件，続いて述べるタスキギー事件など，非倫理的な人体実験が相次いで報道されたことである．タスキギー事件は，米国公衆衛生局が1932年から，アラバマ州タスキギー市で399人の貧しい黒人男性の梅毒患者に治療も病名告知も行わないまま病状の自然経過を観察し，梅毒にペニシリンが有効だとわかった後もそのまま研究を続行したというものであり，1972年に発覚した．

　こうした非倫理的な医学実験の再発を防ぐことを目的として，1974年に「国家研究法」が成立した．この法律は，人を対象とする医学実験の倫理性を事前に確認する施設内審査委員会の設置を義務づけた．加えて，「生物医学および行動科学研究における人間の被験者保護のための国家委員会」を設置することを定めた．この国家委員会は，胎児，子ども，受刑者などを対象とする医学実験を規制する個別的な指針を次々に作成した．さらに，1978年に「ベルモント・レポート，人間の被験者保護のための倫理的な原則および指針」を公表して，人格の尊重，与益（善行），正義という医学実験の三つの倫理原則を提示した．人格の尊重とは，被験者を研究のための単なる道具として扱ってはならず，その意向を尊重しなければならないということである．また，与益とは，研究参加者に対する害悪を最小にするとともに，研究による利益を最大にするということである．正義とは，研究参加者の選択にあたっては，公平な基準を用いなければならないということである．同年に，W. T. ライクらは，『バイオエシックス百科事典』を刊行して，バイオエシックスが扱う問題群を包括的に提示した．1979年には，T. ビーチャムとJ. F. チルドレスが古典的な教科書として知られる『生物医学倫理の諸原則(バイオメディカルエシックス)』を出版した．こうして，バイオエシックスは体系的な研究に向けて歩み出したのである．　　　　　　　　　　　　　　　　　　　　　　　　　　　　　　　[水野俊誠]

【参考文献】
[1]　香川知晶「米国および英語圏のバイオエシックス」今井道夫・森下直貴編『生命倫理学の基本構図』(シリーズ生命倫理学第1巻) 丸善出版, 2012, pp.94-111.

2. 患者の権利——WHO憲章，リスボン宣言，患者の権利章典

　伝統的な医の倫理は，医師が患者に代わって治療に関する意思決定を行うパターナリズムに基づくものであった．こうしたパターナリズムを批判して，1960年代から米国を中心に，自己決定権をはじめとする患者の権利が主張された．以下，患者の権利が確立されていく流れを，世界保健機関(WHO)憲章，患者の権利章典，リスボン宣言などを取り上げながら見ていく．

●WHO憲章　WHO憲章は，1946年に国際連合経済社会理事会の決定に基づいて召集された国際保健会議において採択され，1948年に，憲章が定めた26か国の批准を得て発効した．前文では，「健康とは，単に疾病がないとか虚弱でないというばかりでなく，肉体的，精神的，社会的に完全に良好な状態のことである」という健康の定義に続いて，「到達し得る最高水準の健康を享受することは，人種，宗教，政治的信念，経済的もしくは社会的条件の相違にかかわらず万人が有する基本的権利である．」とうたっている．健康が万人の基本的権利であると唱えたWHO憲章は，患者の権利を擁護する運動を先取りするものといえる．

●**患者の権利章典**　患者の権利を擁護する運動は，人種差別撤廃のための公民権運動，女性解放運動，消費者運動などとともに，1960年代から米国を中心に盛んになった．この頃から医療過誤訴訟の件数が増えた．代表的なものとして挙げられるのは，大動脈への造影剤の注入によって下半身が麻痺してしまったサルゴ事件(1957)，乳がんへの放射線治療でやけどを負ったネイタンソン事件(1960)，背部痛の治療のために麻痺を引き起こしたカンタベリー事件(1972)などである．いずれも患者への十分な説明を行わず，同意を得ないことから生じたものである．これらの訴訟を通じて患者の権利が明確なものになっていった．

　上述の流れを受けて，米国病院協会は1973年に「患者の権利章典」を公表した．これは，権利章典と呼ばれる米国憲法の人権を規定した条項を意識したものであるとされる．尊敬をもって処遇される権利，診断や予後に関するすべての情報を提供される権利，治療を拒否する権利，治験参加を拒否する権利，プライバシーと秘密が保持される権利，医療提供の要求に合理的な対応を受ける権利などを含む．「患者の権利章典」の意義として挙げられるのは，患者の権利を包括的に列挙したこと，従来のパターナリズム的な医療にかわる患者中心の医療を提案したことなどである．1970年代以降，患者の権利は，「患者の自己決定権法」(1990)などの合衆国連邦法や多くの州法に取り入れられた．

●**リスボン宣言**　世界医師会は，1981年にリスボンで開催した第34回世界医師会総会で「患者の権利についての世界医師会のリスボン宣言」を採択した．この

宣言は，1995年にバリ島で開催された第47回総会での修正，2005年にサンティアゴで開催された第171回世界医師会理事会での編集上の修正を経て現在に至っている．

その序文では「医師は，自らの良心に従い，また常に患者の最善の利益のために行動すべきであると同時に，それと同等の努力を患者の自律と正義を保証するために払わなければならない」とうたっている．続く「原則」では，良質の医療を受ける権利，選択の自由の権利，自己決定の権利，情報を得る権利，守秘義務に対する権利，健康教育を受ける権利，尊厳に対する権利，宗教的支援に対する権利などを列挙している．リスボン宣言の意義として挙げられるのは，世界レベルで患者の権利を包括的に明確にしたこと，従来の医の倫理が重視した患者の利益だけでなく患者の自律と正義も保障したこと，終末期医療や苦痛緩和，健康教育などを患者の権利に含めたことなどである．

●「患者の権利章典」から「治療におけるパートナーシップ」へ　1980年代後半以降米国では，治療内容の決定権が医療者から，医療費を抑制しようとする医療保険会社・組織（マネージドケア組織）に移ったため，患者が自らの権利，とりわけ医療を受ける権利を主張すべき相手が，医療者から医療保険会社・組織にかわった．そこで，医療者は患者とともに，あるいは患者にかわって患者の権利を擁護するようになった．こうした状況の変化に加えて，患者の権利が米国の法の一部になったこと，医療の複雑化に応じて患者と医療者の信頼関係が一層重要になったこと，患者の安全を確保するために患者が治療に参加する必要性が増したこと，医療者が患者にパターナリズム的な対応をとらなくなってきたことなどに鑑みて，2003年に米国病院協会は，患者の権利に関する公文書を「患者の権利章典」から「治療におけるパートナーシップ」に置き換えた．具体的には，患者の権利を列挙する記述がなくなり，医療者と患者との協力の必要性が強調されるようになった．

●日本の事情　日本では，医療を受ける権利に関しては，1958年に「国民健康保険法」が制定され，1961年に国民健康保険事業が始まり，国民皆保険が実現した．他方，患者の自己決定権の確立は他の先進国に比べて遅れていたが，日本医師会は第Ⅳ次生命倫理懇談会「『医師に求められる社会的責任』についての報告」(1996)において，インフォームド・コンセントを会員に向けて推奨するに至った．また，1997年の医療法改正で，医療者は，「医療を提供するにあたり適切な説明を行い，医療を受ける者の理解を得るように努める」と明記された．さらに，2005年に施行された「個人情報の保護に関する法律」によって，患者は医療機関から診療情報を入手する権利を得た．しかし，患者の個々の権利を包括する体系的な法律は，まだ実現していない．　　　　　　　　　　　　　　　　［水野俊誠］

3. パーソンという概念

　パーソンという概念は，アイデンティティ等の問題と関連づけられながら，哲学や宗教の歴史において長い間議論されてきた．しかし，生命倫理の議論においてパーソンという概念やその役割に大きな関心が寄せられるきっかけになったのは，1970年代の米国における妊娠中絶をめぐる活発な議論である．また，分析哲学における議論，コミュニタリアニズムにおける議論などでも，パーソンやその類似概念についての検討がなされ，生命倫理の理論に影響を与えている．そして，生命倫理そのものの領域でも，妊娠中絶の場面のみならず，出生前診断，ES細胞研究，遷延性植物状態，終末医療など，いくつもの場面でパーソンや類似の概念が大きな問題となっている．パーソンとはどのような概念であるか，パーソンにどのような位置を与えるか，パーソンをどのようなものとして扱うかという問題は，重要性をさらに増してきていると言えるだろう．

●**自己意識に基づくパーソン**　1970年代，妊娠中絶への賛否について展開された議論では，胎児の生存権が頻繁に主題化された．トゥーリーなどから，生存権をもつために必要な特性が挙げられ，それらの特性をもつものがパーソンであり，それらの特性をもたないものはヒトであってもパーソンではないとされた．すると，パーソンには生存権が帰属するが，（ヒトであっても）非パーソンには生存権が帰属しないことになる．そして生存権を保障する特性は，基本的には，過去から未来へ「自分」が連続して存在しているという自己意識とされた．それゆえ，このような自己意識をもたないと考えられる胎児や新生児は生存権をもたず，動物でも自己意識をもつならば生存権をもつということになる．パーソンに対するこのような考え方には，異論も多い．胎児や新生児の命よりも動物の命を優先させる可能性を認めることが道徳的直観に反すると考える人もいる．また，大人でも，眠っているときや意識を失っているときなど，明確な自己意識をもっていないときがあるが，そのときには大人からも生存権を奪うのかという疑念も出てくる．あるいは，（少なくとも一見したところ）自己意識や理性的な判断能力を失っているように見える認知症や遷延性植物状態の人が生存権をもっていないことになってしまう，という批判もある．さらには，トゥーリー流の考え方では自己意識の連続性がパーソンの重要な要素となり，意識を失った終末期の患者はそれ以前とは別のパーソンということになり，代理指示やリビング・ウイルも機能できない，とする反論もある．

●**承認や関係に基づくパーソン・道徳的主体としてのパーソン**　したがって，自己意識にのみ基づくパーソン概念とは別のパーソン概念も模索されることにな

る．その中の代表的な方向の一つは，自己意識だけでなく周囲の人との関係，周囲の人からの承認がパーソンという概念には必要不可欠だというものである．ここにはある種の説得力があるだろう．まず自己意識を唯一の基準にしたくても，外部から自己意識の有無をはかるということができるかどうかも疑わしい．言葉等を発することができなくても自己意識をもっているケースも，少なくとも大人には見受けられる．また，周囲との関係や承認をパーソン概念に不可欠のものとすれば，認知症の場合，代理指示の場合なども，当該の人をそれ以前と同じパーソンとして扱うことができるので，少なからぬ人の道徳的直観と合致することになる．しかし，周囲の承認や関係がどのようなものか，どの範囲のものかなどを具体的に考えていくと，このパーソン概念には曖昧な点も少なくないだろう．

　別のパーソンの捉え方として，パーソンは経験的な諸性質によって特徴づけることはできないというものがある．カントなどの主張に依拠しながら，パーソンを主に（経験から独立した）道徳的主体として捉えようというのである．人間は初めから自然的世界ないし経験的なレベルでの世界に関わるだけでなく，道徳の世界にも関わっているのであり，パーソンはそうした人間の土台もしくは道徳的な側面のことを指しているというのである．経験的な状況にかかわりなく，人間は常にパーソンでもあるので，いつでも尊重されなければならないことになる．しかし，人間が初めから道徳的主体であるという前提に疑念をもつ人も少なくない．また，具体的な問題において，このパーソン概念からどのような結論を導けるのかも定かではない．受精の瞬間から生命をどのようなことをしてでも保護していくのか，そもそも保護できるのか，火事などの緊急時に，多くのヒト胚と一人の新生児（ないしは大人）のどちらかしか助けられないようなときにどうすればよいのか，医療資源が限られているときにどのような措置をとるべきか等々は，追加の原則やルールがなければ結論を出すのが難しいように思われる．

●**パーソンという概念の有用性**　このように，パーソン概念についての捉え方は大きく割れている．そのため，パーソンという概念そのものに問題があるという考え方も出てくる．例えば，パーソンの通時的統一，パーソンの共時的統一，パーソンを成り立たせる条件，パーソナリティとしてのパーソンをこれまで区別してこなかったために，パーソンについての議論に混乱が起きているという主張もある．それどころか，パーソンという概念そのものが議論を混乱させているので，パーソン概念は使わない方がよいと主張されることも少なくない．妊娠中絶などの具体的な問題を扱うにしても，パーソン概念を使わずに，価値ある未来を奪うから妊娠中絶は正しくないという議論も展開できる．したがって，パーソンという概念に含まれるさまざまな要素を明確化するとともに，パーソンという概念が有用かも含めて，今後議論を進めていかなければならないだろう．　　［浅見昇吾］

4. インフォームド・コンセント
——本人の意思，代理意思，事前意思

●**インフォームド・コンセント（IC）とは** 患者・被験者が医療行為に関する説明を受け，それを理解し，自由かつ自発的に同意を与えるという一連のICのプロセスは，意思・判断・同意・責任の能力を備えていることが前提となっている．説明内容には，診断された疾患名と症状・予後，選択可能な（推奨される）診療方針（検査・投薬・手術・経過観察等）とそれぞれの目的・方法・費用・実績，予想される効果と副作用・危険性などが含まれる．また，説明に際し，恣意的な情報操作（不都合な事実を伝えないなど）や有形無形の強制・圧力があった場合，あるいは患者・被験者が十分に内容を理解しないまま同意を与えるといった場合は，その同意は無効と見なされることもある．

IC原則の成立背景には，医療行為（特に侵襲的介入を伴う）および医学研究における本人同意原則，患者の知る権利・選択権・自己決定権の尊重がある．前者は，医療行為に伴う説明の妥当性をめぐる主要裁判事例（1914年シュレンドルフ判決，1957年サルゴ判決，1972年カンタベリー判決など）や，ニュルンベルク・コード（1947）からヘルシンキ宣言（1964）に至る医学研究倫理の確立と結びついている．後者は，公民権運動，消費者主権運動，患者の権利運動といった権利拡大運動の流れの中で，医療行為の主体が患者自身であり，その自発的同意が不可欠であるという原則として結実したものである．

●**意思能力・判断能力が十分でない存在** 遷延性意識障害（植物状態）や頭部外傷・低酸素等による脳機能障害で意思疎通が不可能な人や，説明内容を理解し判断する能力が十分ではないと見なされる存在，具体的には胎児，乳幼児，子ども，知的障害・精神障害者，精神疾患患者，認知症患者の場合，そもそも同意を与えることが困難であったり，与えた同意の妥当性に疑義が生じることもある．

そうした存在の利益を保護するために，臨床医療の場面では法定代理人（親権者・後見人など）による代理同意（承諾），臨床試験など医学研究の場面では説明・同意取得の手続きについての倫理審査委員会による承認が要件として課されている．それは，リスクについての説明が不十分であったり，利益誘導的な説明による同意であったり，周囲の人間（家族を含む）の都合により不適切な措置が取られるといったことを防ぐためである．

本人の意向をできるだけ尊重すべきであるということから，子どもについては，アセント（賛意）という特別な同意様式の設定や理解力に応じた説明が行われ，また，かつては意思表示することが可能であったものの当該時点ではできない人の場合，事前指示（アドバンス・ディレクティブ）に一定の効力を認められる．

●胎児，乳幼児，子ども：代理意思決定と本人の利益　胎児や乳幼児への医療介入の場合には本人の意思確認が不可能であり，そのため本人の利益を代弁する（はずの）親権者による代理意思が必要となる．救命や治療を目的とする介入への同意取得であれば，代理意思（同意）は手続き上の要件であるが，例えば親権者から「重い障害が残る（治療法のない難病）なら治療せずに死なせてもらいたい」という代理意思が示された場合は，本人の生命利益と対立するという事態が生じる．逆に，子どもの救命のための措置が本人に多大な苦痛をもたらす恐れがある場合，「親の自己満足」のための決定に対しては制約が課される可能性もある．胎児，乳幼児，子どもの場合，意思表示ができないか，できたとしてもきわめて難しいという事情を最大限考慮しつつ，親権者と話し合うことが医療者には求められる．

●知的障害・精神障害者，精神疾患患者，認知症患者：代理意思決定の有効性　意思能力は認められるが，説明内容を理解し判断した上で決定する能力が十分ではないと見なされるケースでは，可能な限りその能力に応じた説明を行いつつ，代理意思による同意も踏まえて方針決定をすることになる．対象となる者の利益を保護する立場として親権者・家族や成年後見人が存在するが，ここでも本人の利益に反する決定が下される可能性，具体的には財産処分に関わる場合や「迷惑な存在のやっかい払い」と見なされうる治療拒否が想定される．特にそうした人たちに人工呼吸器の装着や人工水分・栄養補給管理を開始するかどうか，すでに始めている場合に中止することが許されるかという問題は，法的・倫理的に重大な問題を投げかけている．

●重症意識障害患者：事前意思の妥当性　事前意思，とりわけ遷延性意識障害患者のリビング・ウイルが生命維持措置の不開始や停止を決定する際にその正当化根拠とされることがある．しかし，当該措置を実施するかどうかを決める時点での意思が事前意思と一致しない（変更される）可能性も無視できない．近年，機能的磁気共鳴画像（fMRI）を用いた脳研究の進展に伴い，重症意識障害患者の中には意識活動が保持されているというケースが少なくないという報告もあり，意思疎通を探ることが求められるようになるかもしれない．「脳死状態」と診断されている場合も，「内部意識」残存可能性と意思確認の方法が開発されたら，ドナーカードに示された臓器提供意思の妥当性が問われることになるであろう．

　このように意思能力・判断能力が十分ではないと見なされる場合であっても，可能な限り本人への説明と意向確認（同意取得を含む）のために努力を怠ってはならない．　　　　　　　　　　　　　　　　　　　　　　　　　［霜田　求］

【参考文献】
[1] ルース・R・フェイドン，トム・L・ビーチャム，酒井忠昭・秦洋一訳『インフォームド・コンセント―患者の選択』みすず書房，2007．
[2] 甲斐克則編『インフォームド・コンセントと医事法』（医事法講座第2巻）信山社，2011．

5. ケアの倫理

　現代の日本人にとっても「ケア」は馴染みの言葉となった．しかしその意味は？と問えば，それがいかに曖昧な「イメージ」のレベルでしか流通していないかということがわかるだろう．多くの人にとって一方でケアは「お肌のケア」「心のケア」といった，優しく手入れや手当をするイメージであり，他方では「ケアマネ」「デイケア」などといった言葉に代表されるように「介護」「医療」に関わる専門的な仕事のイメージに結びつくのではないだろうか．特に後者は，介護保険法の成立以降じわじわと浸透し，今や「ケアの仕事」といえば即「介護」だと思われるようにまでなっている．

　だが，そもそも英語における「care」はきわめて多義的な用法をもつ日用語であり，相手（対象）に対する「認知」のレベルから，「欲求」をもつレベル，具体的な「行為」のレベルまで，人間の生活世界における関わりを階層的に構成する，いわば「根源語」なのである．それゆえ，日本語でそれを的確に表現することが難しく，イメージばかりが流通してしまうのだろう．

●**「ケアの倫理」その帰趨**　いわゆる「ケアの倫理」は，80年代に登場して論争を巻き起こし，倫理学の地図を大きく塗り替えた立場であるが，そこで言われている「ケア」もまた，介護や看護，医療など専門職における狭い意味での「ケアリング」に限らず，広く日常的な文脈で他者の存在を気遣い，支えていく「生き方」を指すものと考えるべきであろう．

　当初 C. ギリガンによって提示された「ケアの倫理」という概念そのものは，男性に特徴的な道徳判断のモデル（「正義の倫理」）に対して，それとは異なる女性特有の道徳性の存在を指摘するものであった．男性は普遍的な原理に照らして善悪を判断しようとするのに対して，女性はむしろ相手の心情に共感，配慮しながら，状況の中で相手に応答しようとする責任を重視する傾向にある，というのである．むろん，こうした傾向は必ずしも自然な性差によるとはいえず，むしろ社会的に作り出され，負わされて来たジェンダー役割であるとも考えられるため，フェミニズムの論者にはさまざまな反響を呼び起こすこととなった．

　ただしギリガンも女性をケア，すなわち育児や介護といった役割に引き戻し，閉じ込めようと考えていたわけではない．「もうひとつの声」とは，たんに女性の声という意味に限定されず，正義の倫理とは「異なる声」において，人間のあるべき姿を問うものなのである．すなわちそれは従来の哲学や倫理学を支配してきた，自立した理性的人格としての個的主体が道徳的な判断に基づいて他者と相互関係を結ぶ，といった伝統的な人間観を覆し，いかなる人間も必ず脆弱な依存者とし

て生まれ育てられ，生涯を通じて他者との関わりの中でケアされつつ，ケアの責任を引き受けていく存在でもあると認める姿勢なのである．したがって「ケアの倫理」はジェンダーにとらわれずに，ケア的な生き方の評価される社会の構築を目指すものでもある．

●**「依存労働」とケアのネットワーク**　しかし実際の社会に目を転じてみると，法律や制度においては男女の平等がうたわれているにもかかわらず，未だにさまざまな場所で女性がケアの重い責任を引き受けざるをえない立場に置かれていることが多い．特に，乳幼児や高齢者，障害者など生活の多くを他者からのケアに頼らなくてはならない「不可避の依存者」の面倒を見るのは，多くの場合が女性であり，しかもそうした仕事は労働としては不当に扱われ，愛による奉仕であることを強要されたり，あるいは安い賃金で押しつけられたりするのである．E. キテイはこうした依存者を支えるケアを「依存労働」と呼び，社会においてそうした人が，依存労働に従事していない人と平等に扱われなくてはならないと主張する．もちろん，女性がそのような仕事に束縛されることをよしとするわけではないが，重要なのはそれを女性の手から解放することではなく，そのような労働が存在することを認め，依存労働者自身もまたケアされることのできる社会を創設することだ，というのである．

キテイはそのような社会を「ドゥーリア」という概念を用いて構想する．出産直後の母親にケアを提供する者を意味する「ドゥーラ」にちなんだこの概念は，依存者を直接ケアするのではなく，ケア提供者をケアする行為を指す．これは従来の倫理学がモデルにしていたような，平等な個人どうしの相互行為ではなく，そもそも不均等な力関係にある依存者とケア提供者の二者関係を，第三者が包み込む仕方で生じる入れ子状の相互行為であり，過去から未来へといわば無限に開かれ引き継がれる，ケアのネットワークなのである．

医療・福祉・教育などいわゆる「狭義」のケアの現場においても，そこに何らかの「問題」が生じているとき，そのかなりの部分はケアの担い手の不足や孤立によって引き起こされていると思われる．「ケアする人をどうケアするか」はまさに喫緊の課題なのである．「ケアの倫理」という立場は，私たちの社会を支配している市場原理とそれを支えてきた人間観，労働観を根本から問い直す理論的思考であるが，それは決して倫理学的な「係争」に終止するものではなく，いつも同時にケアリング実践の現場の諸問題に対する具体的「応答」をも含んだ問いかけなのである．

［崎川　修］

【参考文献】
[1]　キャロル・ギリガン，生田久美子・並木美智子訳『もうひとつの声』川島書店，1986．
[2]　エヴァ・フェダー・キテイ，岡野八代・牟田和恵監訳『愛の労働あるいは依存とケアの正義論』白澤社，2010．

6. 人間の尊厳と生命倫理

●**人間の尊厳の位相**　ドイツ連邦共和国「基本法」(1946制定)の第1条には「人間の尊厳は不可侵である」という文言が含まれており，「尊厳」概念を説明する際にしばしば言及される．その主眼は，国家権力が人間の尊厳を侵害することがないように制限を課すというもので，それは国家という枠組みを超えた理念として位置づけられる．「人権」もまた自然法あるいは国際法に基づく普遍的な規範であり，個別の「基本権」すなわち国内法(実定法)による規定の根底に据えられるものであるが，人間の尊厳はその人権を根拠づける規範原理ということができる．

　人間の尊厳概念を形づくるのは以下の要件であると考えられる．
① 手段化・道具化・商品化の禁止…他者の利益・欲望のたんなる手段として売買の対象とされてはならない
② 代替不可能性…唯一性・固有性・かけがえのなさが尊重されねばならない
③ 比較考量不可能性…他の価値・利益との優劣関係や相対化は排除されねばならない

●**尊厳概念の分類**　尊厳という概念は，ラテン語の dignitas（価値，威厳，品位）に由来するものであり，キリスト教における「神の似姿」，ルネサンスの思想家ピコ・デラ・ミランドラの『人間の尊厳について』(1486)における「自由意志」，ドイツの哲学者カントの『道徳形而上学の基礎づけ』(1785)における「人格－尊厳」と「物件－価格」の対比といった歴史的文脈を有する．

　尊厳はラテン語の sanctus（神聖さ）という宗教的概念とも密接に関連しており，生命それ自体の存在の特有性(神の被造物，自然の造化)に由来する特別な価値(神聖さ，不可侵さ)を表すものとして，「生命の尊厳」という表現が用いられることがある．そこでは生命の質的区別，具体的には「生きるに値する／しない」「死なせる方がよい／よくない」といった評価に基づく対応は原則として許されない．

　これとは対極にある「人格の尊厳」には，人格の構成要件(自己意識と理性的判断能力)を満たす存在の権利，とりわけ自己決定権が尊重されねばならないという含意がある．そこでは，「人格なき生命を終わらせること」も，尊厳の担い手である「人格」の決定により正当化されうる，という了解が認められる．

　「人間の尊厳」は，人間という種に固有である特別な価値として，自然法に基づく普遍的な人権の基盤と同時に実定法上の基本権の主体の基盤を形づくるものとして，「生命の尊厳」と「人格の尊厳」を架橋するものであるといえる．

●**生命倫理諸問題における含意**
(1) **生命の始まり**…「ES細胞作製のために胚を利用すること」「着床前診断で遺

伝性疾患が見つかった胚の廃棄」「出生前診断によって染色体異常が見つかった胎児の中絶」「治療法のない疾患をもって生まれてきた新生児の治療停止」といった問題を検討する際，しばしば尊厳概念が引き合いに出される．「生命の尊厳」を重視する立場からは否定的な意見が表明され，「人格の尊厳」を重視する立場からは，「決定する主体」の選択権や利益に訴えて肯定的意見が出されることが多い．「人間の尊厳」は一般に前者に近い概念として用いられるが，必ずしも「全面禁止」ではなく容認可能性を見据えた規制根拠を与える理念として位置づけられる．

(2) **本人の意思**…対応能力(competence)のある人への医療行為をその人の自由かつ自発的な同意を得ないで実施する場合，「人間の尊厳」への侵害可能性が問題となる．例えば，個人の価値観(死生観)に基づく治療拒否の意思を無視して「本人のため」という理由で治療を強行する，手術の際に切除した組織の遺伝学的検査を本人の了解を得ずに行う，といったケースである．家族の強い反対により末期がん患者本人への病名・予後の告知をしない，介護する家族に「迷惑をかけたくない」という理由で延命措置を拒否する，さらには断ることのできない状況で腎不全患者である家族のために「やむをえず」腎臓ドナーになるという選択など，当人の自由かつ自発的な意思が十分に保障されていない状況では，「人間の尊厳」が尊重されているとは見なしえない．

(3) **終末期および死**…「尊厳死」という用語は，日本では「回復の見込みのない終末期患者や植物状態患者に対して，人間としての尊厳を保ったまま死を迎えたいという書面による事前意思表示(リビング・ウイル)を提示されたとき，それを尊重して生命維持措置を停止し，死をもたらすこと」といった理解が一般的であり，「人格の尊厳が失われている状態での延命(生命維持)を拒否する」という含意がある．生命維持措置(人工呼吸管理，人工栄養・水分補給)の不開始・停止にとどまらず，医師による致死薬投与による生の終焉(積極的安楽死)や医師の幇助(致死薬処方)により自らの生を断つこと(医師介助自殺)も「尊厳死」の名のもとに正当化されることがある．また脳死と診断された段階での移植目的での臓器摘出の事前意思表示(ドナーカード)も，「命の贈りもの」としてそれを尊重するという「人格の尊厳」論が一方にあり，「生命はそれ自体尊重されるべきであり，可能な限り延命・生命維持をすべきだ」という「生命の尊厳」論と対立構図を形づくる．

「人間の尊厳」概念は，以上のような文脈状況の中で不断にその意義を検証することが求められるのである． ［霜田　求］

【参考文献】
[1]　小松美彦『生権力の歴史—脳死・尊厳死・人間の尊厳をめぐって』青土社，2012．
[2]　田中智彦「人間の尊厳と人権」，香川知晶・樫則章編『生命倫理の基本概念』(シリーズ生命倫理学第2巻) 丸善出版，2012．

7. EU「バルセロナ宣言」と
ユネスコ「生命倫理と人権に関する世界宣言」

●**欧州における生命倫理の潮流**　英米系バイオエシックスの主流をなす考え方としてしばしば言及されるビーチャム／チルドレスの四原則,「自律尊重」「無加害」「与益（善行）」「正義」は,個人主義的自由主義をベースとするものである.生殖・出生,終末期・死,遺伝子医療・再生医療の場面で,当該個人の自由な選択・決定権が尊重されるべきであるという思想がその核心にある.これに対し,欧州では社会的弱者の保護や社会的連帯に重心をおく傾向が強く,個人の自由な選択よりも公共的観点からの規制が前面に押し出されることが多い.もちろん欧州にも多様な見解があり,英米系の主流派に賛同する人たちは少なくないし,生命科学研究や医療行為をめぐって個人の自由な選択と社会的規制との対立が表面化することもある.EU（欧州連合）の「バルセロナ宣言」とユネスコ（国連教育科学文化機関）の「生命倫理と人権に関する世界宣言」は,欧州の主流的見解を体系的に示したものとして理解することができる.

●**EU「バルセロナ宣言」**　本宣言は,EUのプロジェクト「生命倫理と生命法における基本倫理原則」による政策提言として,1998年11月に欧州委員会に提出されたものである.その基本姿勢は「自律の価値を他者への配慮という文脈のうちに位置づける」というものである.「自律（autonomy）」は「統合性（integrity）」「尊厳（dignity）」「脆弱性（vulnerability）」と合わせて基本倫理原則を構成するものであると同時に,「連帯」「責任」「正義」といった倫理によって支えられる「他者への配慮」と不可分なものと見なされる.

自律概念の個人主義的自由主義理解への批判を踏まえて,宣言は,人間が「状況の中に位置づけられた生物体」として,生物学的・物質的・社会的諸条件に依存し,情報の不十分さといった制約を負っていること,人間が十全に自律的存在ではないことを明示する.こうした自律概念から,他の三原則についても独自の解釈が導出される.「尊厳」は「個人の内在的価値であるとともに,他者との出会いにおける相互主観的な価値でもある」と特徴づけられ,「統合性」は,個人としての「人間の不可侵性」「生の首尾一貫性」であると同時に,「ナラティブ」として物語られる「人の伝記」「社会・文化」さらには「動植物の生命」「世界の被造物全体」でもあるとされる.そして「脆弱性」については,「すべての生命が痛みを負い,傷つき,そして殺戮されうるという条件」を抱えるものであるとされる.

本宣言が射程においているのは,欧州固有の問題にとどまらず地球規模で論じられる問題であり,そうした諸問題は「人間の福祉」だけでなく「社会的公正」,「動物の福祉」,「地球環境の破壊なき開発の持続可能性」にも関わるものである.

●ユネスコ「生命倫理と人権に関する世界宣言」 2005年10月のユネスコ総会で採択された本宣言の「原則」(第3条〜17条)の各条項のタイトルは,「人間の尊厳と人権」「便益と危害」「自律と個人の責任」「同意」「同意能力のない人」「人間の脆弱性および人の統合性の尊重」「プライバシーおよび守秘性」「平等,正義および公平」「差別およびスティグマ化の禁止」「文化の多様性および多元主義の尊重」「連帯および協力」「社会的責任と健康」「便益の共有」「未来世代の保護」「環境,生物圏および生物多様性の保護」である.

　ここでは,生命倫理の枠組みそれ自体の問題性を浮かび上がらせる特徴的な条項を手がかりに,三つの論点を取り上げる.

　①文化の多様性および多元主義の尊重…人間の尊厳・人権などの基本原則は地域や文化に依存しない普遍妥当性を要求するものである.文化の多様性や多元主義もまたその独自の価値を尊重されねばならないが,普遍的な基本原則を侵害したり適用範囲の制限をしない限り,という条件が課される.しかし,特定の宗教的信念に基づく治療拒否,地域・民族で受け継がれてきた伝統医療などのように,その評価・対処が容易ではないこともある.

　②未来世代の保護…生命科学研究や臨床医療においてまず保護される対象は被験者や患者であり,脆弱な存在(子どもや精神疾患患者など)は特に注意深い配慮が要請される.これに加えて,環境倫理学で主張される世代間倫理すなわち未来世代への責任という視点も加わる.特に「生命科学が未来世代に及ぼす影響(遺伝学的組成に及ぼす影響も含む)に十分な考慮が払われるべきである」(第16条)という文言に示された,DNA・遺伝子への介入による未知の将来リスクは,その対処が現在世代に課せられた難題である.

　③環境,生物圏および生物多様性の保護…「バイオエシックス」は元来,環境全体の保護や持続可能性を目指す学際的営みであったが,その後生命科学や医療へと焦点化する中で,「人間中心主義」さらには「自己決定能力のある主体中心主義」へと変容してきた.本宣言は,「人類とその他の生命体との相互関係,生物および遺伝資源の適切な利用機会の提供および使用の重要性,伝統的知識の尊重,並びに環境,生物圏及び生物多様性の保護における人間の役割について,十分な考慮を払う」(第17条)という観点から,そうした流れに抗する姿勢を掲げる.

〔霜田　求〕

【参考文献】
[1] 〈資料〉「バルセロナ宣言」(村松聡 解題・翻訳),関東医学哲学・倫理学会『医療と倫理』第7号,2007,pp.81-86.
[2] 〈資料〉ユネスコ「生命倫理と人権に関する世界宣言」(黒須三惠訳),関東医学哲学・倫理学会『医療と倫理』第7号,2007,pp.74-80.

8. 安楽死・尊厳死

●**安楽死** 安楽死とは，死期が目前に迫っている病者が激烈な肉体的苦痛に襲われている場合に，その依頼に基づいて苦痛を緩和・除去することにより安らかな死に至らしめる行為である．安楽死の類型としては，生命を断つことによって患者を苦痛から解放する積極的安楽死，延命治療をしないことにより患者の死期を早める消極的安楽死，苦痛を緩和する薬剤の副作用として死期を早める間接的安楽死などがある．以下，安楽死として最も頻繁に議論されている積極的安楽死について述べる．

積極的安楽死は，同意殺人罪（刑法202条後段）に該当する可能性がある．医師による積極的安楽死の裁判例としては，東海大学病院事件がある．多発性骨髄腫の末期状態で意識レベルが低下した患者に対して，家族の依頼に基づいて，点滴及びフォーリーカテーテルを取り外し，次いで呼吸抑制の副作用のある鎮痛剤を注射して患者を死亡させた本件について，判決（横浜地判平成7年3月28日判時1530号28頁）は，積極的安楽死が許容される要件として，①患者が耐え難い肉体的苦痛に苦しんでいること，②死が避けられず，死期が迫っていること，③患者の肉体的苦痛を緩和・除去するために方法を尽くし他に代替手段がないこと，④生命の短縮を承諾する患者の明示の意思表示が存在することを挙げた上で，本件では①，③，④の要件を満たさないため，殺人罪が成立するとした．ただし，本判決は地裁レベルのものである．

終末期医療に関するガイドラインは，どれも積極的安楽死には慎重な姿勢を取っている．例えば厚生労働省「終末期医療の決定プロセスに関するガイドライン」（平成19年）は，「積極的安楽死は対象としていない」としている．また，日本医師会第X次生命倫理懇談会「終末期医療に関するガイドライン」（平成20年）は，「いかなる場合においても，治療の中止以上に死期を早める処置（積極的安楽死など）は実施しない」としている．なお，安楽死を合法化している国には，オランダ，ベルギー，ルクセンブルクがある．

積極的安楽死許容論として挙げられるのは，①患者の自己決定権に基づくもの，②健康な人は自殺できる以上，死にたくても自殺できない患者に積極的安楽死を許容しないのは不公平だというもの，③消極的安楽死と積極的安楽死はいずれも死期を早める以上，消極的安楽死が許容されるとするならば，積極的安楽死も同様に認められるべきだというものなどである．他方，積極的安楽死反対論として挙げられるのは，①積極的安楽死が認められるようになると，死を望んでいない患者が安楽死と称して殺されたり，あるいは積極的安楽死を選ぶように家族や社

会から圧力をかけられたりするというもの，②医師は命を守る職業であるから，殺しに手を貸すべきではないというもの，③苦痛を緩和する医療が十分に発達してきているので，安楽死は必要がないというものなどがある．

●**尊厳死**　尊厳死とは，回復の見込みがない末期状態の患者に対して，延命治療を開始せず，あるいは開始した延命治療を中止して，人間としての尊厳を損なわずに死を迎えさせることである．尊厳死は，患者に意識がない場合が多く本人の真意や肉体的苦痛の有無を確認するのが困難である点，および患者の死期が切迫しているとは限らない点で，安楽死とは異なる．

　日本では，尊厳死法制化の動きはあるが実現はしていない．尊厳死にかかわる裁判例には，以下のものがある．(1) 先に見た東海大学病院事件に対する判決は，傍論において，患者の自己決定権と，「意味のない治療行為をおこなうことはもはや義務ではないという」医師の治療義務の限界とを根拠として，延命治療の中止を認めた．その許容要件は，①患者が回復不能な末期状態にあること，②治療中止を求める患者の意思表示が，中止の時点で存在すること，③中止される処置はすべてのものを含むことである．②にかかわって本判決は，「中止を検討する段階で患者の明確な意思表示が存在しないときには，患者の推定意思によることを是認してよい」とする．そして，患者による事前の意思表示は治療の中止を検討するときに患者の推定意思を認定するのに有力な証拠になるとし，それがない場合には家族の意思表示から患者の意思を推定することが許されるとした．(2) 気管支喘息に伴う低酸素性脳損傷で意識が回復しない患者に対し，気管内チューブを抜去，鎮静薬を多量投与し，最終的に筋弛緩剤の投与により患者を窒息死させた川崎協同病院事件に対する第1審判決（横浜地判平成17年3月25日判時1909号130頁）は，「治療中止は，患者の自己決定の尊重と医学的判断に基づく治療義務の限界とを根拠として認められる」とした．そして，患者の自己決定が認められるための前提として，患者が回復不能で死期が切迫していること，それを患者が正確に理解し判断能力を保持していることを挙げた．その上で，本件では患者の死期が切迫しているとは認めない等の理由で，気管内チューブの抜去と筋弛緩剤の投与とを合わせて殺人罪が成立するとした．高裁判決（東京高判平成19年2月28日判タ1237号153頁）も，ほぼ同様の理由から殺人罪の成立を認めたが，尊厳死の問題については尊厳死法の制定やガイドラインの策定が必要であり，司法が抜本的な解決をはかるような問題ではないと述べた．最高裁判決（最決平成21年12月7日判時2066号159頁）は，被害者の回復可能性・死期の切迫性と，被害者の推定的意思とが確認されていないので，本件の抜管行為は法的に許容されないとしたが，治療中止の一般的な許容要件を明示することは避けた．

　厚生労働省上記ガイドラインなど，いくつかのガイドラインが治療中止の決定プロセスについて定めてはいるが，法的拘束力はもたない．　　　　　　［水野俊誠］

9. 緩和ケア

　緩和ケアという言葉は，ホスピス緩和ケア，ホスピスケアなどという言葉としばしば明確な区別なしに用いられている．世界保健機関（WHO）によれば，「緩和ケアとは，生命を脅かす疾患による問題に直面している患者とその家族に対して，痛みやその他の身体的問題，心理的・社会的問題，スピリチュアルな問題を早期に発見し，的確な評価と治療を行うことによって，苦しみを予防し和らげることで，生活の質を改善するアプローチである」と定義されている．この定義に続けて，緩和ケアは「痛みおよびその他の苦しい症状を緩和する．生を肯定し死にゆくことを正常な過程と見なす．死を早めることも遅らせることも意図しない．患者のケアの心理的な側面とスピリチュアルな側面を統合する．患者が死ぬまで可能な限り積極的に生きることを支援する体制を整える．患者が病気を患っている期間および患者の死別後に，患者の家族が困難に対処するのを支援する体制を整える．患者と家族のニーズに応えるためにチーム・アプローチを採用し，適応があれば遺族に対するカウンセリングも行う．生活の質を改善し，病気の経過によい影響を及ぼしもするだろう．化学療法，放射線療法のような延命を意図する他の治療と併用して病気の経過の早期にも適用可能であり，苦痛をもたらす合併症を一層よく理解し管理するために必要な研究を含む」と述べられている．

　上の定義に鑑みれば，緩和ケアの特長は，①患者が自らの生を全うして安らかな死を迎えるのを援助すること，②患者の苦痛を身体的な側面だけでなく，心理的・社会的な側面，スピリチュアルな側面も含めて総合的に捉えること，③医療，看護，介護，福祉などを含むチーム医療であること，④がん患者だけでなく，（AIDS，神経筋疾患，慢性閉塞性肺疾患，慢性心不全，認知症，肝不全など）生命を脅かすさまざまな疾患の患者やその家族・遺族も対象とすること，⑤病気の早期から実施されることなどである．緩和ケアの形態として，(a) 緩和ケア病棟，(b) 病院内の緩和ケアチーム，(c) 専門外来，(d) 訪問診療・看護・介護，デイケアなど在宅療養を支援するサービスなどがある．

●**世界における歴史**　緩和ケアという言葉の最初の使用は，1974年にB. マウントが，モントリオールのロイヤルビクトリア病院に開設した病棟を緩和ケア病棟と名づけたことである．しかし，緩和ケアと呼べる実践は，すでに1960年代から行われていた．20世紀中葉になると，英国などでは感染症による死亡数が減少し，がんによる死亡数が増加した．こうした状況に対応して聖ジョセフ・ホスピスなどでは，末期がんの疼痛緩和の研究と実践が行われた．そこで経験を積んだC. ソンダースは，1967年にロンドン郊外のシドナムに聖クリストファー・ホ

スピスを開設した．そこで彼女は，緩和ケアの基礎を築き，その普及に貢献した．

米国における緩和ケアの嚆矢は，ソンダースに学んだ F. ウォルドが，1974 年にコネチカット州ニューヘブンに設立したコネチカット・ホスピスや，ニューヨークの聖ルカ病院に設置された緩和ケアチームなどである．1982 年に，緩和ケアは公的医療保険であるメディケアに組込まれ，急速に普及していった．カナダでは，聖クリストファー・ホスピスで学んだ上述のマウントが，1974 年にモントリオールのロイヤルビクトリア病院にホスピス病棟を開設した．フランス語でホスピスは老人ホームなどを意味したので，マウントは自分たちの病棟をホスピスではなく緩和ケア病棟と名づけた．緩和ケアという言葉は，医療従事者に広く受け入れられた．そして，緩和ケアは，ホスピスを担ってきた人たちと，がん治療の専門医とが協力する場になった．

●**日本における歴史・現状・展望**　1973 年に柏木哲夫が，大阪府の淀川キリスト教病院で緩和ケアを開始した．1981 年には，原義雄が静岡県の聖隷三方原病院にホスピス病棟を開設した．1987 年には，日本で最初の国立のホスピス病棟が，千葉県の国立療養所松戸病院に開設された．

1990 年には，厚生省が，一定の基準を満たした施設に対する診療報酬として緩和ケア病棟入院料を設定した．以後，緩和ケア病棟の数は急速に増加していった（1990 年には 5 施設 117 病床だった緩和ケア病棟は，2012 年には 225 施設 4473 床となった）．2002 年の診療報酬改定では一般病床の入院患者に対する緩和ケアチームによるケアが，2006 年の診療報酬改定では在宅での緩和ケアが，保険診療制度に組み込まれた．

2007 年に施行されたがん対策基本法では，どの施設，どの地域でも質の高いがん医療を受けられるようにする「がん医療の均てん化の促進等」の一環として，「国及び地方公共団体は，がん患者の状況に応じて疼痛等の緩和を目的とする医療が早期から適切に行われるようにすること」が明記された．

現状の問題点として挙げられるのは，(1) 日本の医療用麻薬の消費量が欧米に比べて少ないことから，がん性疼痛の緩和が十分に行われていないと推測されること，(2) 緩和ケアが必ずしも病気の早期から行われていないこと，(3) 施設や地域によってケアの質に差があること，(4) 緩和ケアの質を継続的に評価し改善する体制が整っていないこと，(5) 一般の人々が緩和ケアについて十分に理解していないこと，(6) がんの死亡者のうち，緩和ケアを受けられる人の割合がまだ低いこと，(7) 遺族の精神的ケアが十分に行われていないこと，(8) がんや AIDS 以外の疾患の患者に十分な緩和ケアが行われていないことなどである．今後，緩和ケアの対象がさまざまな疾患に拡大し，在宅ケアの重要性が増すことが予想される．

［水野俊誠］

10. リビング・ウイルと事前指示と自己決定

　厚生労働省「終末期医療のあり方に関する報告書」(2011)によれば，リビング・ウイルとは，「治る見込みがなく，死期が近いときに，延命医療を拒否することをあらかじめ書面に記しておき，本人の意思を直接確かめられないときにはその書面にしたがって治療方針を決定する方法」であるとされる．また，事前指示あるいは事前の意思表示（advance directive）とは，患者が，意思決定能力を失った場合の終末期医療に関する意向を，あらかじめ表明しておく口頭または書面の意思表示である（ただし，advance directive を書面の意思表示に限定する用語法もある）．事前指示には，内容指示と代理人指示がある．内容指示とは，患者が特定の延命医療を望んだり拒否したりする状況を指定しておくものである．代理人指示とは，決定を行う代理人を指定しておくものである．上述の定義によれば，リビング・ウイルは内容指示の一種であるといえる．リビング・ウイル，事前指示の背景には，患者が判断能力を備えているときに行った決定は，判断能力を失った場合でも拘束力をもつという拡張された自己決定（自律）尊重の考え方がある．

●**日本の事情**　事前指示は，一定の要件を備えていれば法的に有効であると考えられるが，日本には事前指示に関する法律がないため，その法的有効性に対する疑問も呈されている．

　事前指示に関わる裁判例として，東海大学事件判決（第3章 8.　参照）がある．この判決は，延命治療の中止が許容されるための要件の一つとして，「治療行為の中止を求める患者の意思表示が存在し，それは治療行為の中止をおこなう時点で存在すること」を挙げ，「中止を検討する段階で患者の明確な意思表示が存在しないときには，患者の推定的意思によることを是認してよい」とした．そして，患者による事前の意思表示は，治療の中止を検討するときに患者の推定意思を認定するのに有力な証拠になるとした．

　終末期医療に関する近年のガイドラインも事前指示に言及している．例えば，日本医師会第X次生命倫理懇談会答申『終末期医療に関するガイドライン』(2008)は，終末期の治療行為の差控えや中止に関して，「患者の口頭による意思表示のほかに，患者が正常な判断ができない状態では，患者の事前の文書による意思表示を確認することが重要である」としている．また，日本学術会議『終末期医療のあり方について』(2008)は，「緩和医療が十分に提供されていても，延命医療を拒否し，その結果，死期が早まることを容認する患者には，リビング・ウイルも含めその意思に従い，延命医療を中止する」としている．事前指示に言及した他のガイドラインとして，日本集中医療学会「集中医療における重症患者の

末期医療のあり方についての勧告」(2006)，全日本病院協会「終末期医療の指針」(2007)，日本救急医学会「救急医療における終末期医療に関する提言」(2007)などがある．

厚生労働省「終末期医療のあり方に関する報告書」(2011)によれば，リビング・ウイルの考え方を支持する一般国民（非医療従事者）の割合は62％であった．しかし，リビング・ウイルの法制化については，一般国民の62％が否定的であり，「法律を制定しなくても，医師が家族と相談の上その希望を尊重して治療方針を決定する」という回答を選択した．

●**海外の事情**　1960年代初頭に，米国でリビング・ウイルの法制化を求める動きが始まった．1973年には，世界で初めてリビング・ウイルを法制化したカリフォルニア州の「自然死法」が成立した．その後，リビング・ウイルは米国のすべての州で法制化された．1983年には，患者が，意思決定能力を将来失ったときに自分に代わって医療に関する決定を行う代理人を，あらかじめ指名しておく「医療に関する永続的委任状法」がカリフォルニア州で制定され，以後多くの州で制定された．1990年に，合衆国政府は「患者の権利法」を制定して，医療機関が，入院する患者に対して，州の法律・判例上認められている医療に関する決定権，特に事前指示書を作成する権利について説明することを義務づけた．米国と同様の法律は，フランス，オーストリア，ドイツなどにもある．

●**問題点と注意点**　事前指示の主要な問題点の指摘は，事前指示が患者の自己決定を尊重するために役立たないというものである．第一に，患者が将来の状況を正確に予想して，その状況で行うべき治療を適切に指示することは困難である．第二に，患者は，事前指示を作成した後に，考えを変えるかもしれない．また，事前指示を作成した後に新しい治療法が開発されるなど，周囲の状況が変化するかもしれない．さらに，患者が事前指示を作成した後に認知症になるなどして，その人格が顕著に変容するかもしれない．こうした現実を踏まえないと，前に作成した事前指示によって後の自分が拘束される恐れがある．

これらの問題点を克服するために，以下の方策が考えられる．(1) 事前指示を作成する際には，患者が治療チームとよく話し合う．(2) 患者が治療チームや家族と相談しながら，事前指示を定期的に見直す．また，事前指示を作成した後に患者の人格が顕著に変容し，しかも本人に苦痛がない場合には事前指示を適用しない．

これらの対策を講じた上で，さらに以下の点に注意を払うべきである．まず，治療チームが事前指示について患者に説明するときには，それを作成したくないという患者の意向も尊重する．また，事前指示を適用するときには，患者の家族と治療チームが，患者の真意を汲み取れるように事前指示を解釈する．

［水野俊誠］

コラム

ジョン・スチュアート・ミル『自由論』

早坂忠訳「自由論」，関嘉彦編『ベンサム／J. S. ミル』中央公論社，1979，pp.211-348．
J. S. Mill, "On Liberty", J. M. Robson ed. *Collected Works of John Stuart Mill*, vol. XVIII, Univ. of Toront Pr. 1977, pp.213-310.

　生命倫理の主流派は，個人主義的な自由主義の立場である．その中心となる原則は，他人に危害を加えない限り公共機関などの他者から制約を受けないという他者危害原則である．この他者危害原則を提唱したのが，J. S. ミルの『自由論』である．ミルは，19世紀英国の哲学者，政治経済学者であり，『自由論』のほかに『功利主義論』『論理学体系』『経済学原理』などの著書がある．

　ミルは，『自由論』の中で，後に他者危害原則と呼ばれるようになった一つの原則を提唱している．「その原則とは，人類が，個人的または集団的に，成員の誰かの行為の自由に干渉することが認められる唯一の目的は，自己防衛である，というものである．つまり，文明社会の成員に対して，その成員の意志に反して，権力を正しく行使しうる唯一の目的は，他の成員に対する危害を防ぐことである，というものである」．判断能力を備えた成人の行為の自由を他人が正当に制限できるのは，その人の行為が他人に危害を及ぼす場合のみである．それゆえ，その人の幸福を守るために，その人に行為を止めさせたり強制したりすることは許されない．この原則をミルが提唱した狙いは，多数者が少数者を抑圧する「多数者の専制」から個人の自由を守ることにある．個人の自由にはさまざまなものがあるが，ミルが特に重視したのは，個性の自由な発展，つまり個人が自分の個性を自由に発展させることである．

　上述の考え方の背景には，ミル自身の体験がある．ミルは，1831年，実業家のジョン・テイラーに招待され，才媛として名高い彼の妻ハリエットに紹介された．当時ミルは24歳，ハリエットは23歳であった．これが運命的な出会いとなり，二人は強くひかれあうようになった．この恋愛のために，1833年からジョンとハリエットは別居することになった．しかし離婚までには至らず，三者の複雑な関係はジョンが死去するまで18年間も続いた．ジョンは1849年に体調を崩し，ハリエットに戻ってくれるように頼んだが，ハリエットは聞き入れなかった．ハリエットがついにジョンの願いを聞き入れて彼の家に帰ったとき，ジョンは大腸がんを患って死に瀕していた．彼女はそれから二か月間ジョンの看病を続けたが，1849年7月にジョンは死んだ．彼はハリエットに莫大な遺産を与えた．1851年にミルとハリエットは結婚した．しかし幸福な結婚生活は，1858年のヨーロッパ旅行中にハリエットが急病死したことで，突然終わりを迎えた．周囲の人々は，ミルにこの恋愛をあきらめるように繰り返し説得したが，彼は聞き入れなかった．ハリエットと一緒にいるために，友人や家族を捨て世間の評判を無視したのである．　　　　　　　　　　　　　　［水野俊誠］

第4章

市場社会と生命倫理

　2010年7月に臓器移植法が改正された．ドイツは，すでに1997年に，今回の改正法のように，脳死＝人の死とし，文書による同意か拒否，そして文書がない場合，最近親者の賛成とする法律を施行していた．しかし，現在1日1件ほどの心臓移植が行われているそのドイツでも，やはり提供臓器は不足しているのが現実である．そこで，ドイツでは，臓器提供を活発にするための施策がいろいろと考えられている．税の控除，医療の無料化，疾病保険の割引，家族との長期休暇，死後の葬祭料，埋葬料の負担などのインセンティブを与えて臓器提供へと駆り立てるというものである．しかし，一方で，このような財政上の刺激は，むしろ善意での臓器提供を減少へと導くのではないかという懸念がある．結局ドイツでは2013年に臓器移植機会の拡大をはかる法改正が承認された．提供意思の有無を国民に文書で質問して提供者を掘り起こす方式が採用されることになったのである．

[盛永審一郎]

1. 脳死と臓器移植

　脳死とは，脳は不可逆的に機能を失っているにもかかわらず，心臓が打ちつづけている状態をさす．脳死する人々が現れたのは，1950年代に人工呼吸器が広く使われ始めてからのことである．脳には，自律呼吸や体温調節や新陳代謝といった全身の自律的身体機能の統合を司るとされる脳幹と，意識や記憶や判断などの精神機能を司る大脳とが含まれる．このうち特に脳幹が機能を失うと，呼吸が停止し血中に酸素がめぐらなくなるため，まもなく心臓が停止する．脳の機能喪失が心停止を通常伴うのはこのためである．ところが呼吸器の使用により，脳が機能していなくても人工的に血液中に酸素を送ることが可能となった．その結果，脳機能の喪失と心臓の拍動とが両立する脳死という現象が現れた．

　脳死が社会的に注目されるのは臓器移植との関わりにおいてである．移植用の臓器は心停止した死体からも得られるが，その場合は血流がなくても機能をある程度まで保つ腎臓や角膜など一部の臓器しか移植に適さない．また移植を必要とする患者の家族など健康な人から臓器が提供される場合もあるが，ここでも使用するとすれば，二つある腎臓のうちの一つや肝臓の一部など，提供者の生命を脅かさずに摘出できる範囲に限定されなければならないことが明らかである．しかし脳死者の場合は血流があるうえ，すでに死んでいると見なすことができるとすれば，心臓，腎臓，肺，すい臓，肝臓，小腸など多くの臓器を移植用に摘出することに関して医学的また倫理的な問題は少ないと考えられる．

　しかし脳死者を死者と見なすことの妥当性については今日に至るまで論争がある．また脳死者による臓器提供が認められるとして，本人の提供する意思をどのように確認するべきかに関しても議論がある．

●**死の定義**　脳死は人の死であるとする立場が支持される主な理由は二つある．第一は，脳死者に意識や思考や感情といった精神活動が失われていることである．第二は，脳死者がからだの全体を内側から統合する機能を失っており，外部にある器械の働きに依存していることである．これらはそれぞれ独立した理由である．第一の理由で脳死を人の死と見なす立場は，人の生命の本質が精神的な活動にあるとする生命観を前提とする．これに対して，第二の理由から脳死を人の死と見なす見解の前提にあるのは，一般に生命とは，全体が内発的かつ統合的に機能する有機体として定義できるとするまったく別の生命観である．後者の生命観にいわれる全身の統合を要する機能とは，具体的には代謝や体内環境の維持（ホメオスタシス）などを指し，その目的は生存や生殖などにあると考えられる．国内では1992年に内閣総理大臣の諮問機関「臨時脳死及び臓器移植調査会」によってま

とめられた「答申」が基本的に後者の立場を採用している．

しかしいずれの見解についても妥当性の疑われる理由がある．精神活動の消失を死と見なす第一の立場については，脳死者だけでなく，遷延性の意識障害（いわゆる植物状態）の患者まで死者と見なさなければならないように思われる．またその前提にある生命観は，昆虫や草木など，記憶や感情がもともと備わっていない生物にはあてはまらないため，生と死をすべての生物に共通する現象として捉えることができない．これらの点に問題があるとされてきた．

身体機能の有機的統合を重視する第二の立場については，米国の医師アラン・シューモンが一連の論文の中で発表した批判が特に重要である．シューモンは，幼少期に脳死と判定された患者が呼吸器のサポートだけで長期にわたり心拍を維持した事例を数多く集めて報告した．その中には脳が機能していないにもかかわらず長い場合 10 年以上からだが成長しつづけ感染症に抵抗し外傷から回復した患者もあった（Shewmon, DA, "'Brain-stem death', 'brain death' and death: a critical re-evaluation of the purported equivalence," *Issues in Law & Medicine* 14(2): 125-145, 1998.）．また，妊娠中に脳死したまま出産に至った女性の事例も国内外で報告されている．これらの事例は，代謝やホメオスタシスなどの全身の統合的な機能を維持するためには脳の働きが欠かせないとする第二の立場の前提を否定するものとされる．

●同意の確認　現実に脳死体からの臓器移植が合法化された国や地域はすべて脳死者の同意がなければならないとしている．しかし同意を確認する方法のあり方をめぐって議論がある．主な可能性は二つある．第一は，賛成意思表示方式と呼ばれるもので，脳死する前の本人が提供する意思を書面上などで明示的に残していない限り臓器の摘出を認めない．第二は，反対意思表示方式または推定同意制などと呼ばれ，本人が提供を拒否する意思を示している場合に限って臓器の摘出を禁じるものである．後者については，ただ意思表示の手続きをふまなかっただけで実際には提供するつもりのなかった個人からも臓器が摘出されうるため，脳死者の意思を十分に尊重できていないとする批判がある．前者はそうした可能性がないため自律尊重の原則に照らしてより好ましいが，手続きをふまない個人はすべて候補者から除かれるため，反対意思表示方式を採用した場合と比べて提供される臓器の数は少なくなる傾向にある．

日本の「臓器の移植に関する法律」は，本人が提供の意思を明示していることに加えて家族が反対しないことを条件に脳死者からの臓器摘出を合法化した．しかし 1997 年の施行から 2010 年の法改正まで，国内の脳死者からの臓器提供件数は年平均で約 6 件だった．改正法は，本人が提供の意思を明示していない場合でも家族の同意があれば摘出を認めており，2012 年の提供件数は 45 まで増えた．

［有馬　斉］

2. 臓器売買

　日本の「臓器の移植に関する法律」(1997年施行，2009年改正)は人の心臓，肺，肝臓，腎臓などの臓器を移植用に提供したり斡旋したりする者がその対価として財産上の利益を受けることを禁じている（第11条［臓器売買等の禁止］）．日本だけでなく他の国や地域でも，関連する法律はほぼすべて臓器売買を禁止している．さらに，国際移植学会（Transplantation Society），世界医師会，国際保健機関（WHO）といった国際的な組織や団体が臓器移植に関して公にした指針や宣言もすべて臓器売買を認めていない．

　臓器売買に対するこうした反対論の背景には，移植される臓器はあくまで利他的な動機から提供者の自律的な意思によって贈与されたものでなければならないという見方がある．しかし，倫理的な議論は必ずしも臓器売買の許容性を否定するものばかりではない．

　●**倫理的な議論**　臓器売買にはそれを積極的に支持する議論が存在する．支持する側の最大の理由は，移植術を希望している患者の数に比べて提供される臓器の数が国内外で圧倒的に不足しているという事実にある．これまで各国で法整備や移植医療の認知度を上げる教育が試みられてきたが，いずれも不足を解消するには至っていない．日本では現在（2013年3月末時点）移植希望者数が13,645であるのに対して昨2012年一年間の移植は303件であった（日本臓器移植ネットワーク　ホームページ http://www.jotnw.or.jp/）．そこで提供臓器の増加を促すため，提供者やその家族が経済的に報いられるようにすべきだとする議論がある．現実になされている臓器売買ではたいてい健康な人が腎臓などを売って対価をえるが，ここでは特に脳死者からの臓器摘出に対する支払いを家族が受け取る仕組みも考えうる．

　また，提供者が臓器を売ることに同意しているのであれば，自律尊重の原則に照らしてこの意思も尊重されるべきだ，あるいは少なくともこの意思が尊重されるべきでないと考える十分な理由はないと論じられる．さらにこれと関連して，支払いを求めたり受けたりすることは，移植術を必要とする患者の健康を願う利他的な動機が提供者のうちに依然としてあることと矛盾しないとする指摘もある．

　また，売買では裕福な人しか移植を受けられなくなるから公平でないと懸念する向きもあるが，この懸念は必ずしも正しいとはいえないとする指摘もある．具体的な売買のなされかたにはさまざまな可能性がある．一方で，患者が営利目的の斡旋業者や臓器提供者から直接に臓器を買う制度のもとでは，対価の支払えな

い貧しい患者だけ移植を受けられない可能性が出てくる．しかし提供者や斡旋業者への支払いを政府などの公的機関が負担する仕組みも考えうる．その場合，どの患者が移植をうけるべきかについては，財力の大小にかかわらず，例えば日本で現在なされているのと同様，緊急度や待機時間などを基準に公正に決定することができると考えうる．

ただし，もちろんこれら臓器売買を擁護する議論に対しては批判もある．より原理的なものとしては，(1) 臓器を売るのはほとんど常に貧しく困窮した人々であり，他に適当な選択肢が用意されていない状況下ではたとえ売ることに同意していたとしてもそれを自律的な選択と見なすことはできないとする批判がある．また (2) 金銭目的で移植に適さない臓器が売りに出される危険がある，(3) 本来ならば提供者を生かすために続けられるべきはずの治療が臓器を売るために控えられる危険がある，など実践に伴うリスクを指摘する類の批判もある．

●**臓器売買の現状**　臓器の売買は国内外で現実に起きている．多くは法に反するだけでなく，倫理的にも正当化できないことの明らかなものである．最悪のケースでは霊安所や火葬場の死体から臓器が盗まれ，売却される．フィリピンやインドでは，謝金や減刑を期待する受刑者の臓器を刑務所が斡旋したり，病院が売買を斡旋したりしている．日本人がフィリピンでそうした臓器を買った事例も報告されている．

国内では2006年に慢性腎不全の患者が内縁の妻の知人から腎臓の提供を受け，のちに現金30万円と新車を提供者に渡す事件が起きた．2010年には腎不全を患っていた医師が二度にわたって暴力団関係者から腎臓提供者を仲介してもらい，その見返りとして合計1,800万円を支払う事件が起きた．生体からの移植については日本移植学会の倫理指針で患者と提供者が親族関係にある場合のみと定めているため，これらの事件ではそれぞれ患者が病院に対して提供者を義理の妹または養子と説明していた．後者の事件では実際に手術の1か月前に養子縁組がなされていた．

2006年の事件では松山地裁宇和島支部が，臓器移植法違反の罪で患者とその内妻に懲役1年，執行猶予3年を言い渡した．後者の事件については2012年1月，東京地裁が患者と妻に実刑判決を下した．また仲介した暴力団関係者にも実刑の判決が下されている．これらの事件はどちらも同じ宇和島徳洲会病院（愛媛県宇和島市）で起きており，提供者の身元や意思を確認した病院の手続きのありようも問題となった．　　　　　　　　　　　　　　　　　　　　　　　　[有馬　斉]

【参考文献】
[1]　粟屋剛『人体部品ビジネス―「臓器」商品化時代の現実』講談社選書メチエ，1999．
[2]　L. アンドルーズ，D. ネルキン，野田亮・野田洋子訳『人体市場―商品化される臓器・細胞・DNA』岩波書店，2002．

3. サバイバルロッタリーと医療資源の配分

　空腹の5人の前にケーキがある．1人で全部食べることができれば腹が一杯になるが，空腹なのは5人である．どのように分割すれば，5人が満足するだろうか．これは「配分」の問題である．また，病気の者が5人いて，その病気に効く錠剤が一つしかないとする．錠剤を5つに分ければ薬効はなくなる．臓器移植で，移植可能な臓器が一つ提供された時，それを必要とする患者が5人いれば，同様な問題が起こる．これは「医療資源の配分」の問題といわれる．ケーキの例と臓器の例の決定的な違いは，臓器は切り分けて使うことができず，また臓器を移植しないと患者は死ぬという切迫した状況を想定している点にある．したがって，医療資源の配分で問題にされるのは，「分割」ではなく，「優先」である．治療や救命の場面で，誰に優先的にその資源を与えるのが正しいのかという問題である．

●**問題の背景と性質**　医療資源配分の問題は，患者の数に対して治療法や資源が限られている場合に起こる．感染症が流行してもワクチンが不足している場合，どういう人たちを優先すべきだろうか．多くの国では，臓器提供数に対して待機患者数の数が圧倒的に上回っている．かつては顕著に見られなかったこうした問題は，医療の進歩とともに現れてきたといえる．

　医療技術の発達の初期に技術が万人に行き渡らない場合も，同様である．有名なケースは，慢性腎不全患者のための人工透析器が完成した1960年代初め，米国シアトルの病院で起こった．同病院の2台の透析器で処置できる患者は17であったのに対し，透析が必要な患者は70人以上いた．病院は患者を選別することにし，医師たちによって候補者を絞った後，7人の一般市民からなる委員会（皮肉をこめて「神様委員会」と呼ばれた）によって患者の選別をした．その時考慮されたのは，年齢，住所，職業，透析に耐える精神力があるか，扶養家族の数等である．委員会は公正さを期して選別を行ったが，この方法は後に批判されることになる．この例は，医療資源に関して公平な分配がいかに難しいかを示している．

　医師は目の前の患者の治療を行うと同時に，目の前にいるのではない社会一般の人々の健康問題にも配慮する．病院のベッドを一人の患者のために長期にわたって使えば，他の患者を入院させることはできない．近年，国民医療費の高騰が問題になっているが，国の医療財源にも限りがある．一人の患者に高額医療を続ければ，他の患者に財源を回せず治療ができなくなる．国の予算のどのくらいを医療にあて，またその内どれだけ高度な技術や予防医学に割り当てるかという配分の問題を，「マクロレベルの配分」の問題という．それに対して，治療や移植を複数の患者にほどこさなければならないときに誰を優先するかという問題

を，「ミクロレベルの配分」の問題と呼ぶ．「医療資源の配分」の問題は，どのような医療を実現させていくか（マクロ）と，個々の医療の現場でどのような治療を実践するか（ミクロ）という，二つのレベルで考慮されねばならない．

医療資源が有限である限り，配分の問題は経済的配慮の側面をもつが，治療を同じく必要とする患者の誰に優先的に治療を行うのが正しいかという問題は，「公正さ」や「正義」を問う倫理問題でもある．

●**可能な方法** シアトルの病院は，公正さを期すために医師によって候補を絞った後，一般市民による委員会で選別を行った．病院側はこの委員会によって社会的基準を導入したつもりだったが，この委員会のしたことが報道されると社会的価値で差別しているという非難が起きた．無職の者よりも会社経営者の方が優先されるのは正しいのか，と．では，どんな方法が最も公正さに適うのだろうか．

四つ方法が考えられる．①平等主義，②自由市場主義，③功績主義，④功利主義である．平等主義の完全な方法は，くじ引きである．すべてを「運」に任せる方法だ．ただし，これは有能な人材，社会に有用な人を助けることができないという可能性を含む．（平等主義にはもう一つ，先着順があるが割愛する．）自由市場主義は，患者に金があればよい治療が早く受けられることを意味する．しかし，医者にかかるべき者が貧しいために治療を受けられないことを正義と見なせるかどうかは，大いに問題だろう．功績主義は，患者の社会的貢献度・重要度を考慮して配分を決める仕方である．これは，上で指摘した平等主義の欠陥を確かに補うように見えるが，シアトルのケースで指摘されたように，選別を社会的基準で行うことは，命の価値を社会への有用性で決めることになる．小さな八百屋で律儀に働く男は，たまたま親の跡をついで鉄道会社の社長になった男よりも社会的価値が低いと言えるのか．これは差別とも見られよう．功利主義は，最小限の犠牲で社会に最大の効用（最大多数の最大幸福）が得られれば，それを正しい選択と見なす．だが，罪もない一人を殺して臓器を移植し複数の人々を救うことも，功利主義では正義や道徳的義務になってしまい，常識的な正義の理解に抵触する．

●**サバイバルロッタリー** 少数が不当に犠牲になるという功利主義の欠点を補うため，倫理学者のジョン・ハリスは，「サバイバルロッタリー」と呼ばれる臓器移植の制度を思考実験で示した．「最大多数の最大幸福」原理を用いながら，犠牲となる提供者の選択をくじ引きで公平に行う．国民全員に番号がふられ，適切な臓器が自然死で確保できない場合は，コンピュータに提供者をランダムに選んでもらう．この制度は，社会の幸福度を最大にするために負う犠牲やリスクを，人間のもつ年齢・職業・身分などの特定の特性でではなく，くじで公平に分配することができるとする．さて，これは本当に公平さを確保するだろうか．［石田安実］

【参考文献】
[1]　児玉聡「医療資源の配分」赤林朗編『入門・医療倫理Ⅰ』勁草書房，2005．

4. 異種移植

　異種移植とは，種族の異なる個体間の移植のことを指す．例えば，マウスとサル，ブタとヒトの間での移植である．総じて異種移植では拒絶反応が強く，そのために異種移植の本格的な発展への道は長い間閉ざされていた．しかし技術の発展によって，異種移植の臨床応用への可能性が高まっている．例えば，移植直後に起こる超急性拒絶反応は激烈であったが，特定の遺伝子を破壊したノックアウト動物，この場合で言えばノックアウト・ブタ（特にGalTノックアウト・ブタ）の開発により，超急性拒絶反応の克服の可能性が高くなっている．超急性拒絶反応以外の技術的な問題にしても，遠くない将来に克服される可能性も低くない．iPS細胞から臓器をつくり，それを臨床応用するよりも，異種移植の方が近道だという意見も強い．しかし，異種移植の実現にはさまざまな期待が寄せられると同時に，倫理的な懸念も根強い．

●**異種移植の可能性**　異種移植が大規模に実現すれば，これまで解決ができなかった種々の問題が解決されるであろう．まず，異種移植が実現すればドナーの不足ないし臓器の不足の問題が解決される可能性が高い．日本は言うに及ばず，臓器移植が数多く行われる米国ですら，膨大な数の臓器が不足している．もし動物が臓器のドナー（自発的意思に基づいて臓器を提供するわけではないが，ドナーと呼ぶことにする）として現れれば，状況は一変する．当然，稀少動物だったら，臓器不足を補うことはできないだろう．が，今，一番注目されているのはブタなのである．ブタなら，数多く生産することも比較的容易だと考えられる．また，異種移植の臨床応用が実現すれば，移植にまつわるいくつもの倫理的問題も消えると予測される．例えば，臓器の分配に関係した倫理的問題が解決されるだろう．臓器の分配を巡っては，大きな波紋を投げかけた理論も登場してきている．J.ハリスの「サバイバルロッタリー」のように，健康な一人の命を奪ってもそのことで複数の人が救われればよいという考え方もあり，その合理性，現実的な効果，人間の生存権，道徳の基盤のあり方を巡って激しい議論が展開されてきている．また，レシピエントの選択にまつわる問題もある．A氏の場合，移植手術を受けなかったときに生存している確率が70パーセント，手術を受けたときに生存している確率が90パーセントだとしよう．B氏の場合，それぞれ20パーセントと40パーセントだとしよう．このようなケースで「医学的利益」を重視してA氏を優先させるか，「医学的必要」を重視してB氏を優先させるかは，臓器という資源が限られていれば，難しい倫理的判断を投げかけることになる．異種移植が実現し，臓器の数が十分になれば，こうしたいくつもの倫理的な問題が解消される

ことになるのである．他にも，臓器売買の問題，幼児や子どもからの臓器の摘出の可否の問題なども，異種移植が大規模に実現されれば，解消されることが予測される．さらに，免疫学的な観点から，同種移植では移植を受けるチャンスがかなり限られる患者もいるが，異種移植ならこのような待機患者にも移植の機会が与えられることになる．

●**異種移植の問題点**　とはいえ，異種移植にはいくつかの問題点が残っていると言えるだろう．第一に，動物の福祉，動物の権利という観点から動物をドナーにすることに反対する人たちもいる．チンパンジー等，高度な知性をもつ動物では数が十分でないので異種移植のドナーに適していないが，ブタをドナーにすることにも反対の声はある．第二に，感染症の問題がある．異種移植での強い拒絶反応を克服しようと思えば，拒絶反応を引き起こす免疫のメカニズムを低下ないしストップさせるために強力な免疫抑制剤等の手段を使うことが多くなる．こうして免疫反応を低下させてしまえば，レシピエントに思いもよらぬウイルスを感染させる可能性が高くなる．しかも，どのウイルスや細菌が害を及ぼすかはつかみにくい．インフルエンザの例を考えればわかるように，ドナーの動物の体内では害を及ぼさなかったものが，人間の体に入った途端，害を及ぼすこともありうる．もろもろの手段で，既知のウイルスによる感染を防ごうとしても，すべての菌やウイルスを排除できるかはわからないであろう．そのうえ，内在性レトロウイルスによる感染の危険を完全に払拭できるかはわからない．通常は自然宿主の中で眠った状態だったものが，異種移植をきっかけにして，再活性化され，新しいレトロウイルスとなり，病気を引き起こすかもしれないのである．第三に，種を異にするまったく異質なものが人間に埋め込まれるのであるから，アイデンティティの問題が起こる可能性がある．このことは早くから指摘されていて，英国のナフィールド生命倫理協議会の報告でも言及されている．今日では，異種移植によるアイデンティティ問題を先鋭化する事態も起きかねない．拒絶反応克服のためにブタの中にヒトの遺伝子を導入したり，逆にヒトの中にブタの遺伝子を導入したりすることも行われている．理論的に推し進めていけば，例えばすべての胎児に妊娠の早い段階でブタの細胞やブタの遺伝子などを注入し，免疫寛容を作り出すことも考えられるだろう．つまり，人間というもののあり方，自分というシステムに劇的な変更が加えられる可能性があることになる．

　異種移植には臓器の移植だけでなく細胞等々の移植もあり，それぞれの状況に応じて問題を考察していかなければならないが，総じて言えば，上述のような問題や疑念が完全に払拭されたとは言えない．異種移植の大きな可能性，技術の現状と発展の可能性，リスクの総合的な評価，多くの人がもつ人間観を総合的に考察することで異種移植を評価する必要があるだろう．　　　　　　　［浅見昇吾］

5. ES 細胞・iPS 細胞

　トカゲやイモリが足や尻尾を失うと，それらは再生する．ここには人類最古の叙事詩，ギルガメッシュが求めた不死の夢がある．ギルガメッシュはそれを求めて旅に出て，ようやく手にした不死の草を蛇に食べられたのだ．人類はいま再びその魔法の草を手にしようとしている．それがES（胚性幹）細胞やiPS細胞である．今これらを用いての臨床研究が始まろうとしている．しかし厚生労働省は人体へのリスクが大きい治療もあることから，安全性を確保するため2013年1月に罰則付きのiPS再生医療規制法案を作成した．ところが，政府はこの規制法を「再生医療推進法」と名前を改め，4月26日に成立させた．再生医療の実用化を促す法律で，研究開発と臨床応用を迅速，安全に進めるための基本理念を定めたもので，民間企業の参入も後押ししている．

●**万能細胞研究と倫理**　万能細胞（体の臓器や組織になりうる細胞）研究には，大きくいって，ES細胞研究とAS（成人幹）細胞研究の二つの道がある．前者は，受精卵を胚盤胞まで発生させ，胞胚を分離し培養して作製する．後者は受精卵を必要としないが，大量に取り出すことはできず，研究は前者に比べて40年遅れるとこれまで考えられていた．日本では，前者については2001年にプロトコルの文部大臣確認などの厳しい条件をつけて認める「ヒトES細胞の樹立および使用に関する指針」が作成された．それは「人の生命の萌芽」である受精卵を壊すという倫理的問題があるからだ．そこで，2004年に総合科学技術会議の生命倫理専門調査会で異例の多数決で，除核した卵子に体細胞の核を移植し，電気ショックを与えて発生させるクローン胚作成容認の方向に道が切り開かれた．これだと女性から卵子の提供を受けるというジェンダー問題は残るものの，本人の臓器を作製することが可能だからだ．他方，国連では2005年にすべてのクローン胚の作製を全面禁止する宣言（Declaration on Human Cloning）が採択されている．またユネスコでは同年10月「生命倫理宣言（Universal Declaration on Bioethics and Human Rights）」が採択され，「人間の尊厳」は「研究の自由」に上回るとされた．したがって，クローン胚研究許容の法案化は進まなかった．

　まさにこの膠着状態の中で，2007年11月にブレイクスルーとして登場したのが，人工多能性幹（Induced Pluripotent Stem（iPS））細胞である．iPS細胞とは，成人から取り出された体細胞にいくつかの遺伝子を加え，操作することにより，再プログラム化された多能性幹細胞のことである．はじめiPS細胞にはがん化など未知の危険もあると指摘されていたが，遺伝子を組み込まない手法で，再生させることも可能となった．

iPS細胞は，卵子や受精卵を壊す必要がない点で，倫理問題をクリアーしているうえに，容易に入取可能な患者の体細胞から生産され，しかも免疫学上適合するという利点をもっている．この技術の開発者の山中伸弥教授は，受精卵を顕微鏡で見たとき「受精卵と娘たちは少しも変わらない」と悟ったというのは有名な話である．まさに倫理が「新しい思考の帽子」をかぶらせたのであり，この態度がローマ法王庁からも絶賛されたのである．日本政府もこの研究に研究資金をつぎ込む決定を異例の早さで決めた．

● iPS細胞の共犯可能性　　それだけではなかった．ES細胞に代わるものとして登場したiPS細胞の作製は，逆に，ES細胞の研究に門戸を開くという反作用をもっていた．なぜなら，iPS細胞の性能を調べるためにはES細胞との比較研究が必要だからである．米国では2009年，オバマ大統領が，ES細胞研究を「健全な科学」として容認するという方針転換をした．そして2009年には，ES細胞研究の新ガイドラインを示し，受精卵を使用した研究に対して研究助成を行う方針を示した．日本も2009年に指針の規制緩和の改定を行った．そして，ついに2013年の1月にはES細胞の臨床研究が解禁されるという指針改正案が合意されたのである．

　「難病で苦しむ人のために治療法の開発を」という与益原則がこの研究を後押ししている．しかし，この技術の開発で世界を制し，パテントをとり，経済的な利益と結びつけようという戦略も見え隠れしている．2020年には1兆円を超す市場を生み出すと期待されている．結局，純粋な学問的関心や病気の人に対する配慮だけではなく，経済的な利害と研究者の個人的な栄達という不純な動機が絡み合って研究が進められている．2005年に起こった韓国のファン教授のヒトクローン胚の捏造事件はその典型的な事例だろう．

　さらに，この再プログラミングの技術の限界がまだどこにあるかということを誰も知らないことも研究者には魅力である．おそらくiPS細胞研究者は，皮膚細胞が全能細胞(人になる細胞)へさらに引き戻されるということを発見するだろう．またヒトiPS細胞が，もしほんとうに万能性であるならば，ヒト生殖細胞を生み出すことができ，そこから胚を作成することも可能だろう．結局，人間は胚または全能細胞を作製してよいのかどうかという問いに至るのである．

　まさに，生殖技術の進展と共に，オルダス・ハックスリーがいうような「すばらしい新世界」の只中にわれわれはいるのかも知れない．われわれは，プロメテウス(先に考える男)のように，慎重に思慮し，新しい技術がもたらす倫理・社会面での問題を予測し，法的にも整備していくことこそが早急に必要である．せっかく開発した技術を，パンドラの箱のようにしないためにも．　　　［盛永審一郎］

【参考文献】
[1]　　オルダス・ハックスリー，村松達雄訳『すばらしい新世界』講談社文庫，1974．

6. エンハンスメント

　集中力を増すためにコーヒーを飲む，視力を良くするためにレーザー治療を受ける，軽い抑鬱を薬で改善し性格を明るくする——こうしたことは，すべて「エンハンスメント」と呼ばれる．エンハンスメントは素晴らしい社会をもたらしてくれそうに見える．ただし，倫理的な問題もはらんでいる．

●**分類と背景**　エンハンスメント（enhancement）とは英語で「高めること」を意味するが，生命倫理では，健康の回復や維持のための治療をこえて，能力や機能を高めることを目的に心身に医学的に介入することを意味し，「増強的介入」等と訳される．方法は，薬物・外科手術・遺伝子操作などの「技術的介入」による．

　エンハンスメントは，手段の観点から，外科的・薬理学的・遺伝子・サイバネティックスと四つに分類される．外科的エンハンスメントの例は美容外科手術であり，薬理学的なものの例はスポーツでのドーピングである．遺伝子エンハンスメントは，遺伝子を操作して親の望む容貌・知能等を備えた子どもを産む「デザイナー・ベイビー」が一例である．失われた脚に高性能の義肢をつけて並外れた能力を発揮させることは，サイバネティックスエンハンスメントである．さらに，エンハンスメントはその対象の観点から，身体的・精神的エンハンスメントと二つに分けられる．身体的エンハンスメントの典型的な例は，上述の高性能義肢である．精神的エンハンスメントは，さらに情動・認知エンハンスメントと二つに分類される．米国の抗鬱薬にプロザックがあるが，軽い抑鬱状態を改善し積極的な性格にしてくれるので「ライフスタイル・ドラッグ（生活様式改善薬）」としても用いられる．これは薬物による情動エンハンスメントの例である．同様に，米国で注意欠陥多動性障害（ADHD）に対して処方されるリタリンという薬は，集中力などを高めるので「スマートドラッグ」として試験前の学生に用いられたりする．これは認知エンハンスメントである．（以上の分類は，虫明「脳と倫理」から．）

　こうしたことは，工学的医学的技術の向上とともに起こってきたが，病気と健康の境界が連続的であることも関係している．それに対応して治療とエンハンスメントの境界も曖昧である．治療は，低下した身体的・精神的機能や能力を正常な状態（標準）に戻すことを意味する．そうした機能や能力がすでに正常・健康であるにもかかわらずそれ以上に高めるのが，エンハンスメントである．だが，アンチエージング（老化防止）は，治療，エンハンスメント，予防のどれだろうか．予防は，治療，エンハンスメントのどちらだろうか．そのグレーゾーンゆえに，技術が本来の目的を超えてエンハンスメント的に用いられることもある．下垂体性小人症等に投与される成長ホルモンは，身長を伸ばすだけではなく，筋力を増

強し肌の質を高めたりするため，健康人を対象としたビジネスにすでに用いられている．こうしたグレーゾーンは，エンハンスメントの野放しに繋がりかねない．

それでも，エンハンスメントは不自然だと反対する者は多い．背景には，人間には神の摂理ともいえる本来的なあり方（人間性・自然性）があり，エンハンスメントはその人間的条件を変える逸脱行為であるとみる自然主義と，人類の歴史とは自然の制約を脱却することであり，病気や障害を治すことと同様エンハンスメントで人間を改造することもその延長線上にあるとする人為主義の対立がある．

●**倫理的問題**　エンハンスメントに関わる倫理的問題は，多数指摘されている．オリンピック競技でドーピングしたり高機能の義足で競争すれば競技の正当性が問われるように，エンハンスメントは「公正さ」を損なうとされる．また個人の能力の向上は努力して手に入れるものとされるが，エンハンスメントで簡単に能力増進が望めるとなると，「努力」や「忍耐」といった人間的な価値を失うだろう．

薬物によって精神的エンハンスメントが行われれば，人格や知性の「真正性」が問題になろう．この問題は，「人間の本性」とは何なのかという問題と切り離せない．この「本性」の観点は，自然主義者が「永遠の本質」のような形で最後の砦にするものである．しかし，人間性の拡大・増強とは何を意味するのだろうか．人間は，農業技術，交通機関，顕微鏡等を通して行動力や能力を改善し増強してきた．エンハンスメントはこうしたことと異なるのか．改善や変化ということをのがれる「人間本性」とは何だろうか．これは「標準とは何か」の問題に関連している．

自然主義者がエンハンスメントを批判する時に依拠するのは「自然さ」である．「自然さ」とは何だろうか．倫理学では「である（事実）」から「すべき（義務）」は生じないとされる．「できる」から「すべき」も導かれない．ラザニアが作れるからといって，ラザニアを作るべきだとはいえない．しかし，「できる」ことは「べき」の選択肢を与えてくれる．「ラザニアが作れる」「かつ丼が作れる」ことは「ラザニアにすべきか，かつ丼にすべきか」という選択肢を与えてくれる．「すべき」の境界を決めるのは「できる」であろう．エンハンスメントはわれわれの能力を拡大してくれるが，それは倫理的選択肢が増えることを意味するだろう．そうした倫理的選択肢が増えることが改善を意味し，人間性というものが動的であることを認めるならば，エンハンスメントをどこで止めるかの議論は人間性にどのような倫理を認めるかの議論と切り離せない．「自然さ」「出生のもつ偶然性」を強調し，それが親子関係に重要であり，われわれの自由や倫理観の基盤をなすと主張する論者（例えばハバーマス）もいる．しかし，上述したような「改善する人間性」や「動的な倫理観」という観点を排除するのに，この主張は十分なのであろうか．　　［石田安実］

【参考文献】
[1]　松田純「エンハンスメントと＜人間の弱さ＞の価値」上田昌文・渡部麻衣子編『エンハンスメント論争―身体・精神の増強と先端科学技術』社会評論社，2008.
[2]　虫明茂「脳と倫理」霜田求・虫明茂編『先端医療』（シリーズ生命倫理学第 12 巻）丸善出版，2012.

7. 医師の役割と職業倫理

　医師の職業倫理とは，医師の役割のあり方を規定し，職務上の義務を指定する．「倫理規範」とも呼ばれる．医師の倫理規範とはどのようなものだろうか．

　倫理は法ではない．ではどう違うのだろうか．法は，多くの場合，成文化されているが，倫理規範は必ずしもそうではない．法は多くは人の外的行為を規制するが，倫理は人々の内面的な行動基準や心のありようを規定する（赤信号で渡るかどうかは法（道路交通法）の問題だが，渡ろうとする瞬間，近くに小さな子どもがいて，その子の目の前で渡るかどうかは倫理の問題であろう）．法は，国家や組織による（時には罰則を伴う）強制的な規制力の働きかけであることが多いが，倫理の場合，各人の判断に期待される．たしかに，倫理はたいてい各人の自発的な判断に任されるが，しかし，職務の倫理的あり方が「各自の自発性に任される」という緩いあり方では好ましくない職種が存在する．医師もその一つである．医師の倫理規範には，職業倫理としての行動指針（ガイドライン）が比較的明確に示されてきた．

●**医師の倫理**　病から逃れたいというのが人間の願いである以上，それを治す「医」の行為は人類と同じ長さの歴史をもつだろう．祈祷や薬草を用いた「healer（治療師）」は非常に早くから現れ，一説では紀元前2700年には手術さえも古代エジプトで行われたという．そうした治療や医術の知識は，専門的な職能者を形作っていった．医術が専門性を帯びると，その倫理性に強く配慮する者も現れた．それまでの医術を呪術や宗教から切り離し，「医学の父」と呼ばれたヒポクラテスである．ヒポクラテスの「誓い」は，医の倫理上の心得を示すとされ，現代に至るまで大きな影響を及ぼしている．しかし，そこに表された医師-患者関係はパターナリスティックなものであった．それは，患者への情報開示が説かれだした18世紀から20世紀になっても変わらなかったと言える．医師が専門家集団となったが，その集団の職業倫理はそれを構成する医師中心のものであり，パターナリズムがその倫理として実践された．それが，第二次大戦後に大きく変質した．

●**世界の流れ**　大戦中になされたナチスドイツの医師達によるさまざまな残虐行為への反省から，1947年に「ニュルンベルク綱領」が示され，48年には世界医師会が「ジュネーブ宣言」を出した．これらにおいては，戦争犯罪への反省から「患者の権利」や「人道」が強調された．世界医師会は1949年には「医の国際倫理綱領」を採択し，何度かの修正を経て，現代に至るまで医師の倫理規範の基礎とされてきた．これは，患者の権利確立の流れを受けて世界規模で患者の権利を体系的包括的に明確化する意図をもっていた．「医師の一般義務」「患者に対する医師の義務」「同僚医師に対する義務」の3節によって，医師の義務が示されている．

医師中心医療から患者中心医療への転換は，世界医師会による1975年の「ヘルシンキ宣言」，81年の「リスボン宣言」で医師の遵守すべき倫理として世界中に受け止められた．医師は医療行為の主体ではなく，むしろ患者の自律性に基づく諸権利を行使できるよう支援する存在として役割が規定され，患者のインフォームド・コンセントの権利も明示された．

●**日本の動き**　日本では，1949年の「医の国際倫理綱領」を受けて，1951年に日本医師会が「医師の倫理」という名で倫理綱領を出したが，これは前者と比較するときわめて保守的で医師よりの倫理規範であったと言える．主治医がすでにいる患者を無断で診察するのは不徳だとか，みだりに無料診察してはいけないなどと記された．1990年の半ばから患者中心の倫理への関心が高まり，96年，日本医師会は第Ⅳ次生命倫理懇談会「『医師に求められる社会的責任』についての報告」で新たな方向性を示し，2000年には，「医師の倫理」を改訂した「医の倫理綱領」を採択，旧来の見方を大幅に変えた．さらに，2004年に「医師の職業倫理指針」を策定，08年，11年の改訂を経て現在に至る．その改訂版には，第1章「医師の責務」に，「医師の基本的責務」「患者に対する責務」「医師相互間の責務」「医師以外の関係者との関係」「社会に対する責務」が挙げられ，「患者に対する責務」には多くの頁がさかれている．だが，「倫理指針」とされながら，その作成作業メンバーに倫理学者はおらず，ここにも，日本での規範や倫理指針がむしろ法を意識したものという性格が現れている．そもそも，医師会というのは任意加入であり，加入率は6割程度である．これは，欧米諸国が加入が強制的であったり，処罰制度をもっていたり，さらに現代的な倫理問題に関して迅速に対応しようとする組織を備えているのと比べても，緩いシステムと言わざるを得ない．日本では，法的処分は厚生労働省が受けもつが，倫理規定を引受けるものが公にはない．こうした点でも，日本における医師の職業倫理の制度化の遅れは批判されることが多い．

●**日本の医師の法的役割**　日本で法的に医師の役割がどう規定されているか，重要なものを挙げる．医師は単に患者の病を治療すればよいように取られがちだが，医師法第1条では，治療のみならず，保健指導や公衆衛生の向上・増進も医師の職務とされている．医師でない者が「医師」の名称を用いることは禁じられ（名称独占），医師のみが医業をなすことが許される（業務独占）が，これは，専門的な知識と技術を持たない者が患者を危機にさらすことがないようにとの患者保護を表すとされる．第19条には，医療行為の求めがあった時には，正当な理由なしにはそれを拒むことができないこと（応召義務）が規定される．このように，法的には最低限の義務が示されてはいるが，これからの課題は，倫理の重要な原則を，どう医師全般に及ぶように倫理規範の中に入れていくかであろう．［石田安実］

【参考文献】
[1]　「ジュネーブ宣言」「ヘルシンキ宣言」「リスボン宣言」「医の国際倫理綱領」は，日本語訳ですべて日本医師会のHPで読むことができる（http://www.med.or.jp/wma/）．

コラム

ニコラス・ローズ『生命それ自体の政治』
Nikolas Rose: *The Politics of Life Itself*, Princeton U.P., 2007

　ニコラス・ローズ (1947〜) は，英国の社会学者．キングス・カレッジ・ロンドンの社会保健医学教授．ゴールドスミス・カレッジ社会学部教授，ロンドン・スクール・オブ・エコノミクス社会学部教授を経て，2012年1月から現職．生物学，心理学，社会学を学んだ．フーコーの著作によって影響を受けた研究者の国際ネットワークを創設したり，フーコーの著作の編集者でもある．彼の著作は世界各国語に翻訳されている．ナフィールド生命倫理協議会委員．彼の兄弟スティーブン・ローズは著名な脳科学者．

　ローズは，この著作で，「生命倫理は，生命とその管理の問題を取り扱うところで，女性の自己決定権を守るのではなくて，逆に研究者を護る装置として働く危険がある」と指摘している．さらに，ローズは「マックス・ウエーバーがプロテスタントの倫理と初期の資本主義の精神の間に選択的親和関係を見つけたように，現代の身体の倫理と生資本主義の精神の間に選択的親和関係がある」と指摘する．

　ローズは現代のバイオポリティックスはこれまでのものとは異なるとして，その新規さを以下のように述べている．「現代のバイオポリティックスはむしろ異なる様相を示している．病気と健康の両極によって限界づけられていないし，国の運命を守るために，異常を除去することに焦点を合わせていない．むしろ，バイオポリティックスは，生命の被造物としての人間の生命能力そのものをコントロールし，管理し，操作し，立て直し，調整するという増大するわれわれの能力と関わっている．それは，生命そのものの政治であると，私は思う」．現代のバイオポリティックスは，「誰を生かしたままにしておくか，誰を死ぬに任せるか」という受動的生の管理から，「誰を生かさせるか，死の中へ廃棄するか」という積極的・能動的に生をコントロールすることへ変遷したということである．それはフーコーやアガンベンが指摘していたこと，「政治的技術（国家が個人の自然的な生への配慮を引き受けて国家のうちへと統合する）と主体化（個人が自分を自分の同一性と意識に結びつけ，また自分を外的な制御の権力に結びつける）」のことである．

　ローズは，この新しい生-権力の道具として医療技術を取り上げ，「現代の医療技術は，病気を治療することを求めないで，身体と精神の生命の過程をコントロールすることを求める」と指摘している．そしてそれを説明するために，21世紀の生-政治を分析し，重要な変化が同定される五つの観点，分子化，最適化，主体化，専門的技術，生-経済（生資本）を取り上げ論じていく．こうして，「健康は，自己や他人にとって，生きた身体の生命力や潜在性を最大にすることの命法として理解されて，現代の倫理レジームの鍵要素になり」，「身体の倫理と生資本は，誕生以来ともにドッキングした」というのである． 　　［盛永審一郎］

第5章

性と愛と家族の倫理

　性や愛や家族の領域は市場のメカニズムに侵されていない領域，侵されてはならない領域，プライベートな領域というイメージがあった．今でもそう考える人はいるだろう．だが，性や愛や家族に関する多くの事柄が，今では市場や政治や社会制度との関係の中で考察されるようになっている．さまざまな倫理的問題がそこに凝縮されているとすら言われる．政治との関連で言えば，例えば同性愛，同性婚の問題は広がりが大きい．同性愛，同性婚を許すかどうかは個人的な趣味，公権が介入すべきではないプライベートな領域の問題として取り扱うことは難しい．ここからわかるのは，趣味の領域，プライベートな領域と思われていたことも，社会からそのようなものとして構成されたものだということである．きわめて個人的なものだと思われる出産にしても，科学技術・医療技術の急速な発達，市民社会や社会制度の変化等々のために，大きな政治的問題，倫理的問題になっている．

［浅見昇吾］

1. 家族のあり方と結婚制度

　私たちは現在，自分にとって家族関係はきわめて大切なものであり，他の人間関係と比較した場合，なかば特権的なものだと考えている．家族関係は，その私秘的な性格からしばしば親密圏とも呼ばれ，社会という開かれた公共圏と対比されることもある．しかし，親密な家族というイメージは，比較的新しく近代において言説を通して形成されたものであることには留意すべきであろう．しかも，戦後日本社会において核家族化が進行することによって，そのイメージは強化されてきた．したがって，そうしたイメージを過度に本来的なものとして捉えることには注意が必要である．逆にいえば，そうした親密な家族という理想のもと近代以降の社会の基礎単位とされた家族が，流動化や個人化が進む現代社会のなかで，さまざまな点でその理想から乖離していく場面において，応用倫理学が考える問題が浮上しつつある．

●**家族における主婦**　近代日本では，家族の中で男性は生産を，女性は（家族の）再生産を，という役割分担がなされ，女性の居場所は家の内部とされた．だが，現代日本においては，パートを含めた兼業主婦のほうが，専業主婦よりも割合が多く，働くことは主婦の一般的なあり方となっている．そのように社会で活動することで，女性が社会的に承認され，そのことによって自ら働く自己を再認識し，社会へ繋がる機会が生まれることにもなる．また，世間でも，ジェンダーごとに固定された近代的な役割分担を超え，主婦ではなく主夫という存在もありうることも，広く理解されるようになった（第5章4．参照）．

　だが，近年の出生率の低下といった現象に対し，働く主婦の増加がその「原因」として挙げられることがある．果たして，それは正しい議論なのだろうか．一見すると，両者は原因—結果の関係のように思えるが必ずしも単純な相関関係にあるのではなく，またそれは解決法の存在しないジレンマでもない．もし，それがジレンマにみえるとすれば，出産から子育てという一連の役割を一括して女性に背負わせ，主婦を家庭内にとどめようとする枠組みからいまだ脱していないことのあらわれであろう．子育てをいかに社会全体で担うか，またそのための制度（男女を問わない現実的な育休取得など）やインフラをどう整えるべきか．考えるべきことは，問題をジレンマにせず，いかに社会的に解決すべきかということである．

●**親になることと老いること**　だが，出生率の低下という事柄自体は，倫理的に考えるべき主題である．社会は，私たちに子を産み，親となるよう強く期待する．だが，産まなければならない「義務」はあるのだろうか．もちろん，社会が少子化・高齢化することは，若年層の負担増，労働人口割合の低下など，さまざまな問題

をもたらす．だが，私たちは，社会のために子を産むのだろうか．そうした考え方は，カントが批判する「人格の手段化」の一種であろう．親になるかどうかは，自己決定の範疇に属することだろうし，また，産む目的を社会化することは，産まないのではなく多様な理由から産めない人がいることを不当に無視している．

だが，社会が維持できなくなるほどの大多数が，産まないという「自由な」選択をしたらどうなるか．倫理的に考えるべきジレンマは，むしろそこにこそあるだろう．もちろん，そのジレンマを考察する際，「子どもがいることが理想だ」という恣意的な理想の家族像をこっそりもち込み，それを根拠に考えることは慎まねばならない．しかし，こうした問いを考えることで，私たちは，公共的な社会というものが，私秘的な家族内において子どもが誕生するという出来事に起因する，偶発的な成り立ちをしていることに気がつかされよう．

また，私たちは家族を，若い両親とその子という核家族のみをモデルに考えるのは不適切である．祖父母と同居する家族というあり方，あるいは，互いが高齢となった夫婦．そうした「老い」のある光景もまた，家族のあり方である．社会の高齢化が進むとともに，高齢者介護が社会の課題となったが，暗黙のうちに，その介護は家族が担うのが前提とされてきた．しかし，そこに問題はないのだろうか．そうした前提は，介護を家庭内に過度に押しこめ，介護の諸問題を社会から隠蔽してきた．高齢の相手を同じく高齢者の配偶者が介護する老老問題などは，その例である．高齢者の介護を，社会の中で，誰がどこまでシェアするのかは，現代日本社会の喫緊の課題であろう．だが，そのとき同時に注意すべきことは，老いを「悪しき不幸」だと捉えないことである．老いとは，衰えることではなく，それまでとは違う生のあり方へとゆるやかに変わることである．そう捉えることで，長い人生における新しい「よき生」の可能性がみえてくるだろう．

●**結婚という制度**　家族を家族たらしめるのは，結婚である．だが，この結婚には，二つの側面があることに注意しよう．一方は，戸籍上の社会的な契約という側面，もう一方は，愛情によって結ばれるという感情的側面である．しかし，後者の愛という感情は，相手を尊敬し尊重しようとするだけでなく，相手にたえず自分が，自分だけが承認されたいという欲求や，相手との関係性を占有したいという排他的欲求へも転化しうる．また，そうした欲求によって相手を縛り，相手を支配するような構造が継続すると，それは相手に対する精神的な暴力（時には肉体的な暴力にも）となるだろう．では，愛情の有無を度外視し，契約関係のみで結婚を理解すべきなのだろうか．しかし，それでは，長年一緒に生活（性生活を含め）するという結婚の生活の実相を取り逃がしかねない．「幸福」な結婚とは何なのか，どのようにすればそれは実現できるのか．「結婚は人生の墓場」とはボードレールの言葉だとされるが，そうした諦めにとどまることなく結婚を考えることは，「幸福」という倫理学古来の根本問題への入り口である．　　　　　［佐藤啓介］

2. 宗教と家族制度

　日本社会では，近世に成立した檀家制度のもと，血縁と地縁，イエとサトが，寺という結節点によって結ばれて形成されていた．儒教文化圏の男系親族原理にモデルをもつイエ制度は，先祖への崇敬や祭祀などの宗教性を内包させていた．こうして，家族制度と宗教は，互いを支えあう関係にあり，またその関係をもとに，さまざまな社会的規範が形成されていた．だが，近代において，明治政府の宗教政策によって，檀家制度はその政治的強制力を失う．もっとも，表面上はその力が弱まったかに見えるとはいえ，依然として，イエをめぐるその基底的な影響力は無視できない．また，檀家制度が家族制度を維持する力は，近代以降登場する各種の新宗教においても，緩やかに継承されている例が多くみられる．

　他方，巨大に組織化した新宗教集団の場合，旧来の檀家制度に由来する血縁・地縁を一度解体しつつも，家族を一つのコア単位としながら，教団指導者との関係をタテ線として，地域ごとに近い信者との関係をヨコ線として，教団の組織形成がなされている．こうした構造においては，コア単位としての家族に比較した場合，指導者とのタテ関係は擬似的な家族関係のような役割を果たし，地域信者集団とのヨコ関係は，旧来の地縁に近い役割を果たしている．だが，こうしたタテ－ヨコに構築される集団の中で，コアである家族は結束を高めること余儀なくされ，二世信者，三世信者に対する家族内での心理的重圧が，脱退をめぐる衝突をもたらす例も数多く報告されている．すなわち，「家族をつなぐ宗教的信念」と「子の信教の自由」とが激しく対立するのである．

●**現代の家族の変容**　戦後日本社会では，急速な核家族化が進み，それに伴うイエ制度の弱体化が起こった．これに伴い，先祖崇拝のあり方にも変容が起こった．依然として，盆・彼岸などの祭祀行為は行われ，墓参りに行く人々の割合は減っていないものの，その行為の内実に着目するならば，かつて重視されていた，数世代におよぶ先祖の系譜への崇拝に重きをおくあり方から，記憶と情愛の対象となるような，より近い家族・親族に対する追悼（近親追憶）に重きがおかれるようになった．例えば，世代間において墓を継承するのではなく，散骨や樹木葬など，墓石を建てないその場限りの葬送方法が登場したのは，そのわかりやすい例であろう．ここには，宗教的行為の脱イエ化と内家族化という動き，さらには，近親追憶さえ超えた脱家族化と個人化へ向かう動きがみられる．

　しかし，こうした家族制度と宗教の関係の変化は，そもそもなぜ先祖を供養し重んじるのか，そこに何らかの意味はあるのか，という問いをもたらし，価値観をゆさぶることとなった．さらには，現代日本における宗教的な動向自体が，教

団的宗教から，スピリチュアリティを重んじる個人同士の緩やかな連帯へ進むにつれ，家族制度が宗教の基盤である（またはその逆）という伝統的な価値観は，そのままでは支持できない状況にある．同時に，現代の応用倫理学が，主として他者危害の原則（ミル）に代表されるような「具体的な他者との関係」に焦点を当てる傾向がある中で，「先祖」のような存在が倫理的に配慮に値するものたりうるのかという問題も，改めて考えるべき問いとなるだろう．

　また，環境問題に対処する世代間倫理を考える際，しばしば世代間を超えた先行世代への「恩」に基づく責任概念が提唱されるが（例えば，シュレーダー＝フレチェット），そうした議論に対し，国内においては宗教者を中心に，先祖崇拝をモデルとすることで，世代間を超えた恩に対する一種の共同体主義的基礎づけが主張されることがある．だが，こうした主張も，家族制度と宗教の関係が変容するなかで，どこまで説得力を有するのか，再考せざるを得ないだろう．

●**家族と宗教の対立**　家族制度と宗教は，両者が鋭く対立する場合もある．例えば，原始仏教においては，その出世間的な傾向ゆえに，家族にさえも執着しないことが説かれ，キリスト教においても，情欲にとらわれるよりは結婚するほうがましだと説かれつつ，血縁よりも神との関係こそが重要なものとされ，そうした背景から，カトリック教会では現在でも聖職者の結婚は原則として認められていない．

　こうした家族と宗教の対立が現代社会で起こるとすれば，それはカルト宗教をめぐってである．核家族化によって家族が社会の最小単位になるなか，日本をはじめ先進国では，カルト宗教に入信した家族をいかに取り戻すかという脱カルト運動が行われている．だが，こうした場合に問われるのは，信仰という個人的信念を全面的に否定し，それを変更するよう強いることが，家族にどれだけ許されるか，という倫理的問題である．すなわち，家族という親密圏において，個人の信念に介入することが許されるとすれば，その条件は何かが問われることとなる．ましてや，入信した家族が悪しき行為をなしていない場合は特に，信念を抱いているということだけで非難に値するかどうかが問題となろう．こうした問題については，ロック以来の信教をめぐる寛容論が参照されるべきであるが，寛容論は一般に，公共的な社会を想定した議論であり，家族という親密圏にそのまま適用することが難しい．そして社会もまた，その親密圏への干渉を避ける傾向にあるため，家族とカルト宗教の対立と，それによって家族内に生じる苦しみは，社会の中で問題として表面化されないことが多い．

　宗教と家族制度の関係は，現代社会ではもはや自明ではなくなった．だが，それとともに，供養行為など，その結びつきが担ってきた社会的役割が解除され，担い手のない状態にある．その宙吊り状態をそのまま是とするのかどうかが，今，問われているのではなかろうか．

［佐藤啓介］

3. 性教育

　子どもたちに性について教えることには、どこまで必要なのか．性の低年齢化と性の商品化が進む現代社会において、「青少年の健全な育成」という旗印のもと、学校や家庭において、子どもたちへの性教育の必要性は高まっている．かつて、性は私的なものであり、学校教育はおろか家庭内ですら、その知識は、それを語る恥かしさとともに秘匿されてきたが、こうした状況は大きく変わりつつある．しかし、それをどこまで行うか、そしてどのように行うのがよいことなのか、そもそも「健全な育成」とは何を指すのか、という問いは、実践的な課題として親や教師たちに常につきまとう．こうした問題を考える場合、そもそも性教育は何のために行われるのかという目的から考えなければならないだろう．

　性教育の目的をめぐっては、大別すると二つの考え方がある．パターナリズム的な考え方と、自己決定論に基づく考え方である．そして、この考え方の分岐点となるのは、子どもをどこまで大人同様に扱うべきか、という問いである．

●**パターナリズムと性教育**　パターナリズムとは、「温情主義」「父権主義」と訳されることもあるが、「相手のためを思い、相手に代わって意思決定をすることは正当化される」と考える立場のことである．もちろん、その代理的意思決定の強制力の有無などによって立場はさらに細分される．このパターナリズムから性教育を考えるならば、性教育の目的とは、性の暴走や性行為を介した病気などから子どもを保護し、安全な生活を送れるようにすることだといえる．すなわち、子どもにはまだ大人ほどの十分な判断能力が備わっておらず、だからこそ、「～ならないように」大人が教育を通して代わって判断する、という構図がここにはある．子どもが生きる社会はどうしても限られ、おのずとその視野も限定されている．また、例えばインターネットなどを通して、子どもが自分で性の知識を得ようとしても、アダルトサイトへ没入するなど、その知識の獲得の仕方は欲望に駆られたものとなり、また、提示される情報の真偽を判断する能力にも欠くだろう．むしろ、性に対する偏向した知識が刷り込まれかねない．パターナリズム的性教育は、こうした子どもの判断能力の弱さを補う役割を果たす．

　しかし、この立場からの性教育は、ややもすれば、大人側の性やジェンダーに関する価値観を子どもに植えつけ、社会の中で固定化された性役割を再生産しかねない面がある．また、子どもは知らなくていいことだ、そんなことを子どもはしてはいけない、という「性のリスク」ばかりが脅しのように強調され、かつての純潔教育が反復されかねない．そこでは、子どもの保護が、伝統的な社会道徳の保護と一体となっており、時には後者が目的化している場合すらあろう．パター

ナリズム的な子どもの保護において見逃されがちなのは，性がもつ「豊かさ」ではないだろうか．性に伴う危険性の保護と同時に，子どもの現在の，そして将来の多様な性の可能性（その快楽も含めて）が前もって奪われ，生の多面性の切り詰めが起こるおそれがある．そうならないよう，すなわち，性教育にある種の（とりわけ男性の視線による）権力的な構造が介在していないか，常に考慮しなければなるまい．

●**自己決定論と性教育** 子どもを積極的に保護すべき対象と見なすのではなく，子どもにも自らの性に関して決定する権利があると認める立場から，性教育を行う考え方もある．ここでは，子ども自身が自らの性の主体として位置づけられ，大人に近い判断能力があること，ないし，教育を通してそうなることが期待されている．また，こうした立場からの性教育は同時に，性的マイノリティやトランスジェンダーの存在も含めて，ジェンダーの多様性を示し，自分らしい性や愛を生きることを自らが選択し，自己を選びとっていくよう，子どもたちに積極的に教える傾向をもつことが多い．

しかし，こうした性教育にも課題は残る．自らの納得できる性の自己決定は容易なことではなく，それは大人ですら同様である．そのため，その自己決定が招くリスクに対し，子どもに自己責任を求めることには，慎重な議論が求められよう．他方で，責任を求めないとするならば，それは性的欲望のある子どもの自由放任になりかねない．自己責任とは，起こってしまった望ましくない結果に対する責任のみならず，自らを律して行動する責任でもある．そのため，性の欲望のコントロールは，自己への責任と不可分であり，自己決定的性教育の考えるべき課題であろう．こうした問題と関連して，性の自己決定が子ども自身の身体とどのような関係にあるか，考慮しなければならない．身体の発育がおおむね終わった大人の場合，さまざまな性行為の結果，自らの身体にどのような影響が生じるのか，ある程度の予期ができる．他方，急激に身体が変化する青少年期の場合，自らの「成長した身体」がどのようなものになるか，前もって理解することは不可能である．そのため，身体が発育する前段階で，発育した後の自己について決定し，その責任を過度に子どもに求めるのは，選択の自由を与える前提である「公正に選択できる環境」が整っていないという意味で，不当な要求であろう．

このように考えるならば，性教育は，パターナリズムと自己決定論の双方を調整し，そのバランスを取りながら行われるほかないだろう．近年，性の多様性に対する教育に，過剰なバッシングがなされているが，実は，性教育は子どもだけが対象ではない．大人もまた，生涯を通じて性について学ぶ必要があるという視点を忘れてはならない．そうしたバッシングの背後にみえるのは，大人自身が，性についての固定化された知識や言説にとらわれ，自らの性の豊かさを学ぼうとしていない証拠ではなかろうか． ［佐藤啓介］

4. ジェンダー

ジェンダー(gender)とは，生物学的なオス，メスといった性(sex)のあり方とは区別された，文化的・社会的・心理的な性のあり方を指す．「男はこうあるべきだ」「女は女らしく」といった，現代社会でもいまだに言われる表現に象徴されるように，ジェンダーは，社会の中で作られ，人々に刷り込まれ，再生産されてきたものである．ジェンダーという性差は，セックスとは異なり，決して生得的なものでも，絶対的なものでもない．ボーヴォワール『第二の性』(1949)のなかの一節「人は女に生まれるのではない，女になるのだ」という言葉は，こうした考えを端的に表現している．にもかかわらず，特に，ジェンダーによって期待される「役割」は，社会と密接な関係をもち，社会とジェンダーが共犯関係のように相互に支えあい続ける構造になっている．こうした構造を批判しつつ，いかに個人がジェンダーに縛られない自分らしい性を送るか．そうした視点が，ジェンダーをめぐる倫理学の基本的な視座である．

ジェンダーの倫理学をめぐっては，20世紀，女性学の分野から研究が始まったが，女性をめぐる倫理学と同一視するのはふさわしくない．男という性もまたジェンダーであることは言うまでもない．また，自らをどのような性と認識するか(ジェンダーアイデンティティ)という視点でみるなら，生物学的・身体的な性と社会的性とが不一致な状態にあるトランスジェンダーというあり方も存在するし，男と女というジェンダーの関係を「愛」という視点でみるなら，異性愛的関係のみならず，同性愛的・両性愛的関係もありうる．そうしたジェンダーの「多様性」を豊かな可能性として認めることが重要である．

●セックスとジェンダー，差別と区別　こうしたジェンダー概念に対しては，二つの大きな問題が向けられてきた．第一に，ジェンダーは本当にセックスと無縁なのか．第二に，ジェンダー役割は，不当な「差別」ではなく，合理的な「区別」と考えられないのか，という問題である．

たしかに，身体的に人間(そして大半の動物)は男と女の二つのカテゴリーに分けられるという考えは，自然であるように思われる．特に生殖という点で，その差は明瞭にも思える．だが，その差の根拠となっていると思われる性染色体や男性／女性ホルモンは，必ずしも厳然と二つの性を分けているわけではなく，その点で，両極端の間は徐々に変化する「グラデーション」だと理解すべきであろう．何より，倫理学が問わねばならないのは，それらの要素を，差異の決定的な指標とする正当な根拠があるかどうかであり，それを決定的な指標としようとする，時に科学的な装いをした言説それ自体が，ジェンダーから決して自由ではないこ

とに注意しよう．

　また，それでも男女の身体的差異はあるのだから，一方を差別するのではなく，また，両者の差異を一切残さず平等化するのでもなく，両者を区別することは根拠がある，とする主張もある．男性には男性の，女性には女性の「固有の特性」があるのだから，それは認めよう，とする議論である．だが，こうした議論は，その見かけ上の人間尊重の姿勢とは裏腹に，ジェンダーとしての性の「社会的非対称」を隠蔽してしまう．これまでも，そして今でも，性の区別は，断じて無色の分割ではない．そこには，社会的地位・経済状況・教育その他多岐にわたる階層化が入り込んでいる．つまり，「単なる区別である」という主張自体が，社会においては，男性上位の階層化を支える役割を果たしてしまうのである．

　ただし，私たち人間には，性に由来する無数の欲望があることも直視しなければならない．例えば，性行為によって得られる喜びなど，性は，消しがたく自らの生の一部となっている．だが，重要なのは，こうした欲望をもとに，性を生物学的本能やセックスへと再び還流させるのではなく，そうした欲望自体が，ジェンダーによって強く形成されていることを示すことであろう．

●ジェンダーフリー社会　ジェンダーの理解は現代日本でも広まり，少しずつではあるが，ジェンダーの役割に縛られない社会，ジェンダーフリー社会を目指そうとする機運が高まっている．その現れは，1999年6月に制定された「男女共同参画社会基本法」であり，ここでは「男女が，社会の対等な構成員として，自らの意思によって社会のあらゆる分野における活動に参画する機会が確保され，もって男女が均等に政治的，経済的，社会的及び文化的利益を享受することができ，かつ，共に責任を担うべき社会」(第2条)を目指すことが定められている．ここでは「機会の均等」が目標とされており，ポジティブ・アクション(女性の積極的活躍推進)のような，格差の実質的な平等，「結果の平等」が第一の目標とはされていない．しかし，厚生労働省は2012年，「『女性の活躍促進による経済活性化』行動計画」(通称「働く『なでしこ』大作戦」)を提言し，企業におけるポジティヴ・アクションを視野に入れた政策を打ち出している．ジェンダーに限らず，結果の平等か，機会の平等か，という問題は，現実の状況に則して考えられるべきであり，それはまた応用倫理学における典型的問題である．

　ただし，ジェンダーフリー社会といっても，性に関する差異をすべて抹消する社会ではない．それは性の多様性，しかも個人間の多様性だけでなく，個人内での多様性をも認める社会である．こうした社会の中で，子を産むことができてそれを選ぶ人が産み，子を育てられる人が育て，パートナーとともに性的快楽を自分たちなりに享受していく．この生のなかで，性役割が固定されていないかどうか，その役割は本当に不可避的なのか，つねにそうした視点が求められている．

〔佐藤啓介〕

5. 異性愛・同性愛

　2013年4月，フランスはそれまでのいわゆる PACS（市民連帯協約）に加えて，同性のカップルに「婚姻」関係を結ぶことを認め，養子縁組に関する権利などを与える，いわゆる「同性婚」法案を可決した．すでにそうした法案はオランダ，ベルギーなどや米国の一部の州で成立しているが，フランスでは国論を二分する大議論となり，法案可決後も反対派の激しい抗議デモが繰り広げられた．

　同性婚の是非がこれほど激しい議論を巻き起こす背景には，私たちの生きている近代社会に，結婚を異性愛と結びつける強固な観念が，未だ根を張り巡らせている，という事実がある．しかし，同性婚を法制化しようとする動きそのものも，ややもすれば「異性愛中心主義」的なイデオロギーの内部にあって，それを補完する役割を果たすことになっているのかもしれない．つまり，たんなるパートナー関係の権利を家族と同等のものとして認める，という法案から一歩踏み込んで「親子関係」の基盤としての同性カップルの権利を公的に保護する，という立場には「結婚＝愛」というロマンティックな性愛神話を超えた，一対の排他的な男女間による「結婚＝生殖と養育」という生活形式の「反復」が明らかに見て取れるのである．ここには同性愛という愛の形式が，典型的な異性愛の物語に沿って受容され，社会の中に組み込まれていく方向性が隠されているように思われる．

●「クィア」としての性　しかし，私たちが「同性愛」という観念のもとに理解しようとしている性愛のかたちが決して一様ではなく，多様性をはらんでいることを忘れてはならない．非異性愛者の中には両性愛者も含まれるし，必ずしも性愛の対象が同性ではない人々，すなわち異性装者や，性同一性障害などの理由でジェンダーアイデンティティの変更を望む者などもいる．これらの性的マイノリティを総称した「LGBT」（レズビアン／ゲイ／バイセクシュアル／トランスジェンダー）などの呼び方も広がっている．

　このように，異性愛／同性愛という二元的枠組みにとらわれず，多様な性的アイデンティティの存在を認めて，そうした人々が抑圧される社会の構造に光を当てるのが1990年代に現れた「クィア理論」である．1980年代までに，フェミニズム隆盛に後押しされて進んで来た「ジェンダー研究」は，性を社会的に意味づけられ構築された役割と嗜好のレベルにおいて捉える一方で，セクシュアリティそのものを生物学的な決定論にいわば預けたまま，その多様性を規範化し，囲い込んでしまう陥穽に直面していた．すなわち，カミングアウトとその承認によって，同性愛者の権利が保証されると同時に，異性愛者中心的価値観が温存され，強化されるという矛盾である．

これに対してクィアの立場は，もともとは侮蔑語として用いられていた「queer」(奇妙な，変な)という語を逆手に取ってキーワードにすることで，そうした多様性を生きる当事者の性向をありのままに肯定し，特定のジェンダー・アイデンティティに還元されないような仕方で，性的マイノリティに連帯の可能性を拓こうとするものである．むろん「連帯」を標榜すれば必ずやそこにアイデンティティの固定化が始まることは避けられないが，クィアはアイデンティティへの収斂を「攪乱する」運動である．すなわち「クィア」なるものは，そもそも規範的なジェンダー・タイプに対する逸脱を同定する概念ではなく，むしろ「セクシュアリティ」と呼ばれているものそれ自体を「奇妙さ」としてあぶり出し，脱神話化する戦略語と考えるべきだろう．

それゆえ，「クィア的な何か」がステレオタイプ化し，文化表象として消費されることは，クィア本来の狙うところではない．例えば現代日本の芸能界で「オネエ系」と呼ばれるタレントが重用されるのは，そうした存在が既成の性観念を攪乱しているように見えて，実は異性愛中心的な思考をむしろ補完する「ルアー」として機能するからに他ならないのである．

●**セクシュアリティから始まる〈倫理〉**　「性的であること」は，おそらく多くの人間にとって本来「やっかいな」事柄なのではないだろうか．「性の解放」という観念からすれば，それらは何ら恥ずべきことでもなく，ありのままに認められ，語られ，表現されるべきものであるのかもしれない．しかし，実際のところ，性は自己の謎めいた声に出会う場所であり，また身体的な感受性が最もその意味から疎外されて露出される時間でもある．人が性に向き合って恥じらいや戸惑いを覚えるのは，決して規範的な刷り込みのみによるのではなく，規範以前の何らか始源的なものを，そこで「取り逃がす」からなのかもしれない．

セクシュアリティから出発する「倫理」があるとすれば，それはたんに他者の性に対する「寛容」にとどまらず，そこにある種の「慎ましさ」を重ねることではないか，と筆者は考えている．寛容のリベラリズムは，相手の性的アイデンティティが一定の仕方で暴露されることを前提にする正義の倫理である．それに対して「慎ましさ」は相手自身の自己の性に対する態度を尊重するケア的な応答である．性とはその人固有の「傷つきやすさ」であり，その人自身に仕掛けられた存在の謎であり，それゆえに「その人自身の尊厳」に出会う場所なのである．

そしてもちろんそれは「異性愛」という規範の内部においても同様であるといえよう．性愛はその根本に，存在の神秘への通路を秘めている．しかしそれは快楽と痛みの接合する脆弱な境界面であるがゆえに，暴力の顕現にさらされやすいことを，忘れてはなるまい．　　　　　　　　　　　　　　　　［﨑川　修］

【参考文献】
[1] ジュディス・バトラー, 竹村和子訳『ジェンダー・トラブル―フェミニズムとアイデンティティの攪乱』青土社，1999.

6. リプロダクティブ・ヘルス／ライツ

「性と生殖に関する健康／権利」などと訳される．1994年にエジプト・カイロ市で開催された国連の国際人口開発会議（International Conference on Population and Development）では，参加した179か国の合意のもとに「行動計画（Programme of Action）」（国連文書 A/CONF.171/13/Rev.1）が採択された．リプロダクティブ・ヘルス／ライツ（reproductive health/rights）はその中で提唱された概念である．リプロダクティブ・ヘルスは「生殖器系とその機能および作用に関連したすべての事柄において，たんに病気や欠陥がないだけでなく，身体的，精神的，社会的に完全に健全な状態」と定義される（同計画 ch.VII 7.2）．またリプロダクティブ・ライツについては，すべてのカップルと個人に「子どもの数，間隔，時期を自由にかつ責任をもって決め，またそのための情報と手段を得る基本的権利」があると記されている（ch.VII 7.3）．同じ文言は翌1995年に中国・北京で開催された国連の第四回世界女性会議の「北京宣言と行動綱領」（国連文書 DPI/176/Wom）の中でも繰り返されている（94, 95）．

「行動計画」では，すべての国で遅くとも2015年までに適当な年齢にあるすべての個人のリプロダクティブ・ヘルスが実現されるべきだとされ，各国に政策上の取り組みが要請された．具体的な目標としては，家族計画のための情報と手段の提供，HIV/AIDSを含む性感染症の予防および治療のためのプログラムの実施，男女間の平等を実現するための教育や制度の確立などが挙げられている．さらに，性と健康に関わるさまざまなリスクにさらされる思春期の個人については，特別な支援の必要性が強調された（行動計画 ch.VII）．

●**倫理的また政策的な論点**　倫理的また政策上の議論を招きうる点としては，まずリプロダクティブ・ヘルスの実現と維持に必要とされる男女間の平等の理念がときとして地域の伝統文化と衝突しうることが挙げられる．例えばソマリアやジブチ共和国などのアフリカの国々には女子割礼の伝統がある．すなわち，生まれてすぐの女児や結婚前の女子の外性器を切除する，あるいは縫い閉じるといったことがなされてきた．「行動計画」は健康上のリスクを伴うだけでなく，女性の権利を侵害するとして，各国政府に女子割礼を止めさせるよう呼びかけている（ch.VII 7.40）．

また，人口の増減は国の経済に影響を及ぼすうえ，福祉や食料に関わって問題を招きうる．そのため自由な家族計画を個人の権利とすることは，人口を調整することにある各国の利益と衝突しうる．例えば中国の一人っ子政策が個人のリプロダクティブ・ライツに抵触することは明らかである．

さらに，特に難しい問題としては，家族計画のために個人が利用することを保障されるべき手段の中に，避妊薬や人工妊娠中絶あるいは各種の生殖補助医療（不妊治療）まで含まれると考えるべきかという問題がある．「行動計画」が準備される段階では，特に中絶をここに含めることに一部のカトリック諸国が強く反対した．最終的な「行動計画」は中絶に関して，家族計画の手段としては推奨されないこと，是非はそれぞれの国と地域の法制に委ねられること，違法とされない地域では安全になされるべきことなどが述べられるに留まっている（ch.VIII 8.25）．

●**中絶と生殖補助医療に関する国内の政策**　日本の刑法（29章212-6条）には「堕胎の罪」が定められている．女性，医師，助産師，薬剤師，医薬品販売業者が懲罰の対象である．一方で，母体保護法（第14条）は，女性とその配偶者がともに中絶に同意していることを前提に，「身体的又は経済的理由により母体の健康を著しく害するおそれのある」場合と，妊娠がレイプによる場合は，例外的に中絶を行うことが許されるとしている．純粋に子どもの数，間隔，時期に関するカップルの家族計画と一致しないという理由から中絶を行うことは法的に認められていない．

　ただし現実には国内の中絶件数は決して少なくない．平成23年度の政府統計（「衛生行政報告例」第64表）によれば，年間20万件を超える人工妊娠中絶が行われている．このうち99.9％以上は法に抵触しない「母体の健康への害」を理由に届け出がなされているが，現実には，母体への害とは関わりのない家族計画を理由とするケースや，出生前診断で胎児に先天性疾患が見つかった場合の選択的中絶など，さまざまな場合がここには含まれているものと予想される．

　生殖補助医療に関しては国内では立法が進んでおらず，政府や学会の発表した各種のガイドラインが存在するだけである．ガイドラインは複数ある場合に内容がそれぞれ異なりうることや，強制力に乏しいことなどが問題として指摘される．例えば「行動計画」が推奨する体外受精（体外に取り出した卵と精子から受精卵を作成し，その後人工的に子宮内に戻す技術）では，子を望むカップルが第三者から精子や卵や胚の提供を受けて実施することが技術的に可能である．日本産婦人科学会のガイドライン（「非配偶者間人工授精に関する見解」2006年）はこのうち精子の場合だけ容認しているのに対し，厚生労働省厚生科学審議会が発表したガイドライン（「精子・卵子・胚の提供等による生殖補助医療のあり方についての報告書」2000年）は卵や胚の場合も容認している．また代理出産はどのガイドラインも禁止しているが国内にも実施例がある．2001年，長野県にある諏訪マタニティークリニック（根津八紘院長）は，不妊の妻に代わってその妹が夫婦の遺伝的な子を妊娠する代理出産を成功させたと公表した．　　　　　［有馬　斉］

【参考文献】
[1]　リプロダクティヴ法と政策センター編，房野桂訳『リプロダクティヴ・ライツ―世界の法と政策』明石書店，2001．

7. 人工妊娠中絶と出生前診断

　1990年統一ドイツの成立とともに生じた最もデリケートで厄介な問題が妊娠中絶をめぐる新しい法律をつくることだった．それは，旧東ドイツの妊娠中絶法は，米国，ロシアなどと同じく，妊婦の権利を認め，妊娠12週まで医師の手術により中絶を認めるという「期限モデル」であったのに対し，旧西ドイツのそれは，英国や日本と同じく，生まれていない生命に根本的に優先権を与え，例外的状況においてだけ，中絶が認められるという「適応モデル」だったからである．1992年の6月に議決されたドイツ刑法218条をドイツ憲法裁判所は1993年5月に合憲であると判断した．新218条の内容は，東ドイツの期限モデルに医師への相談を義務づけることを付加するものであった．一種の苦境に対応する討議モデル（自己責任モデル）というもので，「苦境」ないし「困難な状況」が存在していなければならないが，しかし，法はこのような考慮される場合を詳細に規定しないというもので，フランスなどがこのモデルである．適用は妊婦自身の自己責任に基づく決断にまかせるというものである．

　中絶は古代から行われていた．望まれない妊娠はいつの時代にもあったのである．ヒポクラテスの誓いに従うと，医師は堕胎に手を貸してはならないとされていた．しかし堕胎は必ず罰せられるというものではなかった．夫の同意なしになされた堕胎のみが処罰されたのである．産む女性の権利や生まれる子どもの権利が問われるようになったのは，20世紀後半になってからのことである．そこでは，女性の自己決定権の問題と女性の健康の保護の問題が，他方においては未だ生まれていない生命の権利と保護の問題が問われた．また後者には，ヒト（生物学的・種的な意味）はいつから人間（道徳的権利主体としての人格）になるのかという問題もつきまとう．これらの問題を巡り，権利をもつのは生物学的・種的な意味でのヒトではなくて，自己意識をもつパーソン（人格＝道徳的・規範的意味）だとするパーソン論や選好功利主義，「私のおなかは私のもの」とするフェミニズム，そして胚・胎児も潜在的にはパーソンであるゆえに中絶は不正であるとする「潜在説」などが登場し，議論が繰り広げられ，現在もなお続いている．

●**出生前診断・着床前診断**　「適応モデル」では，中絶とは，あくまでも子どもの出生を望んでいる母体の心理的・身体的健康を考えてなされるものであり，胎児を理由として行われるのではない．日本では胎児を事由としての中絶は認められていない．羊水穿刺などの出生前診断は，胎児のうちから治療を始めることや，親に障害があることを早くから理解してもらうために行われるものであった．

　子どもが欲しいが，遺伝病のリスクがあるため，産むことをためらっている夫

婦に朗報となったのが，着床前診断である．体外受精し，その受精卵を調べ，もしその遺伝子を保因するリスクが高ければ着床させずに廃棄し，もしリスクがなければ，その受精卵を戻すという手法である．この手法だと，中絶のリスクがないので，母体は身体的にも精神的にも負担が少ないという．

ドイツでは，基本法(憲法のこと) 1条において「人間の尊厳は不可侵」と定められている．ここで尊厳をもつ人間とは出生後の人間である．それでは未だ生まれていない生命，胎児の身分はどうかとなると，ドイツ憲法裁判所がこれを保護した判決（1975，1993）を出し，それに基づいて妊娠中絶法218条が成立した．さらにドイツでは，妊娠目的以外での胚(受精卵)の作製を禁止する法，しかも最長5年の自由刑と罰金をもって罰する「胚保護法」が，1990年に施行された．これによりドイツでは胚の診断や，研究利用ができなくなった．そこで考えられた手法が**極体診断**である．精子が卵子に進入するとき放出される第二極体を検査する手法で，卵子のもつリスクを知ることが可能となるというものである．しかしドイツでも2012年に着床前診断が日本と同じく厳しい条件を付けて許容された．

日本では，1998年に産科婦人科学会が，重度の遺伝病に限り，学会に申請し，認可を得ることを条件に，着床前診断の臨床応用にゴーサインを出した．その後2006年，デュシェンヌ型筋ジストロフィーだけでなく，一部の習慣流産についても適用を認めた．しかし日本の学会の指針は法ではないので，守らなくてもドイツのように就業停止になることはない．

● **NIPT**　さらに日本では2012年に，99%の確率でしかも母体の少量の血液で染色体数的異常児を判定できるという新型出生前診断(NIPT＝非侵襲性検査)の導入をめぐり議論が起こった．日本産科婦人科学会は，マススクリーニング（ふるい分け）としての安易な実施は厳に慎むべきというコメントを出し，さらに医学会全体が，統一してこの診断に対して指針の遵守を決めた．

指針では「妊婦が十分な認識を持たずに検査を受ける可能性がある」と指摘された．十分な認識を持たないことが，「妊婦に動揺混乱を生じさせ誤った判断をする」可能性，つまりダウン症児などの「染色体数的異常児の出生の排除，さらにはダウン症児などの生命への否定」へ導くということである．出生前診断が，本来選別のために行われる着床前診断とともに，選別に使用される恐れがあるということへの注意喚起の指針なのである．

しかし，同じく非侵襲型の超音波検査の導入により，中絶の数が20年前の6倍，10年前の2倍に増えていることを考えると，学会レベルでの自主規制では無力でしかない．問題点は何か．それは，人間が，存在そのものの価値を忘れ，人間の側で存在の価値を考量するという価値思考が絶対的となるということ，つまりニヒリズムにある．　　　　　　　　　　　　　　　　　　　　　　　　［盛永審一郎］

8. 代理母・代理出産・卵子提供

　元来，人間にとって妊娠／出産とは「子を授かること」であり，必ずしも望んで与えられるとは限らない，いわば人の手を超えた力に委ねられた出来事であった．それゆえ，子に恵まれない場合には，血縁を絶やさないようにするために，一夫多妻の婚姻関係を結んだり，夫婦外の女性に子を出産させる（いわゆる「借り腹」）といったことはめずらしいものではなかった．ただしキリスト教の家族観は，夫婦外の性交渉によって子孫を維持する行為を認めないため，西欧社会においてこうした問題が主題化されることはなかった．しかし，人工生殖技術の確立によって，生命は「授かるもの」から「つくるもの」へとシフトされつつあり，それに伴って夫婦外の女性による子の出産という方法も「代理母／代理出産」という新たな姿でクローズアップされることになった．

　18世紀以来研究，応用されてきた技術である人工授精によって，夫の精子を妻以外の女性の子宮に導入し，出産させる方法（サロゲートマザー）は，旧来の「借り腹」と原理的には類似しているが，直接の性交渉を避けることができる点が異なる．しかし，生まれてきた子は夫との間にしか血縁関係をもたず，また代理母と生まれてくる子は遺伝的には「実の親子」であるため，心理的な影響の大きさが懸念されてきた．これに対して，1970年代後半に初めて成功した体外受精技術を用いて，夫婦両人との遺伝的なつながりをもった子を，夫婦外の女性に出産してもらう方法（ホストマザー）は，妻にとっても，出産者にとっても「遺伝的」には問題が解消する方法であるとも言える．

●**搾取される生殖機能**　しかし，体外受精技術の応用によって，「子宮」と「卵子」のビジネス化，という新たな倫理的問題が生じることになった．それまでは女性にとって「卵子」は自らの子宮と一対のもので，切り離して売り渡すことなどできないものだった．しかし体外受精においては，不妊の女性の求めに応じて卵子のみを提供することが可能になる．そしてまた子宮も，自己のものでない「受精卵」に貸与することのできる「商品」になりうるのである．

　むろん，善意の提供を期待するという考え方も可能であるが，現実はそれほど単純ではない．代理出産について言えば，出産者は時として生命の危険を負いながら，長い妊娠期間を過ごさねばならないし，胎児との間には確かな身体的絆が存在する．したがってそこにはさまざまな意味での苦痛や苦悩が介在するのである．ただし，ホストマザーという方式ならば，出産者の抵抗感はかなり軽減されるため，金銭的な見返りを条件にすることで，代理出産を引き受ける女性を募ることは，比較的容易になったのである．

この点で，卵子提供と子宮の提供では，異なる現象が見受けられる．卵子提供の場合においては，そこに「遺伝的要素」が絡むために，善意の提供に依存するのではなく，むしろ自ずとさまざまな付加価値をめぐって市場が形成され，価格も上昇した．他方，遺伝的な関係から分離された子宮に対しては，そのような選好が生じにくくなるために，今度は経済的に困窮しているマイノリティの「生殖機能」を通じた「搾取」や，途上国への「生殖ツーリズム」が問題視されることになる．

　代理母，代理出産に対しては，いまだ社会的な抵抗が強く，「生殖補助医療」全般の広がりに比べるとその受容はきわめて限定的であって，日本においても原則的には禁止である（米国やアジアなど国外に渡航して行われている）．その背景には，卵子や胚，そしてはらまれた子を女性の身体と分離するために，女性の身体をいわば「生殖のための手段」として認識せざるをえない仕組みに対する違和感があると考えられる．

　そもそも「親である」こととは，たんに遺伝的な関係性であるだけでなく，養育を通じて子に寄り添い，ともに年を重ねる時間的なプロセスでもある．胎児を宿すということは，十か月という時の経験であり，そこには確実に「親子」としての時間が存在する．それゆえたとえ「ホストマザー」方式であっても，生まれてくる子に深い愛着を感じて，親権や養育権を主張して訴訟を起こすような事例も生じているのである．

　「母親である」ことに特権的なこうした絆は，「産む性」にしか手の届かない感覚なのかもしれないが，裏を返せば，代理出産においては男性ばかりか，女性の側も「産む性」ではなく「産ませる性」の側に立って，「産む性」の存在をたんなる手段へと阻却してしまいかねないともいえよう．

●「産まれた立場」から考える　しかし，重要なのは「産む」「産ませる」の対立項だけではない．倫理の問題として考えなくてはならないのは，むしろそうした「親」の立場ではなく，「産まれてきた子」の立場なのではないだろうか．子どもにとって，自らの出生の由来について知ることは，自身のアイデンティティの存立にとってきわめて重大でセンシティブな事柄である．誰が遺伝上の親であり，誰から産み落とされ，そして誰に育てられたのか，というそれぞれの「絆」に対してどのような思いを抱くかは，産む側の思いとは異なり，その子にとって固有の課題となる．そこにどのような「苦悩」が生じうるかを想像することは，この問題を考える上で避けてはならない道であるように思われる．

　子をもちたいと望むことは，また親になるという責任を引き受けようとすることでもある．生殖を性と切り離し，その構成部分としての卵子や精子，子宮をパズルのように組み合わせる人工生殖技術全般の受容が進む現代において，代理出産をめぐる論争は，あらためてこれらの技術の意味を「親子の絆」という観点から問い直す場でもあるだろう．

［崎川　修］

9. 離別・悲嘆とグリーフケア

　人が生きている，ということは，またいつか必ずその人の死が訪れる，ということでもある．誰しもがわかったつもりになっているこの事実は，しかし実際に自分の身近に経験されたときには，決して「あたり前」という言葉で納得できない，大きな戸惑いを引き起こす．
　かつて人間は常にそのような動揺に対して備え，またそれを過ぎ越すための「喪の仕事」に重きを置いて暮らしてきた．悲しみは日常の中に溶け合い，死者の霊は忘却されることなく，生者の間に刻まれ記憶されてきた．しかし，そうした「失われたもの」の記憶を含み込むような日常の襞は，目に見えて提示されるもの＝ポジティブへの欲望によって構成される消費社会の潮流によって，瞬く間にすり減ってしまった．
　しかし，そんな時代でも変わらず，人は出会いと別れを繰り返し，自らも世を去っていく．行きどころのない「悲しみ」は「ネガティブ」なものとして選別され，処理され，人は何事もなかったかのように，スベスベとした日常に戻っていく．しかし，忘れがたい別れの悲しみや，喪失の傷を負った者たちは，そうした日常に錨を下ろすことができずに，孤立し苦しみ続けているのである．
　●**傾聴することの難しさ**　こうした時代にあって「悲嘆のさなかにある人」に寄り添い，支えていくケアのあり方を考え，実践していく「グリーフケア」のアプローチに注目が集まっている．特に2011年の東日本大震災以降，社会的な要請も切迫したものとなり，多くのボランティアが被災地に赴いて活動してきた．グリーフケアの基本は，悲嘆の反応にある実存的な意味を受け止め，そのプロセスを肯定しながら，相手の存在をまるごと受け入れ支えていくことである．そのためには，相手を元気にしようと「励ます」ことや「慰める」といった関わりではなく，むしろなるべく指示や評価を与えずに，その言葉に耳を傾け，寄り添う姿勢が求められる．
　しかし，この「傾聴」というアプローチはたやすいものではない．私たちはついつい悲しみにある人を自分の経験になぞらえて，訳知り顔で慰めたり励ましたりしがちである．しかし，悲しみの当事者は「その人」であり，ケアを必要としているのは「悲しみという傷」ではなく「その人自身の存在」なのである．それゆえ，傾聴はただ表面的な「言葉」を引き出して受けとめることではなく，その人の存在そのものが，時に沈黙のうちに抱いている思いを，沈黙とともに受け止め，見守ることでもある．
　「喪失」にはさまざまなかたちがある．一般には「大往生」などと言われる死で

あっても，それを「二人称の死」として経験する者には，その人にしかわからない悲しみや痛みがあることを忘れてはならない．まして，思いもよらない災害や事件，事故，あるいは社会的に語られにくい状況での死別などに遭遇した場合には，その悲嘆反応は複雑になり，長期間に渡って当事者を苦しめるということもある．その中には，多くの人が直面したような，行方不明のままはっきりとした「別れ」のできないような「曖昧な喪失」も含まれている．「複雑性悲嘆」とも称される，これらのケースにおいては，一時的なケアにとどまらない，持続性や広がりをもった協働的なケアの場に委ねることも重要になってくる．

●刷新されるスピリチュアル・ケア　従来から「遺族会」のようなかたちの「自助グループ」を通じて，悲嘆と苦悩を共有しながら支えあっていくコミュニティは存在してきた．こうした活動は，専門家と称する「非当事者」には理解されないと感じ，本当には預けることのできない体験や感情を，類似の苦悩を生きている当事者同士で分かち合い，支えあっていこうとする試みである．一対一で「傾聴してもらう」だけではなく，自らもまた「聞き手」となって相手の語りに向き合う経験は，治療の場での指示的なアプローチによっては頑なに動くことのなかった苦悩の物語に，思いもよらぬ新たな発見をもたらすことがある．これは「ナラティブ・アプローチ」と呼ばれる方法論と重なるものだろう．当事者の支配されている苦悩の物語（ドミナント・ストーリー）に傾聴しながら，対話のうちにそこに「新たな物語」（オルタナティブ・ストーリー）を発見していく，という技法である．苦悩を共に語り合う自助グループは，そうした発見の可能性をはらんだ「ナラティブ・コミュニティ」でもあるといえよう．

　さらに興味深いのは，そうしたグループが近年は，講演会や勉強会というかたちで，自分たちの苦しみや問いかけを社会に発信しながら，緩やかに連帯し，活動の輪を広げているということである．従来，グリーフケアは「スピリチュアルケア」としての側面を強調するあまり，宗教家や，熟達した専門家の手に委ねられることが多かったが，それゆえに「魂の癒し」という神秘性をまとった，近づきがたい世界とも感じられてしまう面があった．しかし，本来の意味での「スピリチュアリティ＝霊性」とは私たちの存在を貫き，包み込んで賦活してくれる「spiritus＝生命の息吹」への感受性のことであって，それは何も閉鎖的で秘教的な空間においてだけではなく，むしろ人が寄り添い，互いに言葉や眼差しを交わし合い，支えあって生きる開かれた空間においてこそ，より豊かに育まれるのではないだろうか．その意味で，自助グループの活動は，真の意味での「スピリチュアルケア」の可能性を私たちに示してくれているように思われる．

〔﨑川　修〕

【参考文献】
[1]　高木慶子編，上智大学グリーフケア研究所『グリーフケア入門』勁草書房，2012．
[2]　入江杏『悲しみを生きる力に―被害者遺族からあなたへ』岩波書店，2013．

コラム

フロイトと精神分析——性と愛と家族の倫理

　現代の精神科臨床において「精神分析」はもはや過去の遺物と考えられるようになってきている．ましてやフロイトの唱えた「エディプス・コンプレックス」概念などは，女性性を男性性の「欠如」と捉える固陋な男性中心主義の一般化にすぎず，もはや崩壊ずみの「近代家族神話」の悪しき象徴として名を残すばかり，なのかもしれない．だが，フロイトと彼が編み出した「精神分析」は，本当に過去のものと言い切ってよいのだろうか．

　たしかに，精神分析は「科学理論」として成功を収めることはできなかった．しかしフロイトは20世紀の世界に，いくつもの鮮烈な「眼差し」を植えつけて去った．

　その一つはもちろん「無意識の発見」である．人間の意識下にうごめく欲求や衝動については，それまでも論じられてきたものである．しかしフロイトが発見したのはそうした何かの「存在」ではなく，それがどのようにして形成され，またわれわれに知られるようになるのか，と問う「視点」だった．フロイトによれば，それは幼少期の記憶がしまい込まれるシステムであり，夢や症状はそこで抑圧された願望の形を変えた充足なのである．つまり，フロイトが目を向けたのは「今あるもの」に隠された「もうないもの」の力だったのである．

　子ども時代の欲求を「性」という視点から位置づけ直すのも，フロイト独特の視点である．むろん子どもの性欲は大人のそれのようには，未だ対象を限定されていないものの，他者と一致することを望む根源的な衝動はすでに与えられているのであって，それはいくつかの段階を経て発達するのだと考えられたのである．

　この「無意識」や「性」についての新たな見方をフロイトにもたらしたのは，自己の「病理」の分析だった．父親の死の衝撃によって喚起された神経症状に苦しみながら，彼は自分の幼年時代の出来事の中に，苦悩の背景を探ろうとする．この苦闘から見出されたエディプス・コンプレックスの理論は，いささかフロイト自身の個人的な境遇を一般化しすぎているとはいえ，自我がただ勝手に「発達」してその同一性を発現するのではなく，親子という関係性の力学の中で「獲得される」と考える点で，やはり画期的なものだった．

　重要なのはそこでの「親子」が，「哺育」という自然誌的事実においてでもなく，社会形態としての「核家族」としてでもなく，あくまで「病理」という視線から見つめられている，ということだろう．家族や性愛に関する社会常識は，今やフロイトの時代から大きく変化しているが，その中でも子どもは相変わらず誰かの子として生まれ，育てられ，そしてその過程で何らかのトラウマを負って心に「闇」を抱える者がいる．過去という「見えないもの」の存在を，他者の苦悩の中に見つめ，そしてそれを「語り」の内に繙いていく感受性をもつならば，そこにはまぎれもなくフロイトの，苦悩の中からの「眼差し」が生きている．

〔﨑川　修〕

第6章

市民社会と技術倫理

　平成22年8月25日，日本学術会議は「総合的な科学・技術政策の確立による科学・技術研究の持続的振興に向けて」という勧告を出した．政策が出口志向の研究に偏るという疑念を払拭するために，「科学技術」の用語を「科学・技術」に改正することと，第1条の「人文科学のみに係るものを除く」という規定を削除して，人文・社会科学を施策の対象とすることを明らかにし，以て人文・社会科学を含む「科学・技術」全体についての長期的かつ総合的な政策確立の方針を明確にすることが目的だった．結局，原子力発電所事故等に見られた技術のもつ悪いイメージを取り除いて，純粋無垢な「科学」を救おうとする意図だといえよう．

[盛永審一郎]

1. 現代の技術の特徴

　人間は，他の動物たちとは違って，獲物をしとめる鋭い爪や牙，天翔ける翼や瞬足の四肢といった生存に有利な武器を身に備えていない．ギリシア神話では，それを哀れに思ったプロメテウスが，神々のところから火と技術を盗んで人間に与える．彼は，それがために神々の王ゼウスから，高い岩山に鎖で縛りつけられ，生きながらハゲタカに肝臓を啄まれるという永遠の罰を受けた，と伝えられている．だが人間は，そうして技術を与えられたおかげで，今まで絶滅することなく，他の獣たちとの生存競争を勝ち抜くことができたのではなかろうか．

●**古代の技術**　素朴に考えれば，技術とは，こん棒やナイフのように，人間の生来の能力を延長し強化して，素手でするよりも一層効果的に成果をあげるための便利な道具と言えるだろう．しかしプラトンはすでに，単なる熟練と真の技術とを区別している．プラトンによれば，熟練とは，料理法のように，快楽を目的として，度重なる経験から得たコツにすぎない．それに対して，真の技術とは，対象の本質についての理解に基づいて，善を目的とするものでなければならない．例えば，真の技術である医術とは，たとえ良薬は口に苦くとも，人体と病気の本質(原理，理論)に基づき，健康という善を目指すものでなければならない．

●**近代から現代へ**　17世紀にフランシス・ベーコンは，「人間の自然に対する支配権はただ技術と学問のみによっている．自然は，服従することによってでなければ，支配されないからである．」(『ノヴム・オルガヌム』第1巻，129頁)と述べた．彼は，世界の根底にある永遠不変の自然法則に依拠しつつ，技術を用いて自然の力を利用することで，人類社会に永遠の恩恵をもたらすことができるという点に，技術的発明の偉大さを見出した．ただ，自然を支配するとは言っても，ベーコンの場合，あくまで自然法則に謙虚に従いつつ，技術により自然の力を人類のために活用することを考えていた．それに対して現代は，自然の基本的ルールを踏み越え，自然そのものを意のままに操作する技術を手に入れようとしている．

●**現代の技術の特徴**　現代の技術の特徴の一つ目は，原子，遺伝子，個体，生命という，自然界を成り立たせている土台そのものを改変しようとする点にある．具体的には，物質の基本単位である原子を破壊することによりエネルギーを取り出す原子力技術，生物の基本単位である遺伝子を改変して生物の遺伝形質を操作しようとする遺伝子組み換え技術，個体の垣根を越えて他人の臓器を組み込むことにより個体を維持しようとする臓器移植技術，生命の一方向的な時間を逆行して生命を思い通りに再生させようとするクローン技術やiPS細胞技術などである．

　特徴の二つ目は，技術がもはや人間の中立的な道具ではないという点である．

かつては，技術を使って悪事が犯された場合には，技術そのものが悪いのでも技術を授けた専門家が悪いのでもなく，悪いのは技術を悪用した当人であって，技術はそれを用いる者の意図次第で善くも悪くもなる，と考えられた．その点で，技術は中立的であると思われていた．

だが現代の技術は，もはやそのように単純にとらえることはできない．原子力エネルギーを産み出す原子力技術は善いものだろうか，悪いものだろうか？　たしかに平和のためにも戦争のためにも使用することができるという点では中立的と言えるのかもしれない．だがたとえ平和利用であっても，エネルギーを産出すればするほど，他方で人類や地球に危害をもたらす恐れのある放射性廃棄物を産出し続けるし，いったん事故が起きれば，核兵器が使用されたのと同様の被害がもたらされる．善い面と悪い面が表裏一体をなしている現代のこのような技術は，もはや単純に善いとも悪いとも中立とも言えないだろう．マクベスの魔女さながら，「よいは悪い，悪いはよい」が現代技術の一つの特質をなしている．

三つ目の特徴は，その規模の大きさである．かつて人類は，日々の生活の必要のために技術を役立ててきた．ところが近年では，必要からではなく，商業的に莫大な利益を上げるために，大規模な技術力を駆使して必要以上に自然に負荷をかけ自然を搾取している．そのため，資源は枯渇に瀕し，環境は大きなダメージを蒙り，地球は回復不可能なまでの危機的状況にあることが指摘されている．

●**現代技術の予測不可能性と倫理**　最先端の技術がもてはやされている現代だが，最新の技術とは，どのような振舞いをするか予測のつかない技術でもあることに注意しなければならない．技術にトラブルは付き物である．多くの人々が長い期間使用して初めて不都合が明らかになるのが技術の宿命であると言ってよい．もちろん開発にあたって予想される危険性は一つひとつ回避するし，後から明らかになった不具合も一つひとつ改善していく．長年使われてきた製品はその意味で安全であるが，逆に，新製品は，これから不具合が露呈する可能性をはらんでいるため，危険の塊だといっても過言ではない．

技術が自然を根底から改変する力を手に入れた現代において，技術ができると言うことを鵜呑みにして，私たちはそれをそのまま実行に移してよいものだろうか．というのも，技術が自然の土台に手を加えた時に，そこから何が結果として生み出されるか，私たちには皆目見当がつかない面があるからである．原子力技術によって産出され続ける放射性廃棄物は，生物や自然に今後どのような影響を及ぼすのだろうか？　遺伝子を組み換えたり個体を人為的に作り出したりすることによって，そこから人間や生物界にどのような変化が引き起こされるのだろうか？　そうした未知の影響を人類は本気で引き受ける覚悟があるのだろうか？　私たちは，理性を備えた人間としての責任において，自然の統合性を破壊する可能性をはらんだ現代技術の使用の是非を考えなければならない．　　　［小出泰士］

2. 科学者の社会的責任，技術者の社会的責任，専門職の倫理

●**科学・技術の中立性**　かつて，科学や科学者の目的は，あくまで世界の本質についての真理を探究することにある，と思われていた．もしそうであれば，科学的知識を社会でどのように役立てるかは，科学者の関知するところではない．したがって，科学によって得られた知見に基づいて開発された技術が，社会に甚大な被害をもたらしたとしても，それは科学を社会に応用した者の責任であって科学者の責任ではない，と考えることもできるかもしれない．

また一方で，技術自体は，善いものでも悪いものでもなく中立的なものである，と一般に考えられてきた．もしそうであれば，技術の使用によって社会に悪い結果がもたらされた場合でも，悪いのは技術を悪い目的のために使用した人間であって，決して技術そのものや技術を開発した技術者が悪いわけではない，と考えることもできる．だが果たして，今日でもまだそのように言えるだろうか．

●**環境としての科学技術**　昔は環境と言えば自然環境だったが，今日では，科学技術もまた私たちの生活を取り巻く環境の不可欠な一部と化している．

今や私たちは，生まれた時から電器製品に取り囲まれて育つ．衣食住同様，冷蔵庫やエアコンやテレビなしには，生きていくことすらできなのではないかと思われるほど，私たちはそれらの電器製品に依存して暮らしている．

例えば，家庭で音楽や映画やスポーツを，CDやDVDで好きな時に繰り返し見たり聴いたりすることができる．また，家族そろって歓談しながら晩御飯を食べている最中に，茶の間のテレビは，地球の裏側で現在起きている戦争で傷つき死んでいく人々の姿をリアルタイムで映し出している．このような環境に暮らす私たちには，現実の生活と技術製品の提供する仮想現実との境目が，もはやわからなくなってきているのではないだろうか．

また今日では，原発事故による放射能汚染や，出生前診断技術を用いて遺伝子や染色体の異常を理由に胎児の命を奪うことが，すでに日常身近で起きている．これほどまでに私たちの暮らしに技術が大きな影響力を及ぼす現代において，科学者も技術者も，自分は単に科学研究や技術開発に専念しているだけで，悪いのはそれを悪用する者だという言い訳は，もはや通用しないだろう．かれらの行動が大きな力をもって直接社会を脅かす可能性がある以上，かれらは自らの研究や開発の倫理的含意について熟慮し，社会に危害を及ぼさないように，人間の尊厳を冒さないように十分配慮しつつ，自らの仕事に取り組まなければならない．

●**説明責任**　現代の私たちの社会では，誰しも自分の理性で物事を判断し，自らの意思で行為を選びとっていくことが尊重されている．科学や技術の恩恵を受け

入れるかどうかも，市民一人ひとりが自ら考えて選択すべき時代である．だが，選択するためには，選択肢についてある程度の知識をもっていなければならない．知らないことについて選択することはできないからである．

　一方で専門家は専門的な知識や技術を身につけている．技術に一番近いところにいて，製品のもつリスクについてもある程度知る立場にある．ところが他方で公衆は，科学や技術についての専門的な知識をもっていない．専門的知識がないということは，科学や技術を受け入れるかどうかの判断ができないというばかりでなく，技術のもつ隠れた危険性についても無知であることを意味する．公衆は，子どもが親を信じるように，科学者・技術者を信じ，まさか悪意をもって自分に危害を加えることなどあるわけがないと信じて，その技術を無邪気に使用している．

　そのように，専門家と公衆の間には，知識のアンバランスがある．知は力である以上，知識の違いはそのまま社会における力の違いでもある．そのため，社会的強者である専門家には，弱者である無防備な公衆を保護する義務が生じる．親が傷つきやすいわが子を守るように，科学や技術の専門家は，かれらを信じて技術を享受している一般市民の安全を守る義務と責任があるだろう．

　ここから，専門家の説明責任が生じる．一般市民が自ら判断して科学や技術を取捨選択できるように，専門家は科学や技術について，人々にわかりやすく説明しなければならない．科学や技術のもつ長所も短所も包み隠さず説明し，社会の人々が自分たちの理性を十分に働かせて選択できるように，誠意をもって人々の理解を助けなければならない．自分たちに都合のいいことだけを説明して不都合なことは隠すという態度は，人々の人格に対する暴力にほかならない．

●**なぜ職業倫理では不十分なのか**　ところで，専門家は時として，倫理学などいらない，職業倫理で十分だ，と言うことがある．果たしてそうだろうか．

　職業倫理には，多くの場合，特定の支配的価値観がある．例えば，医療者集団であれば，患者に利益を与えること（与益（善行）原則）は，古代の「ヒポクラテスの誓い」以来，医療従事者の最も重要な倫理原則の一つである．実際，医師はしばしば，「患者のため」という口実のもとに，患者に真実を告げずに治療を施したり，社会的にはコンセンサスの得られていない医療行為を敢行したりすることがある．

　しかし，一体何が本当に患者の利益なのか？　患者のためであれば，何をしても許されるのか？　患者の利益と患者の意思が衝突した場合，どうしたらよいのか？　こうした問いに，職業倫理は答えることができない．もはや医療の次元とは，問いの次元が異なるからである．患者にとっての利益を判断するのは，結果主義的な観点からか，それとも義務論的な観点からか，それともまた別の観点からか．実際には，採用する観点に応じて，正反対の結論に行き着くこともある．専門家がこのように考察し始める時，彼はもはや単なる科学者・技術者ではなく倫理学者でもあるだろう．　　　　　　　　　　　　　　　　［小出泰士］

3. 製造物責任

　かつて，1955年ヒ素入りドライミルク事件，1960年サリドマイド事件，1963年スモン病事件，1968年カネミ油症事件など，食品や医薬品などを製造する企業が販売した製品によって，多くの人々がきわめて甚大な健康被害をこうむる事件が次々に起こった．また，食品や医薬品のみならず，家電製品，自動車，化粧品，日用品など，企業による製造物の欠陥のために，製品の購入者が何らかの被害を受けるという事件もたびたび起こっている．1990年代の半ばまでは，こうした事件の被害者が，損害の賠償を求めて製造者を訴えた場合，被害者(原告)の側が製造者の過失を立証しなければならなかった(過失責任主義)．しかし，こうした制度は被害者に過大な負担を強いるものである．それゆえ，被害者を保護するためには，過失責任主義を改める必要があり，そのために新たに制定されたのが「製造物責任法(PL法)」であった．この法律ができたことにより，被害者は加害者の過失を立証する必要がなくなったのである．

●不法行為法　一般に，ある人の権利または法的利益を侵害し，損害を与える行為を不法行為という．そして，このような損害の加害者に損害賠償の義務を負わせる制度を不法行為制度という．民法第709条には，不法行為(制度)の一般原則について，次のような規定がある．「故意又は過失によって他人の権利又は法律上保護される利益を侵害した者は，これによって生じた損害を賠償する責任を負う」．この規定に含まれる不法行為の成立要件は，以下の三つである．つまりそれが，①故意または過失による行為であること(故意または過失)，②権利または法的利益の侵害があること(権利侵害)，③その侵害が損害を生み出し，加害者の行為と損害結果との間に因果関係があること(損害の発生と因果関係)，といった要件である．これらの要件を満たすならば，何らかの権利侵害により損害をこうむった者は，加害者に対し，損害を賠償し，現状を回復するよう求めることができる．しかし，民法の規定によれば，以上の要件についての立証責任は，不法行為による被害者(原告)が負わなければならない．これは，被害者にとってはきわめて過酷な要求である．なぜなら，例えば公害の被害者が，公害がどのような過失によって生じたのか，過失と公害との間にどのような因果関係が存在するのか，等々を証明することは，加害組織の外部にいて，しかも，専門知識をもたない被害者にとっては，ほとんど不可能なことだからである．

●製造物責任法（PL法）　こうした不法行為の過失責任原則を改めるために，民法の特別法として1995年7月に施行されたのが「製造物責任法(PL法：Product Liability Law)」である．この法律は，製造物の欠陥のために，他人の生命・身体・

財産に損害が生じた際に，製造業者等に損害賠償の責任を課すものである．ここで言う製造物とは，「製造又は加工された動産」のことであり，製造業者等とは，製造業者，輸入業者，その他の者を意味する．製造物責任について，PL法の第3条にはこう記されている．「製造業者等は，その製造，加工，輸入又は……氏名等の表示をした製造物であって，その引き渡したものの欠陥により他人の生命，身体又は財産を侵害したときは，これによって生じた損害を賠償する責めに任ずる」．この規定に含まれる製造物責任の成立要件は，不法行為の成立要件とどのように異なるのだろうか．製造物責任の成立要件をまとめるならば，①製品に欠陥があること，すなわち，製造物が通常有すべき安全性を欠いていること（製品の欠陥），②その欠陥が他人の生命・身体・財産を侵害し，それが損害を生み出していること(損害の発生)，③製品の欠陥と損害発生との間に因果関係が存在すること（欠陥と損害との因果関係），の三つがそれにあたる．この法律によれば，加害者の過失を被害者が立証する必要はなく，被害者は製造物に欠陥があることを示した上で，欠陥と損害との間に因果関係があることを立証すればよい．

●責任のありか　以上で確認したように，不法行為と製造物責任の最大の違いは，次の点にある．つまり，不法行為法における賠償責任が〈過失〉を基本要件とするのに対し，PL法における賠償責任が〈欠陥〉を基本要件とする，という違いである．ここで言う欠陥とは，具体的には，(a) 設計上の欠陥，(b) 製造上の欠陥，(c) 表示・警告上の欠陥，のことである．いずれにせよ，過失要件を廃止し，欠陥要件を採用することは，原告の立証負担を軽くするという点で，被害者の保護につながる．〈過失〉とは，被害者が容易に知りえない加害者の行為に関わる事柄であるのに対し，〈欠陥〉とは，被害者がじかに手にしている製造物に内在する事柄であるため，過失要件よりは欠陥要件の方が，はるかに立証が容易になるからである．これは，裏を返せば，製造者側が負うべき責任をこれまで以上に重んじる姿勢への転換である，と言うことができる．PL法の第1条は，同法の目的を説明してこう述べている．「この法律は，製造物の欠陥により……被害が生じた場合における製造業者等の損害賠償の責任について定めることにより，被害者の保護を図り，もって国民生活の安定向上と国民経済の健全な発展に寄与することを目的とする」．製造物責任とは，「被害者の保護を図り，もって国民生活の安定向上と国民経済の健全な発展に寄与する」ために，製造物をめぐる事故が発生した後で，事後的に被害者を救済するための法理として導入された，比較的新しい制度にほかならないのである．　　　　　　　　　　　　　　　　　　　　　　　　　　　［小林　睦］

【参考文献】
[1]　小出泰士『技術者倫理入門』丸善，2010．
[2]　吉村良一『不法行為法〔第4版〕』有斐閣，2010．
[3]　升田純『最新PL関係 判例と実務〔第2版〕』民事法研究会，2010．

4. バリアフリーとユニバーサルデザイン

「バリアフリー」という語は，現代の日常語として，ごく普通に使われている言葉である．それに対し，「ユニバーサルデザイン」という語は，誰もが日常的に使う言葉ではないかもしれない．だが，この語は近年，人工物を設計（デザイン）しようとする人々の間では，流行語となっている．とはいえ，専門家を除けば，バリアフリーとユニバーサルデザインの違いについて，どれほどの人が明確に理解しているのだろうか．これら二つの考え方は，どのような点で似ており，どのような点で異なるのだろうか．

● **QOLの観点から** 以下ではその異同を，A. センによって提唱された「潜在能力」という概念をたよりに，捉え直してみることにしよう．一言で言えば，潜在能力アプローチとは，「何ができるのか」を基準にして，「善き生（well-being）〔＝福祉〕」のあり方を把握しようとする考え方である．センによれば，個人がおかれた境遇は，評価可能な「機能（functionings）〔＝できること〕」を達成する個人の「潜在能力（capability）〔＝できることの幅〕」によって計測される．ここで言う「機能」とは，人々の具体的な「生き方やあり方（doings and beings）」のことであり，このような「機能〔＝できること〕」の選択的な組み合わせ，つまり，「人がそこから一つの組み合わせを選ぶことができるような，機能の代替可能な組み合わせ」が，「潜在能力〔＝できることの幅〕」である．以上のような意味での「評価可能な機能を達成する潜在能力」によって測られる個人の状態のことを，私たちは「QOL（生活の質：Quality of Life）」と呼んでいる．

● **バリアフリーとは何か** 一般にQOLは，①身体的，②心理的，③社会的，④スピリチュアル，の四つのレベルに区分されることが多い（ただし，スピリチュアルなQOLは公共的に評価することができないので，これを除外すべきだという考え方もある）．QOLの観点からバリアフリーについて考えてみると，バリアフリーとは，①の身体的QOLにも関係するが，基本的には③の社会的QOLに関わる問題であると言える．例えば，ある時点で車いすを使わないと移動できなかった人が，その後リハビリテーションを行なって自力で歩けるようになったとすれば，その人の身体的QOLはリハビリ後に向上したことになる．しかし，リハビリを行なっても車いすがないと移動できない状態に留まる人もいるかもしれない．そうした人にとっては，自律歩行者には問題がないと思われている社会環境であっても，移動の妨げになるような要因，つまり，バリアが多く存在する．車いすで外出しようとするとき，玄関から道路まで階段しかなければ，それはバリアとなる．車いすで電車に乗るために駅のホームに上がろうとするとき，ホー

ムまで階段や通常のエスカレーターしかなければ，それもバリアとなる．こうしたバリアは，玄関から道路までスロープや手すりを設置したり，ホームに至る階段に車いす用の昇降機を取りつけたりすることで，取り除くことができる．障害者や高齢者が生活する社会環境内のバリアを取り除き，〈できないこと＝機能不全〉を減らすことにより，社会的なQOLを高めること，これがバリアフリーの基本的な意味である．

●バリアフリーからユニバーサルデザインへ　しかし，バリアフリーには限界がある．異なる人ごとに異なるバリアが存在し，ある人にとってのバリアの除去が別の人のバリアの除去にはつながらない，あるいは，かえって別の人のバリアを生み出してしまうこともありうるからである．例えば，駅の階段昇降機は，階段脇の手すりを伝って階段を上り下りしようとする視覚障害者や脚力の弱い高齢者にとっては，かえって歩行の妨げになってしまうかもしれない．それに対し，エレベーターであれば，自律歩行者であれ，乳母車を押す人であれ，杖をついて歩く高齢者であれ，車いす利用者であれ，誰であっても同じように使うことができる．このように，個々人が〈できること＝機能〉を可能な限り増大させるべく，社会環境（および，そこで用いられる製品）をデザインし，それによって社会的なQOLを高めようとするのが「ユニバーサルデザイン」の発想である．これは，ロナルド・メイスが1985年に提唱した概念で，「体格・年齢・障害の有無にかかわらず，誰もが利用できる製品や環境を創り出すこと」を基本コンセプトとしている．

●ユニバーサルであることの意味　その特徴を示す原則は，以下の七つである．①誰でも公平に使える（Equitable use），②利用にあたって柔軟性がある（Flexibility in use），③シンプルかつ直観的に使える（Simple and intuitive use），④情報がわかりやすく示されている（Perceptible information），⑤エラーに寛容である（Tolerance for error），⑥身体的な負担が少ない（Low physical effort），⑦アクセスし利用しやすい大きさとスペースをもつ（Size and space for approach and use）．これらの原則のうち，「ユニバーサル」という言葉の意味を最も端的に表しているのは，原則①であろう．しかし現実には，本当に「誰でも公平に使える」製品や環境を設計することは不可能なので，できる限りそうであることを目指すしかない．村田純一も指摘するように，「設計がユニバーサルであるということは，……実際にはどんな製品も『ユニバーサル』ではありえないという現実をつねに忘れずに，そのつど実現される設計の不十分さを改良し……そのようなプロセスを可能にしていく仕組みのこと」であると言うべきであろう．［小林　睦］

【参考文献】
[1]　M. ヌスバウム，A. セン，竹友安彦監修・水谷めぐみ訳『クオリティー・オブ・ライフ―豊かさの本質とは』里文出版，2006.
[2]　盛山正仁『バリアフリーからユニバーサル社会へ』創英社／三省堂書店，2011.
[3]　村田純一『技術の倫理学』丸善，2006.

5. ヒューマンエラー

●**誤ちを犯さない人間はいない**　人間は誤ちを犯す動物である．このことは，今後どんなに文明が発達しても，変わることはないだろう．それが人間の本性だからである．他方，技術が進歩すれば，技術製品の品質はどこまでも向上を続けるだろう．やがて，決して誤作動を起こすことのない完璧な製品なども登場するかもしれない．だが，技術がどんなに進歩しても，最終的に技術を管理するのが人間である以上，ヒューマンエラーが原因となって引き起こされる事故が無くなることはないだろう．

　事故のない世の中になることは，人類の永年の悲願である．天寿をまっとうすることなく，思いもかけぬ事故によって突然大切な人の命が奪われることは，残された人々にとって何ともやりきれない思いである．なぜ事故は防げなかったのか，悔やまれてならない．遺族は悲しみのやり場に惑い，ともかくも加害者と思しき人物の責任を追及し，原因解明と謝罪と安全対策強化を求める．だがたとえ裁判に勝ったとしても，犠牲になった人々が生き返るわけでもなければ，遺族の悲しみが癒えるわけでもない．

●**ヒューマンエラーの原因**　事故の原因となったとされる人間に判決が下されることで，とりあえず事件は決着の形をとる．だが，ヒューマンエラーを犯した当人が，その責任をとって職を辞することにより，現場では一体何が変わるだろうか．むしろ事故の当事者が職場を去ることで，組織は再び旧態然たる秩序に復する恐れはないだろうか．

　たしかに事故は，ある個人のヒューマンエラーが原因で起きたのかもしれない．だが，そうしたヒューマンエラーを誘発した原因が解明され改善されない限り，類似の状況に置かれた他の人間もまた同じ誤ちを犯さないという保証はない．いくらヒューマンエラーを犯した当人を罰しても，同じような誤ちを根絶するためにはあまり役に立ちそうにないことは明らかではないだろうか．

　さらに，もしヒューマンエラーを誘発した状況に目を向けることなく，ただ誤ちを犯した当人のみに責任を取らせて幕引きをはかれば，それを目撃していた同僚たちはどう思うだろうか．かれらは，自分もまた同じような目に合わないように，自分に不利な証拠はなるべく隠そうとし，誠意を持って仕事をするよりも，自己防衛のためにいつでも言い訳のできるような立場に自分を置くよう心掛けることにもなりかねないだろう．というのも，ヒューマンエラーはいつ誰が犯してもおかしくなく，誰しも明日は我が身と思うからである．そのことにより，ヒューマンエラーを誘発する状況が温存されるばかりか，それが世間の目から隠される

ことにより，一層ヒューマンエラーを誘発するリスクは高くなるだろう．

　ヒューマンエラーによる事故を防ぐために必要なことは，何よりもまず，ヒューマンエラーを犯した当人がそのことを正直に報告して，組織としてヒューマンエラーの原因を改善していけるような体制を整えることではないだろうか．その上で，組織全体で，ヒューマンエラーを犯しにくいように作業環境を改善すること，さらに，万一ヒューマンエラーが犯された場合でも，大事に至ることのないようにきちんとカバーできるような仕組みを作ることではないだろうか．

● **SHEL モデル**　ヒューマンエラーを誘発する環境の問題点を炙り出すために，分析のためのいくつかのモデルが提案されている．有名なのは，F.H. ホーキンズによる SHEL モデルである．漠然とヒューマンエラーの原因を思い浮かべるのではなく，ヒューマンエラーを犯した当人を取り巻く状況をさまざまな局面に分け，それぞれについて不備や不適切な点がなかったか，ヒューマンエラーを誘発しそうな問題点を分析する方法である．

　ヒューマンエラーを犯した当人を取り巻く職場の環境としてまず挙げられるのは，職場の管理体制や指揮命令系統あるいは教育体制といった，コンピュータにたとえればソフトウェア（Software）にあたる面である．次に，仕事に使用する設備や機器類などのいわばハードウェア（Hardware）に関して，不具合や問題点がなかったかを点検する．さらに，不適切な作業環境（Environment）や良好ではない人間関係（Liveware）も，ヒューマンエラーを誘発する大きな原因となりうる．これらの頭文字をとって，SHEL モデルと言う．このようにさまざまな面からアプローチすることによって，具体的にヒューマンエラーを誘発した原因を探っていく．そして，もしいずれかに問題点が見つかれば，それを一つひとつ取り除いて改善することで，ヒューマンエラーを起こしにくいような環境を作っていく．

● **フールプルーフとフェイルセーフ**　こうした取り組みは，実は，特定の作業を専らとする職場において試みられているだけではない．私たちの日常生活においても，さまざまな場面で，ヒューマンエラーを防ぐための工夫が施されている．

　例えば，洗濯機や電子レンジは，蓋を閉めなければいくらスイッチを押しても動かないようになっている．機械の方で人間の指令を誤りと判断して作動しないことで安全性を確保しようとする．こうした工夫をフールプルーフと言う．

　また，故障が発生した場合に，その被害を最小限に抑えるべく，自動的に安全の側にシフトする，フェイルセーフという仕組みもある．誤って石油ストーブを倒してしまった場合に，転倒を感知するとすぐに自動的に消火するようなメカニズムが採用されているのは，フェイルセーフの例である．

　このように，誤ることは人の常であるので，機械の側で人間の誤ちをカバーするような取り組みがなされているのである． ［小出泰士］

6. 技術者倫理教育

●**日本での技術者倫理教育** 日本で技術者倫理教育が本格化したのは，1999年に国際的に通用する技術者の育成を目的とするJABEE（日本技術者教育認定機構）が設立され，その認定プログラムが始まってからである．それゆえ，十数年の歴史しかない．JABEEは大学などの高等教育機関における教育プログラムの質を認定する第三者機構であるが，学習・教育目標として挙げられた八つの項目の中に，「地球的視点から多面的に物事を考える能力とその素養」という環境倫理にも関わる項目とともに，「技術が社会や自然に及ぼす影響や効果，および技術者が社会に対して負っている責任に関する理解（技術者倫理）」という項目を置いて，技術者倫理を重要視している．これは米国における同様の認定機構で歴史のあるABET（米国技術者教育認定機構）にならい，わが国の技術者教育の国際的な同等性の確保をはかったものである．

　技術者倫理の授業では大学のかつての教養教育とは異なり，一般に，ケーススタディを通じて，問題に遭遇したときにいかなることに配慮し，いかなる判断を下すかといった，実際的な問題解決能力の育成が目指されることが多い．授業の枠組みには，技術者倫理という名称の授業を開設する一般的なやり方とともに，特にそうした枠を設けずにプログラム全体にわたって倫理的な観点を学ばせる方式もある．それゆえ，担当者も，哲学・倫理学の教員もいるが，科学史・技術史やSTS（科学技術社会論）の教員，工学系の教員，現場経験のあるエンジニアなどとさまざまである．当初は米国の教科書や教材を用いることも多かったが，技術をめぐる実情や教育的背景の違いもあり，日本の現状を踏まえた教科書が多く出されるようになった．また，日本技術士会やいくつかの学協会で日本における倫理の実例集が出されたことの意義も大きい．とはいえ，日本独自の方式があるわけではない．現在の技術者倫理は米国が発祥であるが，ヨーロッパには別の伝統があるので，次にこの点から技術者倫理教育のあり方をみておこう．

●**米国における技術者倫理教育** 米国においては，自らの専門職としての自律性を確保するべく，早くから倫理綱領の制定に向けた積極的動きがあった．1970年代には，フォード・ピント事件やDC-10墜落事故などの技術者にまつわる事件や事故が相次いだことや環境問題への関心などを背景に，倫理綱領に公共への責任が書き込まれるようになる．技術者教育に倫理教育が導入されたのはまさにこの時期である．NSF（全米科学財団）とNEH（全米人文科学基金）からの支援を受けて，教材開発や教員へのアドバイスを目的とする工学者や倫理学者による学際的プログラムが開始される．1980年代にはABETが専門職（profession）と

しての技術者に対して倫理性の理解を育成する努力を求めるようになる．こうして専門知識をもって実務をこなすだけではなく，その際に適切な倫理的考慮ができなければ「プロフェッション」とは呼ばれ得ないという考えが打ち出され，その後認証制度の中に組み入れられていったのである．

技術者教育の中で，それまで，技術が社会に与える影響についての教育がなされていなかったわけではない．科学史や技術史，技術論といった領域での授業がすでに提供されていた．だが，技術者倫理はそれらとは一線を画し，専門職集団の地位の確立という背景のもと，専門職としての技術者における行動規範や意思決定に焦点を絞るものだと明言される．こうしたことに対応して，技術者倫理の内容も，専門職倫理綱領を中心に，内部告発や利害相反，守秘義務といった，技術者が個人として直面する倫理的ジレンマと，それに対するべき技術者個人のモラルや悪行の防止に力点が置かれる傾向をもつものになっている．

●**ヨーロッパにおける技術者倫理教育**　こうした米国の認証制度や体系だった教育プログラムに比べると，概してヨーロッパの技術者倫理教育は未整備であるように見える．しかし，各国ごとに伝統があり，米国のような専門職倫理とは違った技術者倫理がある．

例えばドイツでは，VDI（ドイツ技術者連盟）が1950年代から学際的な「人間と技術」研究グループをつくって，倫理・産業化，社会的影響などに関する会議を開催してきた．その中で専門職としての技術者の責任やテクノロジー・アセスメントなどに関して影響力をもつ分析がなされてきた．1980年にVDIのワーキンググループがまとめた『VDI, 将来の課題』では，すべての技術者の目標として，技術者が社会的目標形成に参加し，技術的手段を適切に用いることで人間全体の生を改善すべきことが唱われている．

こうしたことを反映して，ヨーロッパでは一般に，個人のモラルではなく，社会的文脈を強調する技術者倫理教育が考えられている．ヨーロッパの10か国の研究者のチームが作成した『技術と倫理』(2001)では，工学的実践における倫理的反省を，①個々の技術者が遭遇する倫理的問題（ミクロ），②技術的なシステムや制度に関する問題（メゾ），③社会それ自体の問題としての技術発展（マクロ），という三つのレベルで論じている．それゆえ，そこにはさまざまな技術の結果に関する予測や価値評価，技術に関する意思決定も含まれており，専らミクロ，を扱う米国の技術者倫理よりも広い枠組みが指向されている．

日本における技術者倫理教育をどのような方向に向けていけばよいか．米国型の専門職倫理としての技術者倫理と，ヨーロッパ型あるいはSTSとの統合をいかに進め，科学技術の社会的影響などへの考慮を含んだ技術者倫理教育のプログラムをいかに作成するかは，今後の課題であろう．　　　　　　　　　　［直江清隆］

【参考文献】
[1]　齊藤了文・岩崎豪人編『工学倫理の諸相』ナカニシヤ出版，2005.

7. 技術予測

●技術予測？　今新型の太陽光発電システムのような新しい技術に投資するとしたら，この技術の将来について何らかの客観的な見通しが欲しいと思わないだろうか？　私たちが日常，天気予報を見て，傘を持ったり上着を一枚着込んだりするのと同様に，将来の技術の変化がどんな方向，どんな速さ，どんな特徴をもって進行し，あるいはどんな発明や技術革新が行われて，どのような影響を及ぼすかといったことの予測は，大きな意味をもつ．こうした技術の潜在的可能性の予測は，投資を決断しようとする個人や企業だけではなく，企業が研究開発にどんな優先順位を付け，いかなる製品開発を計画し，いかなる戦略を立てるかであるとか，国の施策としてどの分野の技術革新を重点的に育成し，市民に対する技術の影響，技術を通じた健康や生活の向上についてどのような取り組みをするかであるかとか，研究者にとっては現在のアプローチが壁に突き当たっていて後継技術に移るべきであるかどうかなど，経済活動や国民生活に関わるさまざまな意思決定や計画立案に役立ちうる．

　技術予測では，客観的で数量化できるデータを求めて，次のような方法が用いられる．専門家の意見の収集，トレンドの分析，技術環境の調査や特許や文献のリサーチ，相関分析をはじめとする統計的方法，モデル化やシミュレーション，シナリオの作成，コスト便宜分析などの経済的評価，社会的影響や組織やニーズの分析などがそれである．しかし，複雑な現象の将来を予測するわけであるから，天気予報と同様，さまざまな困難に直面する．そこで，こうした困難の一例を挙げてみることにしよう．

●「死の谷」　技術革新において基礎研究と市場投入の間に大きなギャップがあって，多くの科学知識や周辺技術を動員してさまざまな周辺的問題を解決するのに長い時間がかかり，周囲の期待が低下し，忘れられたり非難されたりする時期があることがしばしば見られる．デジカメなどに使われるCCDは当初メモリーとして研究され，のちに撮影素子に目標が変更になったが，1970年代後半から80年代半ばにかけて実用化にほど遠い「悪夢の時代」が続いた．この場合にはCCDが安定して製造することが難しいのが問題で，結果，社会に送り出すに至らなかったのである．要因は違うにしても同じようなことは，液晶ディスプレイの開発や携帯電話をはじめ，さまざまな事例に見ることができる．

　しかし，それだけではない．CCDは初めは計測機器に使用され，やがて業務用のカメラ，一般向けのカメラと用途が変化してきている．デジカメの普及にはさまざまな要因があるが，液晶が搭載されてその場で画像を見ることができるこ

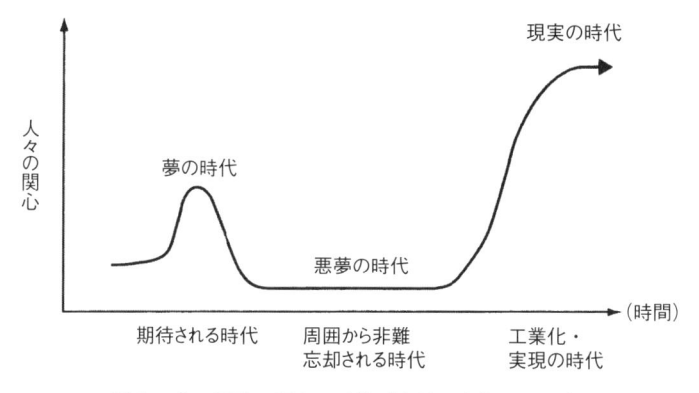

研究の夢・悪夢・現実の時代（吉川・内藤, 2005）

と，現像が不要でインターネットにそのまま流せることなど，それまでのフィルムカメラにはない社会的な価値をもつようになったことが大きかったといわれる．「死の谷」を超えて新たな技術が実用化され，社会に受け入れられるまでには，技術が社会的な価値を受け入れ，新たな価値を付加する過程と，社会が技術の提案を受け入れ，新たな行動様式を生み出していく過程とが絡み合った，技術と社会との複雑な相互作用が働くのである．こうした複雑性は特定の技術に対する技術予測を著しく困難なものにしている．

●技術予測の倫理　このようにみてくると技術予測には一定の限界があることが理解される．もちろん，だからといって技術予測がまったく信頼できないということにはならない．それは的中しないことがあっても天気予報に十分に意義があるのと同様である．こうした限界や不確実性はリスク評価やテクノロジー・アセスメントとも共通するものである．ただし，技術予測を科学的事実とみなし，その結果を公共の政策決定に直接反映させようとしたりすると，弊害が顕在化してくる．技術予測には技術内部や，技術と社会の間のさまざまな関係が盛り込まれているからであり，そこにはさまざまな関係者が存在しうるからである．ここで参考になるのは，リスク評価についてシュレーダー゠フレチェットが主張する「科学的手続き主義」であろう．彼女は，科学の内部で行われているような批判的な検証の過程を，関係しうる市民の手でなされる批判にまで拡大し，リスク評価の科学性と民主的観点とをともに確保しようとする．これなども参考に，技術評価のそのつどの有効性を検討していかなければならないであろう．

[直江清隆]

【参考文献】
[1]　吉川弘之・内藤耕『「産業科学技術」の哲学』東京大学出版会, 2005.
[2]　クリスティン・シュレーダー゠フレチェット，松田毅訳『環境リスクと合理的意思決定―市民参加の哲学』昭和堂, 2007.

8. 予防原則とリスク

●**予防原則とは** 何らかの人間的活動によりハザードが予想されるが，科学的には十分な証拠が得られていないとする．はたしてハザードを防ぐ予防的な措置が取られるべきだろうか？ 予防原則（Precautionary Principle）はこのような不確実性をはらんだ問題に関わる原則である．科学的に十分な証拠が得られないという事態は，低レベル放射線の影響や地球温暖化，遺伝子組換え作物の評価や，日本では水俣病をはじめ，環境倫理や工学倫理とともに食品安全など人間（や動物）の健康に関する問題において広くみられる．一般に予防原則はこのうち，深刻で不可逆的な影響を及ぼすリスクに関係する原則であるといわれる．

●**予防原則のさまざまな定式化** 予防原則の起源は，1970年代に当時に西ドイツの環境政策を特徴づけていた「事前警戒原則（Vorsorgeprinzip）」に求められるといわれている．しかし，それ以前にも同じような考え方は，1969年の「スウェーデン環境保護法」などにも見出される．また，1980年代には「北海保護に関する第1回国際会議宣言」(1984)をはじめさまざまな国際合意にこの原則が盛り込まれるようになっていた．

今日最も知られた予防原則の定式化の一つは，1992年「環境と開発に関する国連会議（地球サミット）」のリオデジャネイロ宣言第15条であろう．そこでは「予防的取組（Precautionary Approach）」の名で，「環境を保護するため，予防的取組は，各国により，その能力に応じて広く適用されなければならない．①深刻なあるいは不可逆的な被害が生じるおそれがある場合には，②完全な科学的確実性が欠けているということは，③環境悪化を防止するための費用対効果の大きい対策を④延期する理由とされてはならない．」（①〜④は引用者が付加）と唱われている．「原則」という強い言い方は避けられているが，②と④において因果関係が確定していなくても取組をすべきことが言われ，これが国の施策の一つの拠り所にすべきとされていることには注意を要しよう．

いま一つ影響力の大きい定式化として，1998年に米国のウィスコンシン州で環境問題に関する研究者や環境活動家などが集まって開催された第7回ウィングスプレッド会議の声明文がある．これは強いバージョンの予防原則として知られる．「ある活動が人間の健康や環境への"脅威"を引き起こすときには，いくらかの因果関係が科学的に完全に証明されていなくとも，予防的方策が講じられねばならない．この際，立証責任は，市民ではなく，その活動を推進しようとする者が負うべきである．」とされたこのバージョンでは，とりわけ立証責任が明確に活動を推進する側に求められていることが特徴である．十分な情報や立証手段

をもたない告発者の側がある活動のもたらすリスクを証明するのではなく，逆に活動を推進する側が脅威をもたらさないことを立証しなければならないというわけである．また，手続きについても，「予防原則の適用の過程は公開で開示され，民主的なものでなければならず，影響を受ける可能性のあるすべての関係者を含んでいなければならない．」とされ，リスクに関する意志決定のモデルともされている．

予防原則にはこの他にもさまざまな定式化がある．その大きな傾向として以下の三つを挙げることができるであろう．(1) 技術の効果に関する証拠を評価したり，リスクについて意思決定したりする際の補助手段と見なすもの，(2) 非倫理的な発展を避けるための道徳的な原理，(3) 予防原則に国内的，国際的な法的な地位が認めうるとするもの（欧州憲法条約Ⅲ-233 第2項など）．

●**予防原則への批判**　予防原則には，リスクに関わる意思決定の原則として直観的説得力がある反面，さまざまな批判が投げかけられてきたのもたしかである．

一つには，上に見てきたように，この原則が明確な定義を欠いていて曖昧だとするものである．リオ宣言のように証拠の欠如が予防的手段を執る妨げにならないとするものから，科学的不確実性が予防的行動に対する適切な議論を喚起しうるとするもの，ウィングスプレッド声明のように因果関係が十分明らかでなくても予防的措置を採らねばならないとするものまで，予防原則がいつ発動され，どうした行動を正当化し，どれほどのコストを支払うべきかなどが，定式化ごとにまちまちであることがそれである．

また，何が脅威かについて予防原則が科学的確実さを要求しないことに対しては，曖昧で非科学的だとの批判がなされる．特に"強い"バージョンに対しては，その明解さと裏腹に，健全な科学としてのリスク評価と相いれない，立証責任について推進側に過大な負担をかけ，いかなる微細なリスクにも対応を迫ることになり非生産的である，実質上ゼロリスクという非現実的な目標を設定している，といった仕方で，「非合理的である」という批判がなされる．さらに，一般に新しい科学技術の段階ではリスクもその評価も多かれ少なかれ不確実性をはらんでいることから，予防的措置を取ることによって別の予見不可能なリスクが生じてしまうという批判（リスク・トレードオフ論）もある．

これらの批判に対しては予防原則をより洗練させる試みもなされている．例えば，予防原則は科学に基づいたものでなければならないが，同時にいかに科学的不確実性に対処するかにより深い注意を向けるものなのだという議論もある．予防原則の発想をいかなる意味で保持し，適用可能なものとして保持しうるかは，いまだ議論が重ねられている最中なのである．　　　　　　　　　　　[直江清隆]

【参考文献】
[1]　丸山徳次編『環境』（岩波応用哲学講義 2）岩波書店，2004．
[2]　大竹千代子・東賢一『予防原則―人と環境の保護のための基本理念』合同出版，2005．

9. テクノシステムと倫理

　科学技術が，人間に危害を加える事例が深刻化している．水俣病 (1956)，インド・ボパール化学工場爆発事故 (1984)，チェルノブイリ原子力発電所事故 (1984)，……．そして2011年に最悪の科学技術事故が起きた．

　3月11日，三陸沖を震源地とするマグニチュード9の巨大地震とそれに伴う大津波が，東日本の沿岸を襲った．福島第一原子力発電所では，冷却装置の停止による炉心融解事故が発生した．なぜ事実上リスク0とされていた福島原発で事故が起きたのか？　内閣・国会・民間に種々の調査・検証委員会がつくられ，調査報告書が作成された．しかし，誰かにババ札を引かせるように，犯人捜しをやるのでは事故は防げない．主観的な負い目ある意図はどこにもないからである．したがって伝統的な責任性（過去に向けられた事後の非難責任）は前もって阻止するということに役立たない．責任についてのわれわれの考えを変える（未来へ向けられた事前の配慮責任へ）必要がある．

　原発は，地震の時は，「止める」「冷やす」「閉じ込める」の三段階で設計されていた．たしかに巨大地震であったが，稼働中の原発は自動停止した．次に冷却するだけだった．ところが送電線が倒れ，外部電源が確保できなかった．非常電源は，津波で水没し，冷却機能が失われた……．なぜ非常電源が水没したのか．津波の想定は十分だったか．そうするとそこに見えてくるのが，予見できたにもかかわらず予防を怠ったという，安全性に対して十分な備えをしていなかったという単純な事実である．たとえ予見不可能な津波の高さであったとしても，このような重大な惨事を起こす場合は，予見不可能という抗弁を認めない厳格責任（無過失責任）が課されるのである．

●テクノシステム　なぜ現在，技術者の安全責任が問われているのか．それは，現代社会の特徴であるシステム化した機構に起因する．システムとは，その本質が抽象化であるゆえに，あの「プロクルステスのベッド」のように，具体性を切り捨てるものである．だから高度な巨大テクノロジーの複雑なシステムには具体的な人間性の心情が欠けている．さらに，これに現代社会の特徴である功利主義的な個人主義や市場経済の支配が付け加わる．するとシステムの中で働く人間たちも，不十分な道徳性が月並みとなる．つまり他人の幸福に対する関心が，自己の利益に対比していつも第二位におかれてしまう．その結果，具体的状況に適合しているかどうかを考えずに，プログラム，規則，戦略を盲目的に，あるいは軽率に尊重することになり，他人の安全や幸福に対して，身をもって関わり，身代わりとして共感的に関わるというあり方が軽視されるか，無視されることになる．

かつて市役所・病院などの巨大組織の合理的・能率的な管理・運営の仕組みとしてのビューロクラシー（事務机の支配・官僚制）が批判された．これは民主主義とともに生まれた公平を原則とするピラミッド・システムであるけれど，機械のような冷たさをもっていた．人間を行政組織の単なる歯車に変え，非人間化するからだ．現在はコンピューターの基盤のように複雑に配線されたテクノシステムが事務机の支配にとってかわった．細部にわたり対応はしてくれるが，冷たさという本質は何も変わらない．

●**無思慮**　アイヒマン裁判を傍聴したハンナ・アーレントは，ユダヤ人600万人をガス室へと導くことになったバンゼー会議の書類にサインしたアイヒマンを悪魔的人間としては捉えなかった．アイヒマンとは，どこにでもいるような中級官僚（中佐）であり，愚かではなく，外からみればまったく責任能力を備えていて，妻を裏切らず，子どもたちにとりよき父親であるような，小市民だった．ただ，他人の幸せをまったく考えようとしなかったのだという．「完全な無思慮（Gedankenlosigkeit），それが彼があの時代の最大の犯罪者の一人になる素因だったのだ」．さらにハンス・レンクは，テクノシステム時代においては，「道徳的不十分の月並みさ」が「システムの非人間性」と手に手をとって進むと指摘している．

現代においては，技術者たちが，ますます巨大な組織の従業員になっている．だから従業員としては，彼らは少ししか独立していない．しかしこのことが，技術者からその責任まで取り除いてしまうのではない．システムには道徳的不十分さが現れるという傾向が備わっている．すべてが官僚制的に非常に美しく規則づけられたとき，抽象的コンセプトや操作的モデルないし形式的手続きに固執するとき，技術者は道徳的惰性的仕事ぶりに陥るということである．

●**責任**　だから，単にシステムのなかで機能するだけであってはならない．職業的役割に入るとき，人間性一般をクロークに預けてしまうことは許されない．人間性に基づいて為すべきことを配慮する責任がある．人間性とはわれわれ人間の間柄や公的生活での責任の役割に関する考察を拡張することである．つまり，本来の意味で実行された行為だけに責任があるのではなく，戦略や一般的手続きが問題である場合には，危険な業務遂行中は目をつぶる指令業務の諸結果に対しても責任があるし，自らそれをやめる気がない業務の結果に対して，その場合でもともに責任（集団的責任）がある．「疑わしい場合は具体性のために（In dubio pro humanitas concreta）」．

［盛永審一郎］

【参考文献】
[1]　ハンナ・アーレント，大久保和郎訳『イェルサレムのアイヒマン―悪の陳腐さについての報告』みすず書房，1969．
[2]　ハンス・レンク，山本達・盛永審一郎訳『テクノシステム時代の人間の責任と良心―現代応用倫理学入門』東信堂，2003．
[3]　加藤尚武『災害論』世界思想社，2011．

コラム

ハンス・ヨナス『責任という原理』

加藤尚武監訳, 東信堂, 2000（新装版, 東信堂, 2010).
Hans Jonas: *Das Prinzip Verantwortung: Versuch einer Ethik für die technologische Zivilisation*, Insel, 1979.

「科学から未曾有の諸力を手にし，経済から倦むことのない駆動力を手にし，ついに解き放たれたプロメテウスは，人間が不幸にならないように自分から進んで手綱を手に取って，みずからの力を制御してくれるような倫理学を捜し求める」．

ハンス・ヨナスが70歳代で母国語のドイツ語で書いた『責任という原理——科学技術文明のための倫理学の試み』は，ドイツで爆発的な評価を呼び起こし，数々のドイツの賞を受賞した．

1903年ドイツのマンチェスターと呼ばれた織物工業の都市メンヘングラートバッハのユダヤ系ドイツ人の工場主の息子として生まれた．シオニズムに傾倒し，大学では，ブルトマン・ハイデガーに師事した．1933年ハイデガーがフライブルク大学の総長になり，ナチに荷担した『総長就任演説』を行う．それを契機として，友人とともにハイデガーの下を去り，ドイツに対する抵抗戦線に入る．戦争中，戦場から妻ローレへ送った「教説の手紙」は後に『有機体と自由』（1973年）という本になる．戦勝後，ドイツに入る途中で，母がアウシュビッツで殺されたのを知る．パレスチナ，カナダ，米国へと渡り，ニューヨーク社会調査大学教授となる．友人にはショーレムや生涯の友人ハンナ・アーレントがいた．アーレントはヨナスのこの書を「愛する神が君とともに考えた本だということは明らかである」とまで評価した．1993年他界．

ヨナスは，ブロッホの『希望の原理』を意識して，科学技術にユートピアを見る見方を批判し，「生態学上も人間学上も思い違いをしている目標設定の図々しさに，責任の原理は恐怖と畏敬の念が命ずる控えめな課題を対抗させる」と書いている．

ヨナスにおいて現代技術は危機の観点と結びついている（序章1.参照）．技術は，世界を徹底的に対象化している．それは生の再構成を目指している．しかも単に表象的にとどまる（ハイデガー）のではなくて，事実的に．技術時代の危機は，内面的な危機——ニヒリズム——なのである．この破局の脅かしに対して，「存在せよ」と命ずる．しかも単に身体的に生き延びることだけでなくて，「存在の無傷」を説く．「その際人間の運命だけではなくて，人間像も問題である．身体的に生きながらえることだけでなくて，また存在（Wesen）が傷つけられないということが問題である．その結果両方のことを守らなければならない倫理学は，賢明の倫理学を越えて，畏敬の倫理学でなければならない」．

したがって「人類を有らしめよ」これが第一の命令となり，ここから新しい倫理（第9章9.参照），すなわち人間のなしうる能力にみあう「予見と責任の倫理学」が生まれる．しかも「後世の人たちの願望に依拠するのではなく，当為に依拠せよ」とヨナスはいう．存在論的な理念である．

［盛永審一郎］

第7章

技術の発達と動物倫理

　ドイツではカエルが産卵期を迎えると，産卵のために道路をカエルが横切るというので，その道路を封鎖して使用できなくしている．路線バスは運休になり，人間はわざわざ遠回りの迂回路を通らなければならなくなる．だからといって抗議する人もいない．その記事が掲載された日本の新聞の小見出しは「ひかないでヒキガエル（「引き返す」とかけている）」だった．日本国内のニュースとして同じような記事が新聞に出たのはそれから10年たってからだった．東京でやはり同じように産卵のために道路をカエルが横切るので，注意を喚起する手作りの看板が立てられたという話である．その時の新聞の「小見出し」は，「ヒキガエル，だけどひかないで」と，注意喚起程度のものだった．ここにも日本とドイツの動物に対する考え方・姿勢の違いが現れている．［盛永審一郎］

1. 肉食の問題とベジタリアン

●**ベジタリアニズム** 肉食(魚肉を含む)を避け，野菜・果物など植物性食品を中心に食べる生き方は，今日一般にベジタリアニズム(菜食主義)と呼ばれ，そのような生き方をする人はベジタリアン(菜食主義者)と呼ばれる．牛や豚は食べないが魚は食べるという人はデミベジタリアンあるいはセミベジタリアン（半菜食主義者）と呼ばれ，肉食を避けるだけでなく，卵や乳製品などの動物由来の食品の摂取も避けたり，さらには動物を利用した製品(皮革製品など)の使用も避けたりする人はビーガン(完全菜食主義者)と呼ばれる．

宗教的理由による菜食中心の生き方は古くから行われてきたが，20世紀後半から，肉食は反道徳的であるという理由からベジタリアニズムが提唱され実践されるようになった．肉食が反道徳的であるとされる最も直接的な理由は，それが動物に苦痛を与え殺すことにある（ちなみに，日本では食肉用に年間およそ牛120万頭，豚1,600万頭，鶏6億数千万羽が殺されている）．しかし肉食が反道徳的であるとされる理由はそれだけではない．世界の飢餓，環境の汚染と破壊，地球の温暖化，人間の健康に対する影響も肉食に対する道徳的批判の理由として挙げられる．

●**動物の利益と権利への侵害** オーストラリアの哲学者ピーター・シンガーは，肉食が反道徳的であるのは，利益や不利益はそれが誰にもたらされようと平等の重みをもつものとして配慮されなければならないという「利益の平等な配慮の原則」に反するからであると言う．人が動物を殺して食べるとき，動物が被る不利益（苦痛および将来享受されうる快の喪失）が人間のそれと同等の道徳的重みをもって配慮されておらず，軽視されているか，まったく配慮されていない．肉を食べたいという人間の単なる欲望を満たすためだけに動物が犠牲にされているのである(第7章6．参照)．

他方，米国の哲学者トム・リーガンは，動物は「生の主体」として人間と同様に単に手段としてのみ扱われない権利をもっているのであり，肉食は動物のもつそのような基本的な権利を侵害するがゆえに反道徳的であると主張する (第7章5．参照)．

シンガーやリーガンは，食肉用動物の飼育過程に対しても厳しい目を向けている．現代では，肉(さらには，乳や卵)を安く大量に生産するために，多数の動物を同じ場所で集約的に一括管理して飼育している．工場畜産と呼ばれるこの飼育方法では，動物は向きを変えることすらできないほど狭い檻のようなところに閉じ込められて飼育されるか，他の個体と触れ合わずには動くことができないほど

過密な状態で飼育される．そのために十分な運動ができず過度のストレスを強いられ，中には病気になったり異常行動を示したりする場合もある．短期間で成長し大きくなるようにたんぱく質を強化された加工飼料が与えられたり，成長促進のためのホルモン剤が投与されたりする．こうして食肉用の動物は殺されて食べられる前に，すでに道徳的に正当化されえないような扱いを受けているのである．

●肉食に反対するその他の理由　世界人口の七人に一人が慢性的な飢えに苦しんでいると言われている．ところが，世界の穀物生産量のおよそ40パーセントは食肉用動物の飼育のために消費され，しかも食肉用の家畜は，与えられた飼料の90パーセントを自分の代謝を維持するために消費している．すなわち食肉の生産に使用される食料資源の90パーセントが失われているということである．肉食が世界の飢餓問題を引き起こしているわけではないが，食肉用家畜の飼料となる穀物を動物に与えるのではなく人に与えれば，世界の多くの人々を飢えから救うことが可能になる．

　食肉の生産には穀物の生産の何倍もの水を要する．例えばジャガイモ1kg生産するには900lの水が必要であるのに対して，鶏肉1kgを生産するには3,900lの水，牛肉1kgを生産するには15,500lの水がそれぞれ必要である．また食肉の生産には多くの化石燃料が必要である．伝統的な農法による穀物栽培では，投入した化石燃料の何十倍ものエネルギーが得られるのに対して，放牧による牛肉生産でさえ，1カロリーを得るのに3カロリーを要し，工場畜産ではさらに何倍，何十倍もの大量のエネルギーが必要となる．

　畜産業では大量の穀物が消費されると同時に，家畜の糞尿が大量に発生し，糞尿中の窒素やリンで水資源が汚染される．また世界の森林破壊は，木材資源の獲得や焼き畑農業のためではなく，むしろ畜産によるところが大きい．

　人間に起因する二酸化炭素の5分の1は，畜産業によるものだと言われている．またメタンガスの年間排出量の16パーセントが反芻動物のゲップによるものであり，5パーセントが家畜の糞尿から生じていると言われている．

　工場畜産はBSE（牛海綿状脳症）をもたらし，鳥インフルエンザなどの人畜共通感染症の温床となっている．また工場畜産は動物が病気にならないように抗菌薬を大量使用することによって，耐性菌を作り出している．また肉食は肥満，動脈硬化症，心疾患，高血圧，痛風，さまざまな種類の癌になる可能性を高める．

　こうした事実を前にして問われているのは，私たち一人ひとりの生き方である．

［樫　則章］

【参考文献】
[1]　ピーター・シンガー，戸田清訳『動物の解放 改訂版』人文書院，2011．

2. 動物実験

●**動物実験の現状**　動物実験(あるいは動物を用いた研究)の目的は，動物や人間の行動，発達および機能の生物学的理解，動物や人間の病気の解明および新しい治療法の開発，物質や製品の安全性の評価，生産過程や生産物の品質管理，病気の診断，教育・訓練と多岐にわたる．

研究に使用される動物の種類も多様である．哺乳類ではマウス，ラット，ウサギ，イヌ，ネコ，ブタ，ウシ，サル類など，鳥類ではニワトリ，ウズラなど，爬虫類ではヘビ，カメなどである．また両生類や魚類も使用される．

多くの研究で実験動物は苦痛を強いられることになるので，たいていの場合麻酔薬が投与されるが，最終的には大量の麻酔薬の投与により「安楽死」させられる．最初に「安楽死」させられてから，研究用に組織等が採取されることもある．

世界全体で一年間にどんな種類の動物がどれくらい研究に使用されているかについては，正確な統計がないために不明である．日本では日本実験動物協会と日本実験動物学会がそれぞれ実験動物の販売数と飼育数を調査しているが，日本全体で一年間に研究に使用された動物の種類や数に関する正確な報告は存在しない．推計で1,200万以上と言われている．ヨーロッパ連合(EU)加盟国については，近年EU指令により報告義務が課せられたために，使用数等の詳細が明らかになっている．それによれば毎年，合計で約1,200万，マウスとラットで8割近くを占めている．哺乳類を用いた研究に限れば，マウスとラットで9割以上を占める．この傾向はどこの国でも同じである．

●**動物実験の規制体制**　米国，英国，フランス，ドイツでは，研究者，研究施設，飼育施設について登録制，免許制，許可制などの違いがあるものの法的に規制され，査察制度や罰則も法的に定められている．EUは，1986年に実験動物福祉指令を制定し，2010年に大規模な改正を行い，研究の主な目的，実験動物の種類と使用数等の報告を義務づけている．

日本における現行の動物実験規制体制は，2005年に「動物の愛護及び管理に関する法律」が改正され，動物実験については，国際的な動物実験の基本原則である3Rの原則(後述)の遵守が明記されたことに始まる．この改正を踏まえて翌年の2006年に，環境省が「実験動物の飼養及び保管並びに苦痛の軽減に関する基準」を定め，文科省・厚労省が所管の機関を対象に「動物実験等の実施に関する基本指針」を策定し，また日本学術会議は日本における動物実験の事実上の統一ガイドラインとして「動物実験の適正な実施に向けたガイドライン」を公表した．指針では，各機関において規程の作成と動物実験委員会の設置が義務づけられ，研究

者は研究計画書を作成し，委員会の承認と機関の長の許可を受けた場合に研究を実施できる．また3Rの原則の遵守，教育訓練の実施，自己点検・評価および第三者による検証および情報公開が求められている．検証については現在，外部ないしは相互検証が実施されている．しかし，法律による規制ではないために，現行の体制に対する批判も少なくない．

●**動物実験に対する道徳的評価**　動物実験に対する道徳的評価は，動物権利論，動物解放論，動物福祉論に大別できる．

　動物権利論は，動物もまた「生の主体」として，人間と同様に「目的自体」として扱われるべきであり，動物は，他者から害を加えられないという点で人間と同等の権利をもつのであり，その権利は法的に保護されなければならないと主張する．したがって，この立場からすれば，観察研究など一部を除いてほとんどの動物実験は禁止されるべきだということになる(第7章5．参照)．

　動物解放論も，動物の利益と人間のそれとは平等・同等に配慮されるべきだと主張する．しかし，この立場は基本的に功利主義の立場に立っているので，研究によって動物にもたらされる不利益に比べて人間にもたらされる利益のほうが多い場合，研究は正当化されることを認めるが，現行のほとんどの動物実験は功利主義的に正当化されえないと主張する(第7章6．参照)．

　動物福祉論は動物の福祉に対して人間はもっと配慮するべきだという従来からある考えである．動物解放論のように動物の利益と人間の利益とは平等・同等に配慮されるべきだという立場に立っているわけではないために，動物権利論からも動物解放論からも批判を浴びている．しかし，現実問題としては，動物福祉論が最も多くの人々の理解と共感を得ることのできる立場であり，国際的にも現在のところ主流の立場であると言うことができる．

　W. ラッセルとR. バーチが1959年に『人道的実験手法の原則』において提唱した動物実験に関する3Rの原則は，動物福祉論の基本的な考えを具体化したものである．置換(Replacement)は，可能なら動物を用いない他の方法(細胞を用いた研究等)で研究すること，削減(Reduction)は，研究に用いられる動物の数が可能な限り少ない方法で研究すること，洗練(Refinement)は，動物に可能な限り苦痛を与えない方法で研究することである．またこの原則では，こうした研究方法の開発も求められている．

　3Rの原則はすでに世界各国において動物実験に関する基本原則として受け入れられているが，近年では経済協力開発機構(OECD)や世界動物保健機関(OIE)などが3Rの原則に関して声明を出している．また，動物の福祉に対する世界的関心が高まるなか，動物実験をした化粧品の販売がEU域内において2013年3月から全面禁止となっている．　　　　　　　　　　　　　　　　[樫　則章]

3. 種差別

●**種差別とは何か** 「種差別」(speciesism)は，英国の元実験心理学者リチャード・ライダーが人種差別や性差別にならって1970年に作った言葉である．人種の違いに基づく差別——ここでは「差別」を「不当に不利益・不平等に扱うこと」という意味で用いる——が人種差別であり，性の違いに基づく差別が性差別であるように，種差別とは，生物種の違いに基づく差別を意味する．

しかし，人種差別や性差別といっても，歴史的に問題とされてきたのは，白人による「黒人」差別であり，男性による女性差別である．ライダーが種差別という言葉を用いる場合も同様であって，彼がこの言葉を用いて批判しているのは，人間による人間以外の動物に対する差別である．

ライダーがこの言葉を最初に使ったのは，オックスフォード大学の大学院生を中心に当時活動していた動物保護運動グループの仲間に配るために彼が私的に作成した動物実験に反対するビラにおいてであった．そして，このグループのメンバーを主な執筆者として翌年(1971年)に出版された『動物，人間，道徳——人間以外の動物に対する虐待の研究』の中でもライダーはこの言葉を用いて動物実験を批判した．

種差別という言葉を作ったのはライダーであるが，この言葉を世界に広めたのはオーストラリアの哲学者ピーター・シンガーである．シンガーが肉食や動物実験などを種差別として徹底的に批判し，今こそ人間による虐待や搾取から動物を解放するべきだと高らかに宣言した彼の著書『動物の解放』(1975年)は広範な読者を獲得し，多くの言語に翻訳され，後に動物解放運動のバイブルと呼ばれるようになった．

●**何が種差別か** 動物を差別することなく，動物に対しても人間に対するのと同様の配慮と敬意とを示すべきだと主張する人々が種差別として批判し反対することは，肉食や動物実験だけではない．皮や毛皮の生産，狩猟，釣魚，闘牛，闘犬，闘鶏，競馬，ドッグレース，さらには動物を展示したり動物に演芸をさせたりすることなど，多岐にわたる．また近年では，動物の遺伝子を改変すること，動物を特許の対象とすること，また人間のための移植用臓器を動物に作らせることも種差別の一形態として批判の的となっている．

●**種差別の何が問題か** 種の違いに基づいて人間が人間以外の動物を不利益・不平等に扱うことがなぜ不当であるのか．種差別に反対する人々が一致して認めてることは，人種の違いや性の違いそれ自体が不利益・不平等な扱いを正当化する根拠にならないのと同様に，生物種の違いそれ自体も不利益・不平等な扱いを正

当化する根拠にはならない，ということである．

しかし，なぜ人間は人間以外の動物にも人間に対するのと同様の配慮を示し，敬意を払わなければならないのだろうか．これまでさまざまな考えが唱えられてきたが，代表的な考えは次の三つである．

一つはシンガーに代表されるような，功利主義に基づく考えである．功利主義では，人が行為するとき，人はその行為の影響を受けるすべての人々の利益・不利益を平等に配慮することが求められる．すなわち，利益の平等な配慮が求められる．では，利益とは何か．人にとって快および苦痛の不在はそれ自体として利益であり，苦痛はそれ自体として不利益である．ところが快苦を感じうるという点では動物も同じである．すると，利益の平等な配慮は，動物の利益にも平等に配慮するように私たちに要求する．こうして，生物種が違うからという理由だけで動物の利益を過小に評価したり無視したりすることはまさに種差別にほかならないということになる（第7章6．参照）．

これに対して，米国の哲学者トム・リーガンは動物にも人間と同様の権利があると主張する．リーガンによれば，内在的価値――他の何かのためによいとか，役に立つということとは無関係な価値――をもつ存在のみが権利をもつ．なぜなら，権利とは内在的価値を守るためのものだからである．そして内在的価値をもちうるのは生の主体である．したがって，生の主体であるものは他の何らかの目的のための手段としてのみ扱われない権利をもつ．ところが，生の主体であるのは人間だけではない．動物もまた生の主体である．したがって，動物もまた人間と同様に単に手段としてのみ扱われない権利をもつ．生物種が違うからという理由だけで動物にそのような権利を認めないことは種差別である（第7章5．参照）．

種差別という言葉を作ったライダーは近年，「ペイニズム」（Painism）という考えを提唱している．ライダーによれば，不必要に他者に苦痛を与えることこそ悪の本質であり，相手が動物だからという理由だけで苦痛を過小に評価したり無視したりすることは種差別である．ライダーのこのような考えは一見するとシンガーの考えとよく似ているが，人々や動物にもたらされる利益・不利益の合算を認めないという点で，シンガーの立場である功利主義と一線を画す．例えば，闘牛によって牛にもたらされる苦痛が甚だしいとしても，多くの人々が闘牛を見て楽しむことができるなら，闘牛は功利主義的には正当化されかねない．しかし，ライダーの考えでは，闘牛が不正であるのは，闘牛を楽しむ一人ひとりの人間にはわずかな利益しかもたらされないのに，牛には甚だしい苦痛が与えられるということなのである．すなわち，ペイニズムによれば，行為の不正さは，相手が人であれ動物であれ，どれだけ苦痛を与えたかによって決定されるべきなのである．

［樫　則章］

4. 動物の心

　動物に心はあるのか．この問いは，「動物に意識はあるのか」「動物の認知能力とはどのようなものか」といった形で問い直されることで，自然科学的な探究の対象となる．他方，「動物に魂はあるのか」という形で問い直されると，哲学的な探求の対象となる．心や魂については，それ自体がいかなるものなのかが哲学的に問題となる厄介で興味深いものである．たしかに，こうした根本的な問いが，現代社会における科学技術の急速な発展に応じて生じた倫理問題とどのような関係をもちうるのかはにわかには想像し難いかもしれない．しかし，科学技術の進展により，動物の認知能力や意識構造が明らかになることで，動物が自らの置かれた状況にどのような気持ちや考えをもっているのかを私たちが読み取ることができるようになるとすれば，動物に対する私たちの態度や姿勢を改める要求が提出されることもありうるだろう．実際，その時代ごとの動物に関する知見はこれまで，単に知的好奇心を満たすのみならず，動物たちへの態度を左右し，社会的な関心を呼び起こしてきた．

●**動物機械論**　動物に心はあるのか，という問いに対する最も極端な答えの一つは，「動物は，精神や思考力を欠いた機械仕掛けの人形のようなものなのだから心などもちようがない」というものであろう．これは，動物機械論と呼ばれる考え方である．

　思想史的には，動物を機械と見なすようになったのは，それほど古い話ではない．古典古代の時代には，動物に対しても配慮や知恵，勇気を認める立場は例外的なものではなかったし，時に動物の特定の気質は人に優るものと見なされることもあった．また，16世紀フランスの人文主義者モンテーニュは，『エセー』の中で，動物にも一定の推論能力があることを説いており，17世紀に至るまで西洋文化では，動物は一定の能力をもつ独自の存在と見なされてきた．

　しかし，デカルトの『人間論』が刊行されて以降，フランスの知識人の間で動物機械論が浸透し始めた．修道院ポール・ロワイヤルでは，動物の叫び声や痙攣は壊れかけの歯車やバネの音と変わらないとする「最新の学説」に則って，動物を機械装置と見なし，生きたまま解剖することが繰り返されていた．顕著な例を挙げれば，デカルト派の哲学者マルブランシュは，自分に向かって近寄ってきた犬を蹴飛ばし，唖然とする傍らの人に「おやおや，あなたは知らないんですか，あれは別に何も感じないんですよ」と述べたと言われている．動物を機械と見なすことは，考えようによっては，人間をも機械と見なすことにもつながりうる．こうした見方は，人間の心への問いや，心とは何かという哲学的な問いを大いに喚起

するものであった．他方で，動物機械論の徹底は，特定の知識人層を除く普通の人々には受け入れ難いものであり，哲学者たちの議論でさえも，動物に一定の心（霊魂）を認めつつも人間とは区別されるものとして捉える，といった構成をとるものが多かった．

以上の議論の背景には，(1) 他の動物から人間を区別して人間を特別な存在だと考えようとする宗教的な課題，(2) 探求対象を機械論的な眼差しで捉えるという科学的な課題，(3) 動物の苦しむさまを見過ごせず，動物に対して時に深い愛情を寄せる人々の直観に配慮して提起される社会倫理的な課題など，多様な要請に応ずるべき知的状況があったと思われる．動物の心への問いは，その時代ごとに入手可能な最新の科学的知見をも踏まえながら，人々が自らを何者であると考え，何をなすべきかと問う，長らくの応用倫理学的課題でもあったのである．

●**動物の認知能力**　19世紀から20世紀にかけて，進化論が登場し，人類学や比較解剖学などの実証的知見が蓄積されてくると，人間と動物の間の連続性が強く意識されるようになる．例えば，現在の知見では，ヒトとチンパンジーが進化の過程で分岐したのは数百万年前とされているし，ゲノムついても，ヒトとチンパンジーの間で99％は一致していると言われる．最近の認知動物行動学の成果の中には，人間と動物の心的能力の差がそれほど歴然としていないことを示唆するものもある．

もちろん，心的能力について何かが明らかになったからと言って，それが即座に，動物に心があることを証明したことにはならない．そもそも，ある存在者に心があるということを科学的に示せるかどうかも明らかではない．それは，心をどのようなものと捉えるのかという問題に深く関わる厄介な哲学的問題である．

しかし，応用倫理学という観点から見た場合，動物が本当に心をもっているのかどうかは実はそれほど重要ではない．例えば，動物の心的能力に関する研究の進展に応じて，今後，動物の心の中の声を人間に理解可能な仕方で翻訳するとうたわれた機器が開発されるかもしれない．その時に，いかなる社会的意思決定を行うべきかが重要な争点となる．その時点で，そうした機器の存在が読み取り対象の心の存在を所与のものとして前提する社会的コンセンサスが確立されているとしたら，その機器の読み取り精度に関する専門的な疑義はどのように扱われるべきなのか．動物たちの人間に対する倫理的非難の声が読み取られたなら，それをどのように社会的に受けとめるべきなのか．科学技術の進展は，動物の心という問題を新たな位相のもとに置くことになりうるだろう．　　　　　［奥田太郎］

【参考文献】
[1]　金森修『動物に魂はあるのか―生命を見つめる哲学』中公新書，2012．
[2]　ドナルド・R・グリフィン，長野敬・宮木陽子訳『動物の心』青土社，1995．

5. 動物の権利

　生きとし生けるものは尊い,という思想は,古今東西に見出すことができる.「動物の権利」という考え方もまた,広くはこの思想の流れの中にあると言えるが,この考え方は他ならぬ西欧で生まれたものである. 19世紀半ばにフランスで確立された動物実験の手法がイングランドに輸入されると,動物虐待を課題としていた動物愛護運動の焦点が動物実験に移り,1876年には動物愛護法が成立するに至った.その後出版されたヘンリー・ソルトの著書『動物の権利』(1894)では,動物にも人権と同じような権利を認めるべきだと説かれている.

　二つの世界大戦を通じて,この運動はいったん沈静化するが,1970年代に米国を中心とする西洋諸国で人種差別と性差別に対する反対運動が興隆してくるにつれ,「動物の権利」運動という形で再燃する.発火点となったのは,動物実験施設と畜産工場での動物に対する待遇の実情を告発し,「種差別」という概念を鮮烈な形で紹介した倫理学者ピーター・シンガーの著書『動物の解放』(1975)であった.シンガー自身は,持論の基礎に功利主義的思考を据えていたため,「動物の権利」を明確に主張したわけではなかったが,20世紀の新たな動物愛護運動は,「動物の権利」という旗印のもとに展開されることになった.こうした新たな動物の権利運動は,その後,動物実験や工場畜産のあり方に反省を迫り,動物の福祉を考慮する潮流をもたらして,現在もなお,動物と人間の望ましい関係を模索する視座の提供に大きな役割を果たし続けている.

●動物は権利をもちうるか　社会運動としては,動物たちの暮らし向きが改善されれば目的を達成したことになるだろう.しかし,そうした運動の背景にある理屈がどのような根拠によって支えられているのかは,目的達成の成否とは別に検討されるべき課題である.そもそも動物は何らかの権利の担い手と見なされうるのだろうか.

　人間以外の動物がすべて人間に利用される道具としてのみ存在していると言われれば,日常的な感覚からしても完全に首肯することはできないだろう.そうだとすれば,動物は,人間の役に立つから配慮されるというだけでなく,動物自身のために配慮されるべきである,と考えられていることになる.換言すれば,動物は独自の道徳的地位をもつ存在だということである.

　では,動物はどのように配慮されるべきなのか.人間の利益と動物の利益との間で,どちらかを優先すべきだとか,どちらも平等に配慮されるべきだといった議論が可能になるには,そもそも人間と動物の間に比較可能な利害が存在していなければならない.少なくとも,神経生理学の観点から見て,痛み等の感覚をも

つ動物は,「苦しみを避ける」という利害を人間と共有しているように思われる.また,苦しみを避けることに関する利害には,人間と動物で,道徳的な重要性について大きな違いがあるとは思えない.そう言えるのであれば,苦しみを避けるということについて,人間と動物は平等に配慮されるべきだということになる.

ここで採りうる一つの考え方は,人間と動物についてその利害を平等に配慮した上で,人間と動物を含む社会全体にもたらされる福利が最大化されるような行為や方策が道徳的に正しい,という功利主義的な路線である.この路線を採れば,帰結次第では,動物の利害が人間の利害よりも優先されることもあるし,そうでないこともありうることになる.そうすると,動物実験もまた,それがもたらす帰結次第で許容されるものが理論上はありうることになる.

この理論的な結果に納得がいかないのであれば,別の考え方を採る他はない.例えば,米国の哲学者トム・リーガンは,次のように考えた.人間には,事柄の帰結のあり方にかかわらず,等しく尊重されるべき権利(人権)がある.つまり,一人ひとりの人間は,内在的価値をもつ個体であるため,いかなる場合であっても,そうした価値を尊重されるように扱われなければならない.そうした尊重の対象となる内在的価値をもつ個体としての資格は,人間であることではなく,「生の主体」であること(すなわち,信念,欲求,感情をもつこと,知覚や記憶といった能力をもつこと,未来の感覚があること,目標をもちそれを追求する行為ができること等の一定の条件を満たす主体であること)によって与えられる.それゆえに,少なくとも,1歳以上の哺乳動物は「生の主体」であると言ってよく,彼らは人間と同じ基本的な権利をもつ.こうした考えに基づけば,該当する動物について,肉食や動物実験は全面的に禁止されるべきであり,毛皮を剥いだり,見世物として利用したりすることも認められないことになる.

●**権利をもつとはいかなることか** このような動物の権利に関する議論は,翻って,そもそも権利をもつとはいかなることかという根本的な問いを喚起する.人間以外の動物が権利をもつかという問いは,時として,権利をもつか否かを決するための基準の設定という形での回答を求めるが,そうして設定された基準は人間に対しても適用されうるので,果してあらゆる人間が権利をもつと言えるのか,という問いを不可避的に呼び起こす.そうなれば,ヒトに属する者はすべて権利をもつということを何の留保もなく主張するのは難しくなるだろう.動物の権利について真剣に考えていくことは,権利そのものについて再考することに他ならないのである.　　　　　　　　　　　　　　　　　　　　　　　[奥田太郎]

【参考文献】
[1]　伊勢田哲治『動物からの倫理学入門』名古屋大学出版会, 2008.
[2]　デヴィッド・ドゥグラツィア, 戸田清訳・解説『動物の権利』岩波書店, 2003.

6. 功利主義と動物倫理

　人は動物をどのように扱うべきかという問題に功利主義の観点から積極的に取り組んできたのはオーストラリアの哲学者ピーター・シンガーである．シンガーは従来から行われてきた動物保護運動から一線を画して自らの立場を「動物の解放」と名づけた．

●**動物保護運動**　動物保護運動は大まかに三つのタイプに分けられる．動物福祉論と，シンガーの動物解放論およびトム・リーガンらの動物権利論（第7章5. 参照）である．従来の動物保護運動は動物福祉論の立場に立つ．人は動物を人道的に扱い，動物に対して適切な食料・水・すみかを与える道徳的義務を負っているが，人にもたらされるよい結果によって，肉食や動物実験は正当化されると考えている，いわば現状改善主義である．それに対して，動物解放論や動物権利論は動物を人並みに扱うことを主張する，もっと徹底したものである．もっとも，動物解放論と動物権利論はあまり区別されておらず，またときには同じものと見なされているが，実際には哲学的根拠がまったく異なり，実践面においても違いがある．

●**動物の解放**　「動物の解放」という言葉が最初に出版物に登場したのは，1971年に出版された『動物，人間，道徳——人間以外の動物に対する虐待の研究』という本について，シンガーが「動物の解放」というタイトルで書評を書いた1973年4月5日の『ザ・ニューヨーク・レヴュー・オヴ・ブックス』である．彼はそこにおいて1950年代以降の「黒人の解放」や「女性の解放」と同等に位置づけられるべき社会的・倫理的問題として「動物の解放」——現代の工場畜産や動物実験に見られるような，人による虐待や搾取からの動物の解放——を主張したのだが，その書評から2年後の1975年に『動物の解放』と題する本を自ら著し，動物の解放という言葉が広く知られるようになった．

●**利益の平等な配慮**　シンガーの動物解放論の出発点をなすのは，功利主義の特徴の一つである「普遍主義」である．すなわち，私たちが行為するとき，私たちはその行為の影響を受けるすべての存在の利益を平等に配慮しなければならないということ，すなわち「利益の平等な配慮」である．もちろん，利益の平等な配慮と言っても，より大きな利益にはより大きな配慮を示さなければならないことは言うまでもない．しかし，その場合問題になるのは「利益とは何か」であるが，この問いに対するシンガーの答えはきわめて単純明快である．快苦を感じうる存在にとって，快楽はそれ自体として利益であり，痛みや苦しみはそれ自体として害である．すると，快苦を感じうる動物は利益の平等な配慮の対象となる．すなわち，

快苦を感じるという点では，人と動物は道徳的に平等の存在である．行為の影響を受けるものが人ではなく動物であるという理由だけで，動物の利益が配慮されないのは，皮膚の色が違うから，性が違うからという理由だけで相手の利益を配慮しない人種差別，性差別と同様に倫理的に正当化されない差別，すなわち「種差別」(第7章3. 参照)である．

●**肉食と動物実験への批判**　こうしてシンガーは，動物は快楽や痛みや苦しみについて人並みの扱いを受けるべきだと主張し，肉食と動物実験を厳しく批判する．なぜなら，人は肉を食べずとも健康に生きていくことが可能であるのに，現代の食肉生産方式である工場畜産においては，動物はありとあらゆる痛みや苦しみを与えられた末に殺されているからである．また，動物に甚だしい痛みや苦しみを与えたあげく動物を殺す——しかも意味のない——さまざまな実験が毎日のように繰り返されているからである．要するにシンガーは，人にもたらされる利益よりも多くの不利益が動物に与えられているのだから，私たちは肉食を止め——実際には，魚も快苦の感覚があるので，魚を食べることも止め——，動物実験に反対するべきだと主張する．

●**生命の価値**　ただし，シンガーは，生命の価値に関しては，人と動物は同じではないと主張する．人は快苦の感覚だけをもつ動物とは異なって，理性と自己意識とをもち，単に快を求め苦を避けること以外に，自分が持続的に存在し続けること，自分の能力・才能を陶冶・発揮すること，温かい人間関係を築くこと，他者から干渉されずに自分の計画を追求することなどを欲求する．動物が快苦を感じる能力だけでなく，理性と自己意識をもっているとしても（シンガーは，哺乳類は——さらには鶏も——それらをもっていると考えているようである），人のほうがそれらの能力が高く，また経験の範囲が広いので，人の生命と動物の生命を比較した場合，人の生命のほうが価値があると言う——その根拠は，人の生命と動物の生命とを比較した場合，人は動物の生命ではなく，人の生命のほうを選好するだろうということである．

●**動物解放論と動物権利論**　しかしシンガーは功利主義者であり，ある行為が不利益よりも利益をより多くもたらすならその行為は正当化されると考えているので，動物や魚を殺して食べなければ餓死するという状況にあるなら，人がそうすることは正当化されると主張する．また，人にもたらされる利益のほうが多いなら動物実験も正当化されることを認める．この点がシンガーの動物解放論とトム・リーガンらの動物権利論との違いである．　　　　　　　　　　　［樫　則章］

※樫　則章「動物解放論と利益の平等な配慮」(『哲学』第57号所収) より一部を転載.

【参考文献】
[1]　ピーター・シンガー，戸田清訳『動物の解放 改訂版』人文書院，2011.
[2]　ピーター・シンガー，山内友三郎・塚崎智監訳『実践の倫理』昭和堂，1999.

7. 進化論の論理・倫理と人間

　現在の倫理学における大きなテーマの一つに動物の倫理がある．そこでは，種差別等々の考え方が提示され，倫理的な配慮の点で人間とその他の動物との間に差をつけることに対して疑念も投げかけられている．このような問題群に関心が寄せられているということは，人間とその他の動物との間の連続性と非連続性が倫理的に重要なテーマになっているということである．しかしそうだとすれば，人間と動物の連続性（と非連続性）を説明するものとしての進化論に目を向ける必要があるだろう．事実，進化論の観点から人間のさまざまな振舞いや倫理を導こうとする試みもある．それゆえ，進化と人間の倫理との関係が吟味されなければならない．

●**進化倫理学の可能性**　ダーウィンの進化論が伝統的な人間観に大きな衝撃を与えたことは言うまでもない．進化論によって人間が世界で特別な地位を占めるという考え方が否定され，人間が動物の一員として捉えられる傾向が強くなった．とはいえ，人間に特有の倫理的な態度や振舞いもあるように見える．そのため，人間の倫理的な態度や振舞いをどう捉えればよいか，倫理的な態度の典型としての利他主義を生存のために必要な利己主義とどう結びつけて捉えればよいか，という問題が出てくる．が，今では生物学や人類学の知見が増大し，人間の倫理的な態度や振舞い，特に利他的な振舞いを説明することも不可能ではないだろう．例えば，個体にとっては生存のために適していないように見える行為も種というレベルでの生存には適していると考えることもできる．あるいは，遺伝子の存続という観点から個人の利他的な行動を説明することもできる．遺伝子を後世に残すことが最も重要であり，遺伝子が存続するためなら個人は滅んでもよいと捉えればよいのである．このように，人間の利他的な振舞いや倫理的な振舞いについてある程度科学的に説明することができるようになっている．ここに，進化論に基づく倫理学の大きな魅力があると思われる．現代人の自然観や世界観は自然科学的な知識に影響を受けているところが大きい．自然科学的な説明で倫理的な振舞いの説明が可能になるとすれば，自然や人間の全体像も，動物の世界における人間の地位も理解しやすくなるに違いない．さらに，進化論的な観点から倫理的な振舞いを説明できるとすれば，倫理の基礎づけのための哲学独自の議論，倫理学独自の議論も不必要になるだろう．哲学・倫理学的な基礎づけの議論には数え切れない程多くのものがあり合意が形成しにくいが，自然科学に基づく倫理なら倫理的な振舞いについての合意が形成しやすくなるだろう．

●**進化倫理学の課題**　当然，そのような地点にまで到達するためには，進化論に

基づく倫理が人間の倫理的な振舞いの前提や枠組みを説明するだけでなく，倫理原則の定式化まで行わなければならないだろう．それには，倫理的な善，倫理的な義務などの概念を進化の観点から，つまり進化に有用か否かから説明できねばならない．すなわち，倫理的な概念や理論を進化論の概念や理論に還元にしなければならないだろう．概念や理論の還元は，哲学や倫理学の他の分野でも議論されている問題であり，弱い還元のようなものの可能性についても論じられているが，一つの領域の概念や理論の還元が容易でないことはわかっている．また，善いということを何か別の事柄で基礎づけたとしても，その事柄がなぜ善いのかと問い続けることもできるだろう．さらに，ヒュームの法則，つまり「である」という命題から「すべき」であるという命題を導き出せないという法則が正しいとすれば，進化論で人間の進化や人間の利他的行動の成立についての事実をいくら積み重ねても，倫理的な原則の定式化にまでたどり着けないことになる．そもそも，ある事柄やある原則の発生のプロセスを理解したとすれば，その事柄や原則の理解に大きく資するにしても，その事柄やプロセスを倫理的に妥当なものと見なすためには，発生のプロセスの議論以外にさらなる基礎づけが必要になるかもしれないのである．そのうえ，進化論に基づく倫理は一方では，（少なからぬこれまでの理論と異なり）目の前の事態にどう行動するべきか等の短期的な問題の解決ではなく，もっと長期的な倫理的問題の解明に役立つかもしれないが，他方では目の前の個別的な事態にどう対応すべきかを進化の観点から導くのは必ずしも容易ではないだろう．それだけではない．進化の観点から，特に進化の引き金となる遺伝子の変容と遺伝子のあり方から，目前の個別的な事態，個別的な倫理的な態度や振舞いのあり方を導くときに，自由意志の役割はどうなっているかを考えなければならない．さまざまな倫理的振舞いを生物学的な進化の観点から説明できるとしても，人間はどうして生物学的に望ましくない振舞いを少なからぬ場合にしてしまうのか（あるいはどうして倫理的な教えによって倫理的に振舞うように導けるのか）という問題が残るだろう．この問題を生物学ないし進化論で説明するとしたら，人間の脳の特殊性の問題とつながる可能性が高い．つまり，進化の結果として生じた人間の脳と適者生存のための戦略との関係，脳と自由意志との関係などが吟味されなければならないのである．そしてこの種の問題を検討するには，脳科学や脳神経倫理の知見も必要になるだろう．

　総じて，進化論に基づく倫理は，人間の倫理的な振舞いを考える際の基盤や枠組みを提供してくれるかもしれない．また，進化論に基づく倫理に大きな可能性があることは間違いない．しかし，個別的なケースの倫理的な判断を導くためには，進化論に基づく倫理には乗り越えなければならないハードルがいくつか残っていると言えるだろう．　　　　　　　　　　　　　　　　　　　［浅見昇吾］

8. 脳科学，脳神経倫理と人間の地位

　脳科学は近年飛躍的な発展を遂げ，ここから数多くの新しい知見が生まれている．そのため，いくつもの病気や障害の治療や改善が見込まれている．また，医療の場面に限らず，社会生活の他の領域にも大きな影響を与え続けている．ここには，望ましい成果が数多くあることは間違いない．けれども，これまでの価値観，これまでの人間観と抵触すると思われるもの，少なからぬ人の価値観と人間観に合致しないと思われるものも出てきている．脳科学の発展はさまざまな倫理的問題を投げかけている．

●**脳科学の発展と脳神経倫理**　脳科学が大きな成果をもたらしているのは，fMRI（機能的磁気共鳴画像）などの脳の血流や代謝を測定する手法，電位変化を測定する手法，神経細胞の活動を計測する手法，神経細胞を直接観察する方法等々の目覚ましい発展によるところが大きい．このような成果に支えられ，分子生物学や遺伝学，医学，心理学のみならず，教育学，情報科学などの諸分野と脳科学の分野が結びつくとともに，これらの諸分野に脳科学の成果が影響を与えている．記憶のメカニズム，知覚の生成のメカニズム，感情の発生メカニズム等々だけではなく，人間の社会性の獲得のプロセス，共感の生成のメカニズムに関しても，脳科学から大きな成果が得られている．また，脳科学はBMI（ブレイン・マシン・インターフェース）にも応用され，ALS（筋萎縮性側索硬化症）患者のためのコンピュータやロボットアーム等々の開発にも貢献し，さまざまな人の生活の質の改善のために大いに役立っている．しかし，脳科学の発展によって，例えばわれわれの思考プロセスを外から知ることができるようになり，嘘の発見，感情の読み取りなどに用いられるとしたら，われわれのプライバシーをどこまで保護すべきなのかという問題も生じることになる．このことだけでなく，さまざまな問題が生じうるので，脳神経倫理という分野も生まれている．

●**人間の地位**　脳神経倫理にとって特に大きな問題は，脳科学の成果が人間の自律や尊厳や統合性（integrity）と折り合いがつくか，ということである．脳科学によって，人間の意識的な思考プロセスが外からかなりわかるようになっただけではない．脳の膨大なプロセスが意識にのぼらない形で進んでいることも明らかになりつつある．感覚や知覚などの領域に限らず，人間の意志決定や意識的な選択の場面においても，脳の無意識的な処理が重要な役割を演じていることが判明しつつあるのである．このことは，近代の人間観の中核をなす自律や自由や尊厳等々の考え方と矛盾する可能性が高いだろう．人間が自由意志をもつことの否定にもつながりかねない問題である．事実，脳科学に携わる科学者の中には，自由意志

を否定する者が少なくない．自由意志をもっているという実感があることは否定しないが，客観的には自由意志は存在しないというのである．こうなれば，多くの人のもつ人間観が損なわれることは間違いないだろう．人間が自由意志に基づいて主体的に何かを決めることができなければ，人間以外の動物との関係も変わってくる．自然世界における人間というものの地位が大きく変わらざるを得ないのである．

　そのため，科学者，哲学者に限らず，さまざまな形で自由意志を弁護する者も少なくはない．自由意志の範囲をかなり狭めることで自由意志を救おうとする者もいれば，自由意志を否定していると思われる実験への解釈の仕方に疑念を差し挟む者もいる．脳のプロセスを多面的で多層的なものと考えることで自由意志を救おうとする者もいれば，道徳の言語や理論は脳科学の言語や理論に還元され得ないと考えることで自由意志を救おうとする者も，量子力学における非決定性とつなげて自由を守ろうとする者もいる．また，脳科学の発展は，脳の特定部位の役割を明らかにしただけでなく，脳が大きな柔軟性をもっていることも明らかにしているため，ここから人間の自由を守ろうという方向もある．脳の特定部位が損傷を受けても，その部位が担っていた機能を脳の他の部位が引き受けることができるし，体のあり方が変わるだけで脳のあり方が変わることも明らかになりつつある．このことは，外部から脳のあり方やプロセスに影響を与えられる可能性を示していることになり，脳が一方的に心身のプロセスを支配しているのではないとも考えられる．もしこうした自由意志を救おうとする試みが正しければ，脳科学の射程範囲は狭まるかもしれないが，脳科学の成果と人間の地位は近代的な価値観とは矛盾しないことになるかもしれない．

●エンハンスメント　とはいえ，脳科学の成果は，人間を他の動物と同じ地位に引き戻そうとする方向だけでなく，別の方向の考え方とも結びつく．脳科学の発展は他の分野の発展と結びつくことで，エンハンスメント（増進的介入ないし増強的介入）を可能にしている．そして，もしエンハンスメントを無制限に行うことができれば，数多くの能力等の平均値が以前よりも格段にあがっていく．このことが続けば，エンハンスメントによって今の人間とはまったく異なる「超人類」を生み出せるかもしれない．少なくとも，「超人類」のことを真剣に考える思想家や科学者もいる．つまり脳科学は，言うなれば，人間というもののあり方を今よりも高いところに引き上げようとする動きとも結びついているのである．

　なるほど，この二つの方向は必ずしも排他的なものではないだろう．脳科学が意志のあり方を予測できたとしても，エンハンスメントを行うことはできる．それでも，脳科学の発展が，これまでの人間観，人間の地位についての再考をさまざまな側面から迫っていることだけは間違いない．　　　　　　　　　　　［浅見昇吾］

コラム

ピーター・シンガー

　ピーター・シンガー (1946～) はオーストラリア生まれの哲学者．現在，プリンストン大学およびメルボルン大学の教授であり，現代を代表する功利主義者として，現代英米の哲学者の中で最も著名で影響力のある一人と目されている．これまで出版された著書（編著，共著を含む）は 40 冊以上に及び，そのうち 15 冊に邦訳がある．

　シンガーの倫理学的関心は，道徳の正当化の問題，規範倫理学に関する理論的問題，そして生命倫理の問題を中心とした実践的問題から，さらにはヘーゲルやマルクスの思想にいたるまで実に多岐にわたるが，シンガーがこれまで行ってきた倫理学的主張の中で人々の関心を集め，彼を有名にしたという意味で特に重要なものは以下の三つである．

　第一に，絶対的貧困にあえぐ人々——生存ぎりぎりの限界での生活を強いられている人々——に対する積極的援助である．「何か悪いことを防ぐことができるというときに，その悪いことと道徳的な重要さの点で同等の利益を何ひとつ犠牲にせずにすますことができるなら，私たちはその悪いことを防ぐべきである」という前提から「豊かな国で，平均的か，それ以上の収入のある人は，扶養家族がとくに多いとか何か特別の理由でもないかぎり，絶対的貧困を減少させるために所得の 10 分の 1 を提供するべきだ」という結論を導いた 1972 年の論文「飢餓，富裕，道徳」は大きな反響をまき起こし，これまでに 20 冊以上の論文集に収録されている．

　第二は，「障害新生児殺し」の容認に見られるような，いわゆる「人命の神聖性」の倫理に対する攻撃と，それに代わる「生命の質」の倫理の提唱である．これによりシンガーは優生主義者として批判され続けている．したがってこれについては，シンガーを有名にしたというより，悪名高くしたというほうが本当のところかもしれない．

　第三は，人による虐待と搾取から動物を解放するべしという「動物の解放」の提唱，具体的には食肉と動物実験に対する批判である．彼の著書『動物の解放』(1975 年) はアカデミズムが社会運動をまき起こすのに一役買い，それなりの成功を収めた数少ない例としてしばしば言及されている．ちなみに，この本は現在 19 か国語に翻訳され，少し古い話になるが，1993 年にポール・マッカートニーがワールドツアーを行った際に T シャツとともに販売されたという．

［樫　則章］

【参考文献】
[1]　山内友三郎・浅井 篤編『シンガーの実践倫理を読み解く—地球時代の生き方』昭和堂，2008.

第8章

グローバル化とビジネス倫理

　グローバリゼーションが大きな影響を与えている．技術の進展によって自分の文化圏以外のところを訪れることも容易になり，自分の文化を相対化しやすくなっている．ビジネス活動も国境に縛られず，いくつもの国で活動を繰り広げる企業が少なくない．こうした状況に直面し，これまでの倫理では現代社会の問題に対応するのが難しいと多くの人が感じている．これから企業の活動にどのような枠をあてはめるべきか．フェアトレードのようなビジネスの形態にどのような位置づけを与えるべきか．グローバリゼーションが文化の多様性を飲み込みかねないときに，個々の文化を尊重するとはどのようなことを意味するか．文化の多様性を維持した方がよいのか．とてつもない富の格差が生じていることをどのように評価すべきか．援助をするにしても，遠いところの人たちと身近な人たちとの援助はどのような関係であるべきか．倫理にはさまざまな具体的課題が突きつけられている．

[浅見昇吾]

1. 近代科学と資本主義

　資本主義とは，資本を投じることによって利潤や余剰価値を生み出す経済システムのことであり，そこでは，私有財産制，事業展開および契約の自由と共に，市場を通じた経済的意思決定の調整が前提されている．「見えざる手」（アダム・スミス）による資源の効率的分配が想定されているとはいえ，個人や組織の自由な効用追求を肯定していることから，営利主義的経済文化が広い意味で「資本主義」と呼ばれることもある．大航海時代以来，大西洋に面する西欧諸国を中心にしたグローバルな商業・貿易システムが次第に構築される中で，市場でできるだけ効率的に大きな利潤を上げるための国際分業体制が確立されていった．こうした経済的効率性を重視する体制によって労働者の窮乏が拡大すると同時に工業国と低開発国の間の著しい経済格差がもたらされたという理解のもと，私有財産制と経済的自由に異を唱える共産主義や社会主義が登場したが，ソ連崩壊および中国の市場経済導入以降，資本主義が支配的な経済システムとなっている．

●**西欧近代と「科学」としての資本主義**　西欧近代の特徴は，キリスト教を基盤とする普遍的・超越的権威（神，教皇）を頂点にいただく階層的支配構造（ヒエラルキー）が厳然と横たわる現実に抗して個人の尊厳と自由を解放しようとする動向が生まれ，現実に作用する中で，漸次的に，主権国家体制，市民社会，資本主義，国民国家といった社会システムが成立したことにある．こうした近代化の中で，「世を經（おさ）め，民を濟（すく）う」ものとして階層的支配構造の管理下にあった経済が，封建制の瓦解によって準備された資本家の登場を受け，個人の自由な利潤追求活動に変貌した．そして，複数の対等な主権者たちが限られた空間の中で自由を行使した場合に生じる相互影響関係が最終的に落ち着く先があるという想定のもと，均衡を基盤とした（国際）秩序作りが模索されることになった．ここでは，多様な個から見て特定のイデオロギーを一方的に押しつけることのない社会（民主主義の制度）作りがなされる一方で，主権者間に働く（政治）力学のメカニズムを客観的に分析することができるはずという理解のもと，自由な個が一定の秩序の内に生存できる社会システムが構築可能だと考えられたのである．「見えざる手」による需要と供給の均衡，私益追求者に競争の結果を前もって可視化し受け入れさせる技法としての多数決といった概念は，個の選好に基づく自由な選択がどんな舞台の上で繰り広げられているのかを明らかにする．こうして，計量経済学へと連なる「科学」としての経済学が誕生した．そのときに念頭に置かれた経済体制とは，重商主義という国家的戦略から解放された自由主義的な経済であり，後に言われるところの資本主義であった．

●「文化」としての資本主義　しかしながら，資本主義は私有財産制と経済的自由と経済的効率性に価値を置いて初めて成り立つのであり，こうした資本主義の前提は自明のことではない．例えば，財産権を構成する個人主義的な内容に対する批判や私有財産制がかえって資本家による労働者階級の労働の産物のピンはねを許していることに対する批判(マルクス)，格差による弱者の自由の制限や巨大企業の情報発信力による消費者主権の制限に対する批判，市場で経済的効率性を実現する主体として利己的な経済合理主義者を想定していることに対する批判などが存在するが，こうした批判は，資本主義が基盤とする功利主義的な人間観・社会観に向けられたものである．このような特定の倫理哲学理論のもとで機能するメカニズムを「科学」的に分析してみせるという自然主義的誤謬によって，そうしたメカニズムから見て合理的な判断を下せるように個人が教化される．また，資本主義は歴史的制約のもとで発生したものであり，既存の法的・制度的・社会的・倫理的枠組の中でそれらの影響を受けて機能するわけで，理論的・理想的モデルの資本主義が現実に存在するわけではない．完全競争市場を整えたり市場の失敗を回復するための法的・制度的担保やインフラを用意し，人々の生活や安全を保障する国家や国際社会の役割と多様なアプローチ(個人主義的・競争的な英米型，意思決定の社会的次元とセイフティネットに力点を置くヨーロッパ型，行政と産業界の利害の間に密接な協調関係がある日本型)が存在するゆえんである．

●近代科学と資本主義　近代科学により，仮説を立てて実験による検証を行い，経験される自然界の内に原因を特定して結果を予見することが可能となり，技術的介入によって自然を実用的な目的に資するように加工できるようになった．科学(サイエンス)と科学技術(テクノロジー)が本質的に結びついた近代科学と経済活動が相互に深く影響し出すのは，19世紀以降，研究開発および科学者・技術者の育成が大学などの機関によって制度的に実施されるようになってからである．研究開発にかかる莫大な資本は国費や企業などによる投資が原資となる．こうして，資本の運動によって自然環境および社会環境や文化が甚大な影響を被り，時に改変されるという構造が一般的なものになった．近代科学を通じてもたらされる大規模で広範なイノベーションが，資本の自己増殖のサイクルに組み込まれることになったのである．この構造では政産官学の癒着が起こりやすく，「公平な観察者」(アダム・スミス)の視点からのチェックが難しくなる．原子力事業や生命医療関連の事業に対する懸念などが根強く存在するゆえんである．公的資金も投入されているのだから，この文脈では，企業の事業展開の自由は制限されねばならない．ELSI (Ethical, Legal and Social Issues)プログラムによって，その事業がもたらす問題を倫理的・法的・社会的問題と定義した上でこの観点からの分析をプロジェクト開始時点から組み込んだり，参加型テクノロジーアセスメントといった，利害関係者や市民が評価に参加する仕組みを適宜取り入れる必要もあるだろう．　[勝西良典]

2. 多国籍企業

　多国籍企業とは，親会社のある国以外の国にも生産，販売などの活動拠点を置いて事業を展開している企業体のこと．大規模な形態を取ることが多いが，近年は比較的小規模のものも増えている．事業内容も，製造，貿易にとどまらず，金融，情報通信，海外投資，天然資源の採取など，多岐にわたっている．株式会社としては，オランダ東インド会社が世界最初の多国籍企業である．大航海時代以来，資本主義は常に市場のグローバル化と国際分業制の発達をもたらしてきたが，冷戦期の西側諸国を席巻した米国の市場原理主義と新自由主義がソ連崩壊後に全世界に一気に広まるかたちでグローバル市場が一元化された．そうした中，多国籍企業はきわめて大きな影響力をもち，さまざまな問題を引き起こしている．

●**多国籍企業がもたらす恩恵**　市場のグローバル化を背景にした多国籍企業の発展は，他のステークホルダー(利害関係者)にも恩恵をもたらした．多国籍企業の事業展開により，世界中に商品とサービスが分配された．低開発国にも生産拠点や製造拠点を置いたため，特に貧困層の雇用の機会が増大した．また，海外直接投資が積極的に行われることにより，グローバルな経済成長が実現した．その結果，経済成長のちがいによる格差はあるが，一般に一人あたり国民所得の増加がもたらされた．加えて，多国籍企業自身やその投資先が行った研究・開発によって新たな理論的知識や実用的知識が生み出され，科学技術の飛躍的進歩が実現した．つまり，大規模な多国籍企業が上げる莫大な収益が成長の期待される分野への投資に回されることによって，人類の福利が全体として増進している側面もあるのだ．IT（情報技術）や医療分野で起こっていることはその代表格と言えるだろう．こうしたプラスの効果を拠り所にして，国際的な商取引が緊密になれば，国際協調と平和・安全が導かれ，ひいてはグローバルに共有された価値が醸成されるという，啓蒙期のコスモポリタニズムに類した論を展開するものもいる．

●**多国籍企業の負の側面**　このような公益をもたらす多国籍企業の力は，それ自体として懸念材料でもある．グローバルな市場で大規模に展開する多国籍企業の中には，国民国家(例えば，小国や低開発国)の財政規模を超えるものもある．こうした多国籍企業は，経済と政治の両面で絶大な力を発揮し，特に進出先の低開発国でさまざまな問題を引き起こしてきた．そうした受入国では，多国籍企業は株主や投機家の私益のために自国の天然資源や人的資源を食い物にする盗人猛々しい輩と見なされることも多い．天然資源の乱採取や公害などのローカルなものから温室効果ガス排出などのグローバルな規模にわたる環境破壊や，進出以前の国内経済を破壊して正規雇用の職を失った人材を非正規雇用の労働者として利用

していることに対する批判がその中心である．児童労働や，スウェットショップ・プラクティスと呼ばれる悪条件，低賃金で，長時間労働を強要する労働慣行が問題視されることもある．以上のような非倫理的慣行は，受入国の非民主的勢力や政権と賄賂や利権を介して結ぶことによって他の人々に犠牲を強いるかたちで実施されることもあった．（こうした多国籍企業叩きが強い力をもつ場合，人権団体や環境団体などのNGOやマスコミが中心となっていることが多いが，こうした批判勢力にも利権があるのであり，行き過ぎた主張や見当ちがいを通り越して，別の私益を優先させるための虚偽報告であることも少なくない．）

こうした個々の問題行動とは別に，多国籍企業の台頭がもたらす構造的問題も指摘されている．会計不祥事などに見られるように，規模に応じて被害が甚大になることもそうだが，経済開発の遅れた国が経済開発の進んだ国に依存する関係が常態化してしまうのではないかという懸念，ひいては，グローバル化の波に乗って強国の文化が優れたものとして押しつけられるという文化帝国主義につながるのではないかという危惧がそうした指摘の最たるものである．コカコーラやマクドナルドやハリウッド映画が世界を席巻し，英語が国際語として流通している点を挙げて，こうした危惧は現実のものとなっているという論者もいるが，人間の多様性を見くびるべきではないとも考えられるだろう．

●**どうやって鈴をつけるのか**　いずれにせよ，巨大な力をもつ多国籍企業を監視し，倫理的に許容される行動をとらせることは重要な課題である．こうした理解が広がる中，グローバル化に対する批判に応ずるかたちで，多国籍企業や業界団体自身が相応の行動規範を自主的に制定する動きが生まれ，これが一般化し，コー円卓会議の企業の行動指針（1994年）として結実した．学術研究機関やNGOも重要な役割を果たしており，後者の一つ，GRI（Global Reporting Initiative）は，サステナビリティ報告書のガイドライン（GRIガイドライン，2000年；2013年5月第4版発行）において，持続可能な開発のための経済パフォーマンス指標，環境パフォーマンス指標，社会(労働慣行，人権，社会，製品責任)パフォーマンス指標を示した．国際機関にも，OECD（経済協力開発機構）の多国籍企業ガイドライン（1976年採択；2011年最新改訂），ILO（国際労働機関）の多国籍企業及び社会政策に関する原則の三者宣言(1977年採択；2006年最新改訂)，国連グローバル・コンパクト（1999年；2004年改訂）があり，人権擁護，労働者保護，環境保全，強要・賄賂等の腐敗防止の原則を示して，企業が自主的に持続可能な発展を目指すよう要請している(つまり，法的拘束力はない)．加えて，責任ある経営教育の原則である国連PRMEも示された．こうした要請が行き過ぎか多国籍企業の力に見合ったものかの判断は分かれるが，選挙などの承認手続きを経ずに企業に社会的政策(の一部)を委ねることになるのでかえって企業権力の不必要な増大を招くという批判もあることは覚えておきたい．　　　　　　［勝西良典］

3. 内部告発

「内部告発」とは，特定組織のメンバーあるいはその関係者が，立場上知ることができた内部での重大な道徳的または法的な不正を，外部に自発的に公開して，問題の状況を変えようとする行為のことである．内部告発は，道徳的になされるべき行為，あるいは推奨される行為であると考えられる一方で，組織に対する裏切りであると見なされることもある．なぜなら内部告発は，秘匿すべき組織内部の情報を公にする守秘義務に反していると見なされる場合があるからである．組織の内部にいる者が，自分の所属する組織の利益に反する行為を行うことは，他のメンバーからすれば自分たちへの裏切り行為にすぎないと思われるかもしれない．そうしたこともあって，内部告発者はしばしば報復措置を受けるが，その保護のために「公益通報者保護法」が2004年に施行されている．しかし，内部告発者保護は未だ十分であるとは言えず，内部告発には大きなリスクが伴っている．

●**行為の手続き的な正しさ**　内部告発は，なぜこのように正反対の評価を下されるのだろうか．ここでは，(1) 行為の手続き的な正しさという観点と，(2) 行為がもたらす善さという二つの観点から考える．(1) 行為の手続き的な正しさとは，行為そのものの手順や方法（手続き）という観点からみて道徳的に妥当であること，である．(2) 行為がもたらす善さとは，行為がもたらす(あるいはもたらすと予測される)結果がより善いこと，である．まず，(1) 行為の手続き的な正しさという観点からすれば，内部告発は，すでに生じている不正を正そうとしている点で，手続き的に正しい行為である．しかし他方で同じ行為が，組織内部の情報は秘匿されなければならないという守秘義務に反していると見なされる場合には，手続き的に正しくないと言うこともできる．

●**行為がもたらす善さ**　(2) 行為がもたらす善さという観点からすれば，内部告発は，現に秘かに生じている，またはこれから生じようとしている社会の不利益(悪)を解消しようとする行為だから正しいと見なされる．しかし同じ観点から内部告発は，むしろ反対に，その行為それ自体が組織に重大な不利益(悪)を生み出す行為だから正しくないと言うこともできる．これら二つの立場は，内部告発を，組織の秘匿情報を社会に公開することの結果という観点から判断するという点で共通している．しかしそれらは，誰の利益を最も重視するかという点で異なっている．前者は社会の利益を，後者は当該組織の利益を最も重視している．

●**道徳的判断の二つのレベル**　そこで，こうした道徳的判断に二つのレベルがあると考えてみよう．私たちは日常的判断において，「原則に従って判断するレベル」と「状況に応じて判断するレベル」を使い分けている．多様な価値観をもった人々

が，社会の中で一定の秩序に従って行動するためには，何らかの原則が必要だからである．しかしまた私たちは，いつでも常にそうした原則にだけ従っているわけではない．現実はきわめて複雑かつ多様であり，あらかじめ定められた原則だけでは，すべての状況をカバーしきれない．現実には，いくつかの基本的な原則が互いに矛盾してしまうことがある．例えば，内部告発が手続き的な正しさという観点からみて，矛盾する正反対の道徳的評価を与えられることは，このような判断のレベルの違いによって理解できる．

まず，(1) 行為の手続き的正しさという観点から見て，組織内部の秘匿情報が公開されることは正しくないという道徳的判断は，「原則に従って判断されるレベル」で判断されていると言える．もしこの原則が，原則として守られないとすれば，組織はきわめて混乱するだろう．だからこのような観点に立てば，組織内部の秘匿情報を公開してしまう内部告発という行為は，手続きとして正しくないと判断されるだろう．

しかし，その秘匿情報がそもそも，手続き的な不正に関するものであり，内部告発がそれを正すための行為である場合には，もはや，「(元々の) 原則に従って判断されるレベル」の中だけで判断することはできないと考えられる．この場合，「組織内部の情報は秘匿されなければならない」という守秘義務の原則と，「社会的な公正さは維持されなければならない」という原則が対立しているという特別の状況が生じているからである．そしてこの場合，この特別の状況において，どちらの原則が優先されるべきかが問題になる．

次に，(2) 行為がもたらす善さという観点から見て，自分が所属する組織の善 (利益) を促進することは一般に正しい原則であると考えられる．しかし，当該組織の善 (利益) を促進する行為が，社会の善 (利益) に反して行われるような場合はどう判断されるべきだろうか．このような場合には，自分が所属する組織の善を促進するという原則を促進することだけを，単純に正しいとは言えないだろう．一般に私たちは，社会全体の善を促進すべしという原則を承認しているからである．こうした時に私たちは，「原則に従って判断するレベル」を超えて，「状況に応じて判断するレベル」にあると言える．このように考えると，内部告発をめぐる道徳的判断が，それぞれにそれなりの言い分がありながら，しかも矛盾しているように見える理由も，理解可能である．　　　　　　　　　　　　　　　　［田中朋弘］

【参考文献】
[1] 田中朋弘『職業の倫理学』丸善, 2002, pp.141-156.
[2] 高橋隆雄他編『工学倫理―応用倫理学の接点』理工図書, 2007, pp.7-92.
[3] 田中朋弘・柘植尚則編『ビジネス倫理学―哲学的アプローチ』ナカニシヤ出版, 2000, pp.174-201.

4. コンプライアンス

　コンプライアンス（compliance）は、企業が法律を含む社会の規範一般を遵守することである。この語は狭い意味では「法令遵守」と訳されることもあるが、法令(法律)を遵守することだけではなく、倫理的規則や内部ルールなど、社会における規範(ルール)一般を遵守することが含まれると考えられている。

●**背景**　日本でこの概念がまとまった形で論じられるようになったのは、1980年代の終わり頃から1990年代初頭だが、その頃は米国での事例を参考にして、インサイダー取引や独占禁止法などの法令違反が問題とされていた。その後この概念が一般化したのは、1998年前後からである。こうした動きは、1997年に北海道拓殖銀行や三洋証券、山一證券のような銀行や証券会社が相次いで経営破綻したこと、そしてそれを受けて、1998年に金融監督庁が発足し、その後2000年に金融庁に展開されたことを背景とする。この段階では、特に金融機関などの法令遵守が問題とされ、「日本コンプライアンス・オフィサー協会」が設立された（1999年）。コンプライアンスに関して論じられた雑誌論文や単行本なども、1997年から1998年頃を境に、金融機関のコンプライアンスを論じる形で急増していることがわかる［CiNii Articlesを参照］。その後、金融機関だけでなく、一般企業へもこの概念が広がり、現在では企業倫理や企業の社会的責任を論じる上で、一つの重要な領域と見なされている。

●**コンプライアンスの内容**　コンプライアンスは、法律だけに限らない社会規範一般を対象とすると冒頭で述べたが、実際にコンプライアンスが問題とされる局面では、かなりの部分で違法行為が問題となっている。いくつかの例を挙げると、製造物責任、著作権、背任、業務上横領、収賄、粉飾決済、インサイダー取引、裏金、談合、独占禁止法違反、超過勤務、サービス残業、などがある。つまりコンプライアンスは、最もミニマムなレベルでは、「法に従うこと」という意味をもつ。法に従うということが、このような形で強調されなければならないことは、利益を上げることと法に従うことが、しばしば大きく矛盾することを意味している。

　他方、法律だけに限らない社会規範一般という観点から考えると、業界の倫理綱領や自社の倫理綱領の遵守、環境マネジメント、セクハラ・パワハラの防止、内部通報制度、内部監査、反社会的勢力との関係、従業員の社会活動の制限、などが例として挙げられる。こうした事例は、法による規定の外にあることがしばしばであるが、一般的な道徳や社会秩序、公益などを下支えする価値の保護を含んでいる。例えば、従業員を企業利益のための単なる道具としてではなく一人の

人格として処遇することは，社会による基本的な道徳的要請だと思われるが，度重なる不況の中で，解雇をめぐるトラブルがコンプライアンスを重視しているとされる企業でも頻発している．

●「コンプライアンス」と「手続き的な正しさ」　コンプライアンスが指示するのは，端的に言えば「ルールに従うこと」である．ここでは「ルール」を，一定の手続き（一定の仕方）で行為するように指示する命令だと理解しよう．そうすると倫理学的な観点から見れば，コンプライアンスは「手続き的な正しさ」の要求だということになる．したがって一般にコンプライアンスには，慈善活動など，社会貢献活動の推奨は含まれない．そうした事柄は，企業倫理や企業の社会的責任が論じられる文脈には含まれるが，義務の要求を超えた善行であり，「義務以上の行為」と呼ばれることもある．例えば日本経団連は，「経常利益や可処分所得の1％相当額以上を自主的に社会貢献活動に支出しようと努める企業や個人」の団体として「1％クラブ」を1990年に設立している．こうした活動は，社会貢献活動として，企業の社会的責任に含まれると考えられるが，コンプライアンスに含まれるとは見なされないだろう．このようにコンプライアンスという概念は基本的に，ルールをめぐる考え方である．別の言い方をすれば，「それに違反したら責められるような義務」に従うことへの要請である．したがってそれには，なすべきことと，なすべきではないことの指示が含まれる（後者が特に多くなる）．

●コンプライアンスの位置づけ　コンプライアンスは，企業倫理や企業の社会的責任に含まれると理解できる．この概念は，広い意味では企業統治（コーポレイト・ガバナンス）の一環として考えられ，従うべき内部規範としての倫理綱領や，内部監査システム，内部通報制度などとも関係づけられる．企業倫理や企業の社会的責任（CSR）が，比較的広く抽象的な議論にとどまりがちであるのに対して，コンプライアンスは一般に，それを実行するための具体的な制度やプログラムにも重点を置いて考える点に特徴がある．例えば，自主的な内部規範としての倫理綱領には常にその実効性への疑念が残るが，そうした問題は，コンプライアンス制度を，どれだけ組織内部で現実化するかという観点から改善可能であろう．しかし現実には，比較的そうした意識が高いと思われた企業が不祥事を起こすこともある．コンプライアンスはあくまでも，自主的で内部的な統制であり，いわば企業が道徳的存在であるということの自発的な動機づけのシステムである．

［田中朋弘］

【参考文献等】
［1］　CiNii Articles: http://ci.nii.ac.jp/
［2］　1％クラブ：http://www.keidanren.or.jp/japanese/profile/1p-club/
［3］　箱田順哉監修・吉田邦雄『富士ゼロックスの倫理・コンプライアンス監査』東洋経済新報社，2004．

5. 企業の倫理綱領

　企業の倫理綱領(「行動綱領」や「行動指針」とも呼ばれる)とは,私企業が,自社やその構成員に対して守るべき態度や行為を示した自主的な行動規範のことである.日本では1991年に,こうした行動規範を策定するためのガイドラインとして,経団連が「経団連企業行動憲章」を制定し,2010年までに四回の改訂を行っている.それぞれの企業の倫理綱領とは別に,業界団体ごとに作られた倫理綱領もあるが,それらとは裏腹に,現実にはさまざまな企業不祥事が生じ続けている.

●**倫理綱領の背景**　日本では,高度経済成長期後半の1970年代に「企業の社会的責任論」が盛んに論じられた.この頃,大量生産・大量消費というライフ・スタイルが,公害や環境問題などのさまざまな社会問題を生みだし始め,企業による無条件の利益追求活動に対して,社会から厳しい眼が向けられ始めていた.経団連が,企業の社会的責任について提言を行ったのも,1973年のことである.つまりこの頃に企業に対して,社会にも利益を適切に配分しなければならないこと(公益の促進)の自覚が,強く求められ始めたわけである.

●**倫理綱領の特徴**　倫理綱領の特徴は,(1)自主的に制定され,記述された内部規範であり,(2)それに違反した場合でも外部から直接罰せられるわけではない,という点にある.とは言えもちろん,特定の企業活動が反道徳的で反社会的と見なされた場合,世間での評判を大きく落とし,不買運動などに繋がる可能性がある.倫理綱領は,基本的に社会に向けて書かれているが,それには,経営者や従業員自身,株主,取引先,顧客など,さまざまな利害関係者が含まれている.つまり,利害関係者一般に対して,自社がどのような行動規範をもっておりそれを遵守することにしているかを開示しているわけである.通常の意味での道徳や倫理には,一般にある程度の社会的合意があるように見えるが,それらは必ずしも記述されているものではない.またそれらの価値判断は,常に一致しているわけでもない.その意味では倫理綱領は,当該の行為主体が,特定の規範を自分が遵守するべきものとして自主的に記述し,公開しているという点で特徴がある.

●**倫理綱領の内容**　倫理綱領の具体的な内容は,決まった形があるわけではない.内容的な共通項を探ってみると,それらは(1)行為の手続き的な正しさ,(2)公益の促進という二つの道徳的な価値に大別することができる.(1)行為の手続き的な正しさとは,行為そのものの手順や方法(手続き)という観点からみて道徳的に妥当であること,である.それには,さまざまな関連法規を遵守することを基本として,インサイダー取引の禁止や会計や機密情報の適正管理,公正な競争の遵守,贈物や接待,賄賂などの制限や禁止,利益相反の禁止などが含まれている.

(2) 公益の促進には，自社の製品やサービスを通じた豊かな社会や文化の創造(仕事そのものから生み出される利益)，文化や芸術の支援としてのメセナ活動，フィランソロピーなどの文化・慈善活動(仕事とは別になされる社会貢献)が含まれることもある．組織運営や従業員のあり方という観点から，内部通報制度，企業文化，公共活動や宗教活動の自由と制限について規定している企業もある．

●倫理綱領をめぐる問題　企業の倫理綱領は，当該企業の倫理に対する考え方を社会に示すという意味がある．これは社会に対するアピールであると同時に，組織のメンバーに対する行動基準として機能する．しかし，こうした倫理綱領には，それを本気で実行するつもりがあるか否かという問題と，それらを実行するための手続きを具体的に設定しておかなければ，いつでも形骸化する危険があるという問題が残る．

さらに倫理綱領によって統制されるメンバーの範囲も重要である．倫理綱領は，その組織のメンバー全体に及んでいる必要がある．例えば，オリンパスや大王製紙など，最近の巨額の不正融資事件や粉飾事件では，経営者自身が自分の会社の倫理綱領に違反している事例が多数見られるからである．倫理綱領を社会に示し，組織の下位メンバーがそれに従っていないことが判明した場合，倫理綱領を遵守するための制度が組織内部で現実化されていないことが問題になるだろう．しかし，そもそも組織の代表者が倫理綱領に従っていないことが発覚した場合はどうだろうか．その場合はおそらく，倫理綱領がそもそも単なる建前的な見せかけと見なされるか，または，倫理綱領を公開する行為そのものが，質の悪い詐欺的行為だと見なされるだろう．倫理綱領には定められた罰則がないが，逆に言えば，それをどのように取り扱うかに応じて，企業の体質そのものが問われることになる．道徳的な報いは，「信用」を失うということである．

また，倫理綱領には，組織と従業員の関係について記述されているものもある．従業員が社会や自分の所属する企業に対してどのように振舞わなければならないかを示すだけではなく，企業が従業員に対してどのように倫理的に振舞うべきかが示されているような綱領もある．米国のサブプライム・ローン破綻に端を発した世界的な金融危機 (2007) のあおりを受けて，大規模なリストラを進めた企業も少なくないが，そうした企業でのなりふり構わないリストラ手法が問題とされ，裁判になった事例もある．いずれにしても，倫理綱領は，その内容と実現可能性という点において，当該企業の利益と道徳性に関するバランス感覚を端的に示すものとなっている．　　　　　　　　　　　　　　　　　　　　　　　　　　　　　　　　[田中朋弘]

【参考文献】
[1]　高橋隆雄他編『工学倫理―応用倫理学の接点』理工図書，2007，pp.77-92.
[2]　ドーン-マリー・ドリスコル他，菱山隆二・小山博之訳『ビジネス倫理10のステップ―エシックス・オフィサーの組織変革』生産性出版，2001，pp.109-137.
[3]　川本隆史編『岩波 応用倫理学講義4 経済』岩波書店，2005.

6. 倫理的な調達と企業の社会的責任

　倫理的な調達とは，自らが倫理的な方法で原材料などを仕入れたり，その他の消費財や，機械，オフィス用品，建物等を用意したりするのはもちろんのこと，仕入先にも同様の態度と社会的に責任ある経営を求めること．あるいは，こうした倫理的観点から問題のない仕入先だけから調達すること．支払い行為に着目したネーミングの「(企業の) 倫理的購入 (購買)」や，企業の社会的責任 (corporate social responsibility：CSR) にフォーカスした「CSR 調達」もほぼ同義の言葉である．企業の調達活動は，従来は，コストや効率の観点を中心にして合理化されるきらいがあったが，主に開発途上国に拠点を置く原材料の生産現場や製造工場などが抱える倫理的問題を先進国に本社を置く納入先の社会的責任として位置づける風潮が高まり，サプライチェーン・マネジメント (供給者から消費者まで資材と製品の流れの全過程を管理する技術) の一環として，倫理的な調達のためのガイドラインを策定し，サプライヤー(供給業者)と共に社会的責任を果たしていくことが標準だと考えられるようになった．

●**義務づけられた社会的責任としての倫理的な調達**　どのような商品やサービスを提供するにせよ，消費者に供給されるまでの資材や製品の流れの全過程において，人間の生命・健康，社会，環境に対する何らかの影響が存在する．グローバル市場で巨大なシェアを占める企業の多くが本社機能を置く先進国の都市部の消費者の企業に対する視線は厳しく，社会的責任購買 (SRB) の観点から，自分たちの購入する商品が環境負荷をかけ過ぎていないか，あるいは，悪条件，低賃金で，長時間労働を強要する労働慣行のもとで製造されたのかということにますます敏感になっている．そうしたことを背景に，まずは環境面での社会的責任を果たすべく，企業は再利用や廃棄まで含めたライフサイクルの視点から環境負荷をできる限り低減させることを目指してガイドラインを定め，納入・物流・販売の各業者にも同じ努力を要求するようになり，環境マネジメントの国際規格であるISO14001 の認証を受けることを取引の条件に指定したりしている．労働条件についても，就労環境評価の国際規格である SA8000 の認証を受けたり受けさせたりするかたちで，児童労働・強制労働・差別・懲罰・長時間労働・低賃金労働を禁じ，安全で健康な職場環境を維持し，結社の自由や団体交渉権を認める人的資源管理を持続的に行う努力をしている．このようにして責任ある調達の概念がグリーン調達から倫理的な調達へと拡大され，低開発国の貧困対策に焦点が当てられるようになった．近年では，パソコンや携帯電話の部品に使われる金属の原料となる錫，タンタル，タングステン，金のうちコンゴ民主共和国やその周辺国

などの紛争地域で産出されるものを紛争鉱物と呼び，これを購入すると非人道的な武装勢力の資金源となってしまう恐れがあるので規制する動きが出てきている．（こうした動き自体にも利権が絡んでいるかも知れない．）

●**倫理的な調達の強制力と問題点**　サプライヤーに対してこうした社会的責任の履行を法的に強制する仕組みは存在しないが，取引の力関係を斟酌するなら，サプライチェーンから閉め出されることのリスクは非常に高く，サプライチェーンの中心となる企業が倫理的な調達を本気で実践しようとする限り，履行される可能性はきわめて高いと考えられる．特に，電子業界行動規範（Electric Industry Code of Conduct：EICC）のような業界全体のルールが掲げられている場合，同調圧力は一層高まるであろう．こうした倫理的圧力は，場合によっては非倫理的に働くことにも注意を払わなければならない．例えば，東日本大震災直後，福島第一原子力発電所から30 km付近に工場を構える部品製造会社に対して，部品の放射能汚染を危惧して，機械製造業の取引先が，工場を移転しない限り今後は取引しないという条件を突きつけてきたとしよう．スクリーニング（放射線量検査）の結果問題ないことが確認されたと主張しても応じてもらえず，この部品会社は実質下請けだったとすれば，この取引条件は正当と言えるだろうか．

●**フェアトレード**　フェアトレードとは，「公正取引」や「公平貿易」とも訳されるものであり，低開発国の原料や農作物（コーヒー，バナナ，カカオなど），製品（伝統工芸品など）を適正な価格で継続的に購入することを通じ，立場の弱い低開発国の生産者や労働者が貧困状態や劣悪な労働環境から抜け出して生活改善と自立を果たし，ひいては，乱獲を避けつつ高品質の商品を持続的かつ安定的に供給する地盤を作るのを支援する活動のことである．フェアトレードの商品を扱うためには専門機関による認証が必要で，責任のある消費者が他の商品と識別できるように，ラベル表示がなされる．こうしたフェアトレードは，従来，NGOが中心になって限られた範囲で行われていた．なぜなら，この取引の目的は，競争原理が働くグローバルな市場における価格変動のあおりを受けて自分たちの生活を維持するのに見合った収入を得ることのできない人々を救済することであり，そのためには，通常の市場価格とは異なる買取価格に見合った適正な値段で商品を販売しなければならないからである．しかし，近年はコーヒーを中心にさまざまな企業がビジネスとして参入するようになり，フェアトレードに対して，倫理的な調達の発展形態として企業がより積極的に社会的責任を果たす方法という位置づけがなされようになった．その結果，経済活動のヒエラルキーにおける大多数の貧しい人々が営むBOP（Bottom of Pyramid）ビジネスと同様，グローバル市場に対するアンチテーゼとしてのフェアトレードが変質してしまっているのではないかとか，フェアトレードで保護されているのは大手と結びつくだけの力をもつものに限られるのではないかという懸念や批判も出てきている．　　　　［勝西良典］

7. 異文化とビジネス

　市場のグローバル化が進展するにつれ，文化的に異なる背景をもつ人々の間でビジネスが行われる機会は増え続けている．これは何も，中国や東南アジアへと市場の拡大を求めた海外進出やコスト削減のための生産拠点の海外移転を目指す拡大指向の企業に限られた問題ではない．内需指向の企業にとっても，外資系との合併や外国人労働者の受入というかたちで，異文化問題は差し迫ったものとなっている．TPP（環太平洋戦略的経済連携協定）に代表されるFTA（自由貿易協定）やEPA（経済連携協定）の締結を推進する動きは，従来の海外資本による国内市場の開放要求を超えたレベルで自国の慣習の見直しを迫ってくるかも知れない．それだけではない．金融市場の健全性の維持や地球環境の保護といった問題は，国民国家が他国との緊密な影響関係に置かれていることを再認識させる．リーマンショックや福島第一原子力発電所の事故は格好の事例だろう．国際ビジネスの倫理がクローズアップされるゆえんである．とはいえ，世界共通のルールを策定することは難しい．エスペラント語の夢が潰えた人類に残されたのは国際語として英語を使用する道であったが，社内語を英語に統一してみたところで，ものの見方や考え方まで同じになるわけではなかろう．文化のちがいをお互いに尊重しながらビジネスにおいて協力し合うための創意工夫が求められるのである．

●**相対主義 VS 普遍主義，絶対主義**　日本では，お中元やお歳暮に代表される贈答や接待，忘年会や新年会などの親睦会など，公私の境目を明確にしないかたちでの交際がビジネスの関係をも支配していた．こうした濃密な人間関係を基盤とした信頼がビジネスの紐帯ともなっていたわけである．「一見さんお断り」的な緊密な関係は，「見えざる手」を信奉する自由市場の論理からすれば参入障壁とも映るわけで，談合や賄賂・財物強要はもとより，国際基準よりも厳しい規制が極端な保護主義として批判されることもある．「形の悪い野菜は売れない」「サービス残業はあたり前だ」「うちは貧乏だから子どもは学校にやらずに働かせる」といった考えをそれぞれの文化，慣習として認めるのが相対主義，これに対して，「サービス残業は労働者の権利の侵害であり認められない」「児童労働は子どもの教育を受ける権利を侵害するゆゆしき事態だ」と非難し，文化のちがいを超えた共通の倫理的価値観や絶対不可侵の原則があると考えるのが普遍主義,絶対主義である.

　相対主義の立場から「顧客に過剰なサービスをしない」という進出先のビジネス慣習を尊重することは，自国の文化にすぎない行動指針を押しつける文化的帝国主義を避けることになるかも知れないが，ホテルチェーンの場合なら，顧客サービスに関する理念がない日和見主義だのダブルスタンダードだのと誹りを受ける

かも知れない．事が「袖の下」を渡すことになれば，柔軟な対応として手放しで賞賛するわけにはいかないだろう．自文化の押しつけを超えて普遍主義・絶対主義の観点から，吸収合併した企業の体質改善と称して同族で固められた経営幹部層を解任し，その人脈によって形成されている取引関係を見直すことは「正しい」ことと見なされるかも知れないが，それによって収益力が下がったとすればどうだろう．長期的視点に立てば収益面でも別の結果が見られるかも知れないが，そもそもこの改革を倫理的観点から無条件に承認することができるのか．

臓器売買も文化というのは行き過ぎにせよ，「人を殺してはいけない」というルールをめぐってすら，正当防衛，死刑，尊厳死，戦闘状態における戦闘員の殺傷容認という例外規定が存在することにも思いを馳せるなら，誰もが認める揺るぎないルールを設定することには慎重でなければならないし，そうしたルールを設定する動きの背後にある利権にも敏感でなければならないだろう．最初から価値の共有をあきらめて相対主義に引きこもるのは論外だし，政治的介入による法制化に解決を求めるのも暴力的である．利害関係という下衆の思惑をめぐって強かに繰り返されるビジネス上の対話を通じて，ゆっくりと共有された価値を醸成していくのが真っ当な道であろう．そこには「利害関係を超えた何か」も含まれるはずである．

●**人権と環境保護**　そうは言っても，人権擁護や環境保護に関しては話がちがうと思われよう．人種差別や性差別の撤廃，児童・高齢者・障害者の保護といった取り組みは，普遍的・絶対的に承認されるべきだろう．社会構造の中で弱い立場に置かれる人たちに対して生き方の幅を担保する制度は必要不可欠だ．世界人権宣言（1948）や労働における基本的原則及び権利に関するILO（国際労働機関）宣言（1998）といった国際規範が現に存在することもこの考えを後押ししている．資源の有限性・自然環境の公共性に関する自覚や未来世代に対する責任も国際的に共有されており，環境と開発に関するリオ宣言（1992）に結実している．この方面の合意を普遍的な概念に高める一層の努力が求められる．

だが，特に人権ないし人間の尊厳の中身については個人主義的・自由主義的理解は偏っているという見方もあり，相手が人格を毀損されたと感じているかどうかを基準にして是非を判断すべきだとも言われる．自然を含めたあらゆるステークホルダー（利害関係者）の権利を守り，その自己実現をサポートすることは大変麗しいことだが，企業の営利活動と両立させるべくこの義務に一定の制限をかける必要もあろう．進出先の児童労働をなくすために学校を作って手当まで出して通わせろと命ずることは，先進国のトップ企業しか商売をするなということだ．むしろ，そうした支援を可能にする歴史的背景や収益構造，分配制度に問題はないか検証すべきだ．格差是正のために被差別者を優遇するアファーマティブ・アクションを逆差別とする見方を含めて，慎重な検討を要する．　　　［勝西良典］

8. 富の格差

　持てる者はさらに富を得て，持たざる者はさらに貧しくなる．2011年に発表されたOECDの格差に関する報告書『Divided We Stand』によると，世界経済危機の影響で2010年末までの3年間で，それ以前の12年間よりも所得格差が拡大した．データのある33か国中21か国で，富裕層の上位10％は，貧困層の下位10％に比べて収入が増えた，とも報告されている．また，日本においても「格差」と「貧困」が社会問題化してからすでに十年以上が経過している．その要因として，新自由主義経済に棹さす規制緩和政策の実施などが挙げられもするが，いずれにせよ，生じてしまった格差に対して，社会としてどのように臨むかということが喫緊の課題である．この課題に応えるのは，再分配に関する政治経済学の仕事であるが，それは同時に，いかなる社会倫理的な理念のもとに富の格差と再分配を捉えるかという政治哲学や応用倫理学の仕事でもある．

●**富の格差はいかなる意味で不正なのか**　そもそも富の格差は不正なことなのだろうか．功利主義的な考えに基づけば，富の格差は，その状態が社会全体の幸福の最大化を妨げる場合に，道徳的な不正とみなされる．有り余る富を独占する少数の金持ちと，明日の食事もままならない多数の貧乏人がいて，金持ちがすでに富に飽いているなら，その富を再分配した方が社会全体の幸福を大きくすることになるだろう．しかしながら，人間の欲には限りがなく，少数の富豪は，一泊数十万円のスイートルームで毎晩数十万円のワインのボトルを空けなければ多大な苦痛を感じるようになり，大多数の貧民は困窮生活に適応して日々さしたる苦痛を感じなくなっているかもしれない．この場合には，富の格差はむしろ社会全体の幸福を大きくすることになり，功利主義的な思考によれば，必ずしも不正だとは言えなくなる．

　こうした考えに賛同せず，社会には，そもそも個人の幸福の考慮を限界づける枠組みとなる正義の原理があるはずだと考えるなら，20世紀を代表する政治哲学者ロールズの正義論を参照することになる．ロールズによれば，基本的自由と公正な機会均等が平等に保障された上で，最も不遇な人々（自由で平等な市民生活の実現に不可欠な基本財の配分が最も少ない人々）の状況を改善するような不平等是正の格差のみが許容されるべきだというのである．この考え方に基づけば，上記のような富豪と貧民の間の格差は，その当人がどのような満足を得ているかとは無関係に，是正されるべき不正義だとみなされる．つまり，最も不遇な人々が，自由で平等な市民として享受して然るべき基本財を欠く状態に留め置かれるような富の格差は，不正義なのである．

●**平等，運，責任**　ここでロールズの考える格差是正の対象は，例えば，生まれつきの才能や生まれた家庭環境などの運に由来する不平等である．優れた才能や豊かな環境に恵まれた人々は，そうでない人々の境遇を改善するように求められることになる．このように考えると，平等を論じる際に「運」をどう捉えるかが重要な問題として注目されることになる．例えば，法哲学者ロナルド・ドゥオーキンは，不運を「自然的不運」と「選択的不運」に分け，前者のみが平等化の対象になり，後者は自発的な選択の結果なので補償の対象にならないと論じる．こうした考え方は，「運の平等論」としてさまざまな議論を喚起し，最近では，運と平等を結ぶものとして，行為者責任や結果責任，集団責任等の論点も扱われるようになるなど，基本的な自由を尊重しながら富の格差を是正する政治理念が探究されている．

●**相対的な富の格差と絶対的貧困**　ここまでの議論は，特定の社会の内部における相対的な富の格差について論じてきたにすぎない．極端に言えば，ある社会が，年収1億円の多数の人々と年収100億円の少数の人々だけから構成されているなら，彼らの間にも大きな富の格差が存在していることになる．富の格差と一口に言っても，その状態の悪さは根本的には相対的なものである．その一方で，ある人々は，生存が脅かされる絶対的貧困の状態に置かれている．政治哲学者トマス・ポッゲは，そうした貧困の問題をそれぞれの社会内部の問題と見なす考え方を「説明上のナショナリズム」と呼んで批判する．富の格差を論じる多くの議論は，国内的な視座に限定されてしまっているというのである．

　ポッゲによれば，世界の貧困問題は，豊かな社会が貧しい社会の人々を手助けするという発想で捉えるべきものではない．貧困問題は，国内的要因とグローバルな制度的秩序との協働を通じて発生し維持されている．例えば，貧困に苦しむ社会の支配者たちが腐敗していようとも，あたかもそのようなことはないかのように彼らを国際社会での正統な取引相手と見なす国際ルールの存続は，腐敗した支配者たちの権力維持を促し，その社会の貧困問題を温存させる主たる要因となっている．ポッゲが問題視するのは，こうしたグローバルな制度的秩序のもたらす害と不正である．この不正義を是正すべく掲げる正義の必要条件は，世界中の人々に対する人権の保障であり，人権の保障という観点から，世界中の貧困に対する私たちの義務を正義の問題として論ずべきだ，というのがポッゲの考え方である．富の格差という問題は，富以外の格差の問題をも視野に入れながら，こうした観点からも検討されなければならない．　　　　　　　　　　　［奥田太郎］

【参考文献】
[1]　齋藤純一責任編集『支える―連帯と再分配の政治学』(政治の発見 3) 風行社，2011.

9. 発展途上国と開発援助

　発展途上国という名称は，第二次世界大戦後，先進国と呼ばれる国々との対比のもとで使用されてきたものである．いちはやく工業化に成功し国民所得の増大を実現した豊かな国々が，そうでない貧しい国々に対して，先に進んだ自分たちと同じ発展の道のりの途上にある国々としてその呼び名を与えたわけである．その背後には，適切な金銭的援助と設備投資が行われれば，いかなる国も早晩工業化して豊かになれる，という進歩の価値観がある．こうした価値観は，19世紀に興隆した社会進化論的な世界理解に基づく進歩史観の残滓とも言われうるし，そうした価値観に基づく開発援助の活動は，列強と呼ばれた国々による植民地支配がもたらした負の遺産の反省なき清算とも言われうるかもしれない．

●**政府による開発援助**　そうした評価の成否はさておき，20世紀後半以降の国際社会では実際に，先進国による発展途上国への開発援助が実施されてきた．援助の主体は，政府，企業，NGO・NPO団体とさまざまである．政府主導の開発援助には，有償無償それぞれの資金協力，および，技術協力などがある．また，世界銀行や国連開発計画などへの資金拠出を通じた多国間援助という形での実施もある．資金協力による開発援助の大きな問題点は，それが有償で行われる場合，援助を受けた途上国が先進国に対する借金を重ねることにつながり，政治経済の状況によっては多大な対外債務を抱えて貧困化するという本末転倒を招きかねないということがある．他方で，有償で貸し付けた資金の返済を自ら帳消しにしたり，相手国がそれを踏み倒したりすることの是非もまた問題となる．

●**企業による開発援助**　資金協力にせよ技術協力にせよ，実際に生活基盤を構築する技術や機材を保有するのは大手企業であることが多いため，企業が実際には人件費等の経営上の事情から開発援助を行う場合であっても，そうした活動に対して政府が政策的に支援することになる．もちろん，貧困ゆえに劣悪な環境に苦しむ途上国の人々の生活環境が実際に改善されるのであれば，それが営利目的での活動かどうかはそれほど大きな問題ではないかもしれない．例えば，近年日本でも注目されるようになった，途上国の低所得者層を対象としたBOPビジネスもまた，政府による政策的支援が進む開発援助活動の一つである．このビジネスモデルでは，企業が儲けを出すと同時に，それが途上国の社会・経済状況を改善するという，収益に直接つながる開発援助が明確な目標となっている．

●**援助のパラドクス**　開発援助がどのような形をとるにせよ，倫理学的な観点から考えて最も重要なことは，いったい誰の何をどのように援助するのか，ということである．「開発」ということで，技術開発が念頭に置かれている場合には，そ

の技術を提供する側の社会環境の中で開発され発展してきた技術が、まったく別の文脈をもつ社会に適用されることになる。そうした形での技術の導入はたしかに、技術提供側が想定した成果を上げ、援助された側の環境を大幅に改善しうる。しかし、その改善の内実は、援助される側が必要とするものというよりむしろ、技術提供側が定めたものであり、その改善が果して本当に援助となったのかどうかは定かでない。

　他方で、援助が必要であるということは、他者の助けを必要としており、時として、単に寄り添うだけでは足りないこともあるだろう。こうした援助のパラドクスとでも呼ぶべき状況をなるべく緩和しようとするならば、資金も人材も必須のものではあるが、それよりもむしろ、援助される側がいったい何をどのように必要としているのかをともに探り当てる継続的な関係構築こそが最も重要となる。その意味で、NPO・NGOによる地道な現地での活動は非常に大きな役割を果しうるし、また、現に果している。

●**人間開発指数**　援助される側が何を必要としているのかについて明確な指針を示す上で、国連開発計画の「人間開発報告書」の中で1990年以降用いられている人間開発指数が一つの参考事例となるだろう。人間開発指数は、一人あたりGDP、平均寿命、就学率を基本要素として独自の数式に基づき指数化された、各国における開発の度合いを測定する尺度である。この尺度で捉えられる開発は、国民所得の増大や経済成長といった観点では捉えられない人間の開発、すなわち、人々の選択肢の拡大を通じた人間の自由の実現に他ならない。経済的な豊かさは間違いなく人々を自由にするが、それは、自由になるための豊かさなのであって、それ自体が達成されるべき開発目標なのではない。そう考えれば、もはや「発展途上国への開発援助」といった発想そのものが失効しているとも言えよう。

　例えば、村落から都市部に出るための道路設備がまったく整っておらず、都市部にしかない病院に負傷者や病人を搬送することが容易ではない環境に対して、高速道路を開通させることだけが最善の援助になるとは限らない。高速道路の開通によって都市部への移動が容易になった人々の生活は便利になり、所得も一時的に増えるかもしれない。しかし、そのせいで、村落において伝統的に営まれてきた農業が衰退し、都市部に出た人々が貧民化することもある。村落の人々が必要としていたのは十分な数の医者の存在であって高速道路ではなかったということもありうるだろう。誰のための開発援助かという問いは、援助される人々の善き生に関わるきわめて倫理的な問いなのである。　　　　　　　　［奥田太郎］

【参考文献】
［1］　マーサ・ヌスバウム,アマルティア・セン編著,竹友安彦監修・水谷めぐみ訳『クオリティー・オブ・ライフ―豊かさの本質とは』里文出版, 2006.

10. 身近なところへの援助と遠いところへの援助

　困っている誰かがいたら，その人を助けるべきである．このこと自体に反対する者はおそらく誰もいないだろう．また，身内のことばかり考えて，他の困っている人のことを何も考えない人に対しては，ほとんどの人が道徳的な非難の声を上げるだろう．しかし，身近な顔見知りが困っているときに，それを差し置いて，顔も知らない遠方で困っている人を優先的に助けるべきかどうか，と尋ねられたなら，即座に答えられる人は多くはないだろう．果して，私たちが誰を助けるべきかと考えるときに参照されるべき論拠は，助けを求めている人の立ち位置なのか，それとも，助けを求めている人の陥っている状態なのか．

●**シンガーの援助論**　現代の倫理学者ピーター・シンガーによれば，私たちが通常，目の前で溺れている子どもは見過ごせないのに，遠いアフリカの飢饉は気にもとめない，というのは事実であるが，援助が問題になる場合に重要なのは，私たちが普段どうしているかではなく，どうすべきかである．それを考えるうえで重要な原則は，「非常に悪いことが起こるのを防ぐ力が私にあり，また，それに匹敵するほど道徳的に重要なことを犠牲にしないですむなら，私はそれをなすべきである」という原則である．この原則の背景には，道徳的に重要な差がないものに対しては等しい扱いをなすべきである，という公平性の原理がある．

　この考えに基づけば，自分からの距離が近いか遠いかにかかわらず，絶対的貧困のような極端に悪い状態から誰かを救い出すことが，それに匹敵するほどの大きな犠牲を払わずに自分にできるのであれば，私たちはそれをなすべきなのである．シンガーは実際，豊かな国で平均以上の収入のある者（もちろん彼自身もそこに含まれている）に対して，その所得の一部を絶対的貧困の状態にある者のために寄付するよう求めている．

　このような考え方をすれば，助けるべき相手が誰なのか，助けの手を差し伸べるのは自分なのか他の人なのかとは独立に，一定の悪い状態にある人に対して，一定の余裕のある状態にある人は，一定の条件下では必ず援助すべきである，という倫理的判断を下すことができる．およそこの地球上に暮らす人間であれば誰でも，ひどく困っている人がいることを知れば，それが自分の知らない人であろうと，自分からどれだけ離れたところに暮らしている人であろうと，助けの手を差し伸べる道徳的義務があるということである．

　他方で，こうした無記名の一般的な倫理的判断では，本当の意味で助けの手を差し伸べることにはならない，という考え方もある．助けを求める者，助けの手を差し伸べる者は，まずもって具体的な個人なのであり，顔の見える距離での援

助が成立しえなければ，そもそも遠方の見知らぬ人への援助など論じようがないだろう．そもそもどのような援助が必要とされているかがわかるためには，援助される側との間に人と人との結びつきがなければならない．実際，災害に際して被災地への援助を行う場合に，自分たちの所得の何割かを無理のない範囲で寄付することも大切だが，他方で，そうして一般的な仕方で集められた援助の志は，援助を必要とする個々の人々の手元に適切な仕方で届かない（つまり，援助が成立しない）ことが多い．とりわけ，顔も知らない遠方の人々への援助は，そのような結末を迎えがちである．

●**共感とケアの倫理**　ここで私たちは，そもそも他の人々に助けの手を差し伸べる（世話をする）とはどのようなことなのかを考えてみる必要があるだろう．そのためには，「ケアの倫理」という考え方を参照することが重要である．「ケアの倫理」は，現代の心理学者ギリガンや教育学者ノディングスたちの議論を総称したものであり，原理・原則を重視する「正義の倫理」に対置されるものとして，人間関係を重視する倫理を言葉にしようとする試みである．

こうした考え方においては，助け助けられる（ケアしケアされる）関係を支える人と人との結びつきを可能にするものとして，共感の役割が重視される．例えば，ノディングスは，ケアする者には，自分自身の中に他人の感情を受け容れて，その人とともに見たり感じたりする専心没頭の状態，つまり共感が求められると論じる．そして，ケアが成立している場では，世話をする者の気持ちが世話される者に流れ込み，また，世話をする者も世話される者の気持ちの方向へと心動かされる．そのためには，世話される者もまた，自分が世話を受けていることを認識して，そのことを自発的に受け容れているのでなければならない．こうした相互性こそが，助け助けられる関係を成立させる．

この「ケアの倫理」的な考え方に基づけば，遠方の絶対的貧困に陥っている人々に援助を行う際にも，そうした相互性が度外視されてはならないだろう．援助の対象がどれほど遠くにいる人々であろうとも，およそ援助が問題になる場面では，その人々を身近なものとして受け容れ，そこに相互的な関係性を築こうと努めることが必要なのである．

しかしながら，ここで大きなジレンマが生じる．助けを求める人の状態を知れば，原理・原則に基づいて即座に助けの手を差し伸べるべきである．相互的な関係の構築には時間がかかりすぎる．他方で，時間をかけて関係を構築しなければ，その助けの手が相手に届くかはわからない．身近なところへの援助と遠いところへの援助の問題とは，煎じ詰めればこの難問に行き着くことになる．［奥田太郎］

【参考文献】
[1]　品川哲彦『正義と境を接するもの―責任という原理とケアの倫理』ナカニシヤ出版, 2007.

コラム

トマス・ポッゲ

　トマス・ポッゲ（1953～）は、現在、米国イェール大学にて、哲学・国際問題の教授職にあり、また、同大学グローバル正義プログラムの局長も務める政治哲学者である。彼が貧困問題について展開してきた一連の議論は、現代のグローバル倫理を論じる際には避けて通れないほどに大きな影響力をもっている。その主著の一つは、『なぜ遠くの貧しい人への義務があるのか――世界的貧困と人権』というタイトルで日本語に翻訳されている（立岩真也監訳、生活書院、2010）。なお、本書の初版は、スペイン語とトルコ語に翻訳され、また、2008年に発表された第二版は、日本語、中国語、イタリア語、ドイツ語に翻訳されており、さまざまな国で読まれる現代の貧困問題についての基本書と言っても過言ではないだろう。本書での彼の主張は、大規模で回避可能な人権の欠損を予見可能にもかかわらず生み出す制度の設計は不正義であり、そうした制度的秩序とその押し付けへの参画は、回避可能にもかかわらず人権が欠損したままの人々に対して害を加えていることになるため、私たちには、そうした人々に害をなさないという正義の義務がある、ということである。

　現在、グローバル正義の論客として勇名を馳せるポッゲの学術的な出自について述べておこう。ポッゲは、1977年、ドイツのハンブルク大学で、科学的真理に関するパースの思想と理想的発話状況に関するハーバーマスの思想との比較検討を試みる論文を書き、社会学のディプローム（自然科学、工学、経済学、教育学などを修めた者が取得できる、産業界・経済界での職業に適合した修士号に相当する学位）を取得している。この時に統計学や経済学を学んだことが、その後のグローバル正義論における彼の実証的アプローチを支えていると思われる。

　その後、米国ハーバード大学でジョン・ロールズに師事し、彼の議論の基本的なスタイルが確立されることとなる。1983年、「カント、ロールズ、グローバル正義」と題する博士論文を執筆して、博士号（Ph.D.）を取得した。学位取得後ほどなくコロンビア大学に職を得て、2006年からは、政治学の教授を務めた。その間、『ロールズの実現』（1989）、『世界的貧困と人権』（上記本訳書の初版、2002）などを世に問い、ロールズ研究者としてのみならず、グローバル正義論の論客としても注目を集めた。さらに、2008年にイェール大学に移籍して教鞭を執っている。また、スタンフォード大学が提供するオンライン哲学事典『スタンフォード哲学事典』（SEP）の社会哲学と政治哲学の編者を務めたり、TEDトークで講演したりと、広範囲に活躍している。　　　　　　　　　　［奥田太郎］

第9章

自由主義と環境倫理

　水を一杯にたたえて流れるライン川．しかしこの川が毎年氾濫してニュースになる地帯がある．そこでは，日本の豪雪地帯に見られるように，1階を倉庫にして，2階以上を住居にしている．なぜ，ダムを建設したり，堤防を築いて水害を防がないのかとドイツ人に聞くと，声をそろえて「環境保護」だと答える．しかし，よく考えてみるとライン川はスイスのアルプスに源を発し，ドイツとフランスの国境を流れ，ドイツを横切り，オランダに入り，北海に注ぐ川である．だから，そう簡単に一国だけで，治水事業を企てることはできないのかもしれない．それに対しCO_2の排出問題はまさに「共有地の悲劇」をつくり出している．しかもこの場合共有地とは地球であり，自分たちがそこに放牧された羊である．われわれの「宇宙船地球号」が，絶望的な，非人間化した「救命ボート」とならないように，操縦マニュアルを学ぶことがわれわれの責任である． ［盛永審一郎］

1. 戦争と暴力

　他者に危害を加える暴力がそもそも反倫理的であるなら，人々が組織的暴力を振るい合う戦争は最も反倫理的な行為であろう．とはいえ，現実に発生した戦争にどう対処すべきかを考えないわけにはいかない．また，暴力といっても，私欲のために他人に暴行を加える場合と，暴漢から自分を守るため，あるいは他人を救うために暴力を用いる場合とを区別すべきであるなら，戦争についても同じことが言えるはずである．戦争の廃絶を究極の理想としつつ，戦争が起きてしまう現実と向き合うこと，いわば戦争の放棄という理念（日本国憲法第9条）と高度な軍事力をもつという現実（「自衛隊」の英訳は "Self-Defense Forces"，つまり「自衛軍」）の間で，戦争をめぐる倫理的考察を深めていくことが必要なのである．

●**近代国家と戦争**　戦争とは一般に，国家間の武力衝突を指す．というより，近代に成立した主権国家原理においては，国家が武力（軍隊）を保有する唯一の組織であり，戦争ができるのは国家だけである．なぜ国家が武力を独占するのかといえば，暴力の発生と拡大を抑え，戦争を防ぐためである．奇妙に思われるかもしれない．歴史を振り返ってみよう．中世末期から近代初頭にかけて，ヨーロッパ世界では宗教対立が激化し，各宗派に分かれて敵対する人々の間で凄惨な闘争が繰り広げられていた．この「万人の万人に対する戦争」状態（ホッブズ）を克服し，平和と安全を維持するには，武力を人々の手から奪って国家の管理下に置く方がよい．ここに，近代的な主権国家が誕生する．暴力の拡散と無秩序を防ぐために，戦争の主体を主権国家に限定する，というわけである．

　ところが，主権国家原理は，国家が行う戦争を抑制する手立てを欠く．19世紀以降，国家による戦争はエスカレートしていき，ナショナリズムの伸長と産業や科学技術の発達を背景に，国力を総動員して敵国の完全な打倒を目指す総力戦となる．その流れは20世紀の二度の世界大戦で絶頂に達し，非戦闘地域への爆撃や大量虐殺を伴った第二次世界大戦では，数千万の人命が失われたのである．第二次大戦後，新たに発足した国際連合のもと，大戦の再発を防ぐ努力が始まるが，その特徴は，戦争の主体が主権国家であることを認めつつ，国家間の戦争を共通のルールによって抑止しようとする点にある．各国は自衛のために武力を保持できるが，侵略戦争は違法とされ，侵略などの国際平和への脅威に対しては，諸国が協働して軍事行動を含む強制的措置を取ることができる（国連憲章第7章）．

●**内戦のグローバル化**　だが，今や国家は戦争の唯一の主体ではない．最強の軍事大国米国が少数のテロリストの攻撃を防ぎ得ないという事実は，永らく安全保障の要であった主権国家の地位と役割の低下を示しているとも言える．今日の世

界で多発しているのは，民族間や宗教上の対立などを原因として国内で発生する内戦であり，ボスニアやソマリアの例が示すように，内戦は主権国家の解体と軌を一にして激化し，複数の国境を跨いで大規模な地域紛争に発展する場合も少なくない．主権国家成立以前のヨーロッパを襲った内戦状態がグローバルな規模で復活したかのように，無秩序化した地域では，それぞれの正義を掲げる人々が武装集団を形成し，果てしない闘争を続けている．その最大の犠牲者となるのは自らを守る術を持たない人々，老人や女性，そして子どもたちである．

●**人道的介入をめぐって** こうした状況を放置してよいのか．例えばルワンダでは大量虐殺のために 80 万以上の人命が失われたが，このような場合，国際社会は非道な暴力から人々を救うために，軍事力を用いて「人道的介入」を行うべきではないか．これは，目的が正しい場合に限り，いわば必要悪として戦争を認めるべきだという考え方であり，その起源は中世以来の「正戦論」に遡る．正戦論では，戦争を起こす理由や意図が正当であるか（戦争の正義：jus ad bellum)，戦争遂行時の武力行使の方法や規模が適正であるか（戦争における正義：jus in bello），という二つの観点から戦争の正・不正が判定されるが，正戦論を援用して人道的介入を正当化する議論には批判も多い．そもそも正戦の基準が明確でなく，不適切な介入は却って状況を悪化させかねず，さらに，人道の名のもとに恣意的な軍事介入が正当化される危険もある．コソボ紛争の際，米国など NATO 諸国は，セルビアが迫害や虐殺に関与しているという理由から同国に対し空爆を行ったが，国連の承認を得ぬまま強行されたせいもあり，これがコソボの人々を救うための人道的介入なのか，セルビアという主権国家に対する不当な武力攻撃なのかをめぐって議論が巻き起こり，未だに決着を見ていない．

●**人間の安全保障に向けて** 人間の生を脅かすものを広く暴力と呼ぶなら，戦時の破壊や殺戮という物理的な暴力のみならず，貧困や飢餓，差別や抑圧，そしてそれらを生み出す社会構造の歪みを暴力として捉え直す視点が必要である（構造的暴力）．紛争が発生する地域では，貧困や抑圧のために自らの潜在的な能力を実現する道を奪われた人々が，怒りや絶望にかられ，武装勢力やテロ組織に身を投じて他の人々に暴力を振るう，という悪循環がしばしば見られる．こうした暴力の連鎖を断つためには，すべての人が公正に処遇され，教育や福祉を享受できる社会を構築せねばならない．それは，グローバル化した世界を生きる人々，とりわけ豊かな先進国に住まう者に課せられた倫理的責務であると言えるだろう．

戦火が絶えぬ現状では，鎮火のために武力を手放すことは困難かもしれない．だが，暴力は破壊の力に過ぎず，新たな世界を創造する力とはなり得ない．永らく戦争をめぐる思考を規定してきた国家の安全保障から「人間の安全保障」へと視座を転換し，誰もが自由と安全を保障される真に平和な世界を築く努力を粘り強く続けていくこと．それが戦争を防ぐための，唯一の道である． ［森川輝一］

2. 戦争と環境

　戦争と環境問題を結びつけて考える人は少ないかもしれない．唐が内乱に揺れた時代，杜甫は「国破れて山河在り，城春にして草木深し」と詠い，戦乱で荒れ果てた都の姿を，以前と少しも変わらぬ自然の姿と対比した．人間がどれだけ愚かな同族殺しに精を出そうとも，雄大な自然は微動だにせず，悠久の時を刻み続ける．戦争は，どれほど悲惨なものであっても所詮人間同士の争いであり，環境問題とは直接関係がないのだろうか．だが，杜甫の時代から1200年余りが過ぎた今日，人間が手にしている兵器は，刀剣弓矢とは比べものにならない破壊力を有している．1945年8月，たった二発の原子爆弾が，日本の二つの都市を壊滅させた．その後米国とソ連(現ロシア)は核軍拡を競い合い，地球上を何回も焦土にできるだけの核戦力を保有するに至った．実戦で使用されることこそなかったものの，核実験という形で繰り返された核兵器の爆発は，冷戦期を中心に2,000回に及び，実験場となった地域を文字どおり不毛の地に変えたばかりでなく，広範囲の放射能汚染を引き起こし，多くの人々の生命や健康を危険に晒してきたのである．私たちの生きる現代世界では，戦争こそ環境破壊の最大の原因であると言っても過言ではないが，それは何も核兵器に限ったことではない．

●**戦争による環境破壊**　倫理的観点を度外視すれば，敵国を破るためには，その山河もろとも破壊し尽くすことが合理的であるのかもしれない．ベトナム戦争において，密林に潜むゲリラに手を焼いたアメリカ軍は，枯葉剤と呼ばれる強力な除草剤を空中から散布し，密林そのものの消滅をはかった．その結果，約260万ヘクタールに及ぶ広大な森林が荒野に変わり，さらに，枯葉剤に含まれていた猛毒のダイオキシンのために，がんの発症や新生児の先天的障害などの深刻な健康被害がもたらされた．枯葉剤使用から半世紀が過ぎた現在でも，ベトナム国内だけで300万以上の人々が，障害や後遺症に苦しめられているのである．

　枯葉剤散布は軍事行動の一環として行われた環境破壊であるが，高度に発達した兵器の使用が思わぬ形で環境破壊をもたらす場合もある．例えば，劣化ウラン弾の問題である．劣化ウラン弾とは，核廃棄物から取り出した劣化ウランを材料とする砲弾のことであり，主に対戦車徹甲弾として，アメリカ軍をはじめとする各国の軍隊で装備されている．劣化ウランを材料にするのは，比重と硬度の高い劣化ウランを用いて砲弾の貫通力を高めるためであり，放射能汚染を意図しているわけではない．しかし，実際に使用されれば，ウランの微粒子が大気中に飛散し，土壌や水を汚染することは避けられず，それが人々の体内に取り込まれると，内部被曝を引き起こすことになる．1991年の湾岸戦争，90年代後半のボスニア

やコソボの紛争における NATO の軍事介入，2003 年のイラク戦争などでは，大量の劣化ウラン弾が使用された結果，戦闘に参加した兵士や戦場となった地域の住民に，長期に及ぶ健康被害を引き起こした可能性が指摘されている．

●**天然資源をめぐる戦争**　自然環境は，私たちの豊かな暮らしを支えるさまざまな天然資源の供給源でもある．だが，資源をめぐる競争が戦争に発展すれば，現地の人々の暮らしが破壊されてしまうことになる．その悲惨な実例の一つが，アフリカ大陸の中央に位置するコンゴ民主共和国（旧ザイール）を，1998 年から 2003 年にかけて襲った内戦である．直接のきっかけは長年続く国内の民族対立であるが，内戦を激化させた原因は，日本の 6 倍に及ぶ広大な国土に眠る金・銅・錫・ダイヤモンド・コバルトなどの豊富な鉱物資源であった．各武装勢力は，採掘した鉱物資源を国外の企業に売って軍資金としたが，さらなる資源供給地の確保を目指す各勢力にとって混乱の持続はむしろ好都合であり，それが内戦の長期化を招いたという側面がある．加えて，周辺諸国がそれぞれの思惑から次々と介入したため，内戦は「アフリカの世界大戦」と呼ばれるほどに大規模化していった．豊富な地下資源がコンゴの人々にもたらしたのは豊かな暮らしではなく，社会の荒廃と経済の麻痺，貧困と飢餓，そして数百万に及ぶ犠牲者だったのである．

●**平和，開発，環境保全の不可分性**　1992 年にブラジルのリオデジャネイロで開かれた「環境と開発に関する国連会議（地球サミット）」において採択された，いわゆる「リオ宣言」によれば，「戦争は，本質的に，持続可能な開発を破壊する性格をもつ」（第 24 原則）．それから 20 年余りが過ぎたが，その間も地上に戦火が絶えることはなく，無数の人命が奪われ，広大な自然環境が破壊されてきた．しかし，この宣言の正しさは，上で述べたほんのいくつかの事例が示すとおりである．

　戦争を防止する上で欠かせないのが，戦争の激化と環境の破壊をもたらす兵器を削減ないし撤廃していく国際的な努力である．核兵器に関しては，いまだ核廃絶への道は遠いものの，1968 年に始まった核兵器不拡散条約（NPT）体制の拡充や，1996 年に国連総会で採択された包括的核実験禁止条約（CTBT）など，一定の歯止めをかける試みが続けられている．また，戦時はむろん，戦火が収まった後も人々の生命と安全を脅かす危険性の高い兵器である対人地雷やクラスター爆弾については，その保有を禁止する国際条約が，中小の有志国や NGO の主導によって成立している（1999 年発効の対人地雷全面禁止条約，2010 年発効のクラスター爆弾禁止条約）．もっとも，米国をはじめとする軍事大国はこうした軍縮の試みに非協力的であり，前途は決して明るくはない．しかしながら，「平和，開発及び環境保全は，相互依存的であり，切り離すことはできない」（リオ宣言 25 原則）ことは，今や誰の眼にも明らかとなっている．自然環境を保全しながら持続可能な開発を進めていくためにも，戦争の防止と平和の確立を目指す一層の努力が求められているのである． ［森川輝一］

3. 持続可能な発展（開発）

「持続可能な発展（sustainable development 持続可能な開発）」は，地球環境問題を考える際の共通の前提として，広く受け入れられている理念である．この理念は1980年に国際自然保護連合（IUCN）がまとめた『世界保全戦略』で提唱され，1987年の「環境と開発に関する世界委員会（ブルントラント委員会）」の報告書「地球の未来を守るために（*Our Common Future* 我ら共通の未来）」によって世界に広まった．その報告書で持続可能な発展は「未来世代が自分自身のニーズを満たす能力を損なうことなく，現代世代のニーズを満たす発展」と定義されている．この理念の実現に向けて1992年にリオデジャネイロで開かれた「環境と開発に関する国連会議（地球サミット）」では「リオ宣言」と「アジェンダ21」が採択され，個別の環境問題に対処するために「気候変動枠組条約」（第9章4．参照）と「生物多様性条約」が締約された．2002年にはヨハネスブルグで「持続可能な発展に関する世界首脳会議」が開かれ，報告書「持続可能な発展に関するヨハネスブルグ宣言」が発表された．

●**自然環境の保全**　持続可能な発展という理念は，人間社会が長期的に発展するためには，その基盤である自然環境に配慮しつつ自然資源を利用しなければならないという思想に基づく．自然環境をそれ自体がもっている価値のために保護すべきだという自然中心的な「保存（preservation）」の思想ではなく，地球に生きるすべての人間が幸福な生活を送ることができるためにはその基盤である自然環境が持続可能であることが必要であるから，人間の生活と自然環境との調和をはかるべきだという人間中心的な「保全（conservation）」の思想である．

●**公正という視点**　しかし，持続可能な発展は人間と自然環境の関係に尽きるものではなく，人間と人間との関係にも及ぶ．まず，上の定義からわかるように，持続可能な発展は未来世代のニーズへの配慮という思想に基づいている．「未来世代への責任」「世代間倫理」「世代間正義」とも呼ばれる思想であるが，そこには現代世代の人間と未来世代の人間の間の公正という視点が入っている（第9章9．参照）．だが，さらに，同世代の人間の間の公正も考慮されなければならない．例えば，「北」の先進国が現在の繁栄を築くために自然環境にかけてきた負荷は「南」の発展途上国とは比べ物にならないほど大きいにもかかわらず，自然環境の劣化によって生じる負の影響はおうおうにして「南」の国々のほうに重くのしかかる．このような不公正を放置したまま持続する発展は，すべての人間の幸福の基盤であるとは言えない．「リオ宣言」も「ヨハネスブルグ宣言」もこの認識を共有していることは，地球温暖化，環境汚染，生物多様性の喪失，資源の枯渇などの自

然環境問題と並んで，貧困，経済格差，武力衝突，人権侵害などの地球規模的な課題に言及されていることからもわかる．

●**持続可能な発展という理念の意義** 持続可能な発展という理念はすでに広く受け入れられており，地球規模的な問題の解決に向けて人々の思考と行動をつなぐことのできる優れた共通理念であると言ってよいだろう．しかし，持続可能性には多様な解釈があり，その実現の仕方についても多様な構想がある．したがって，持続可能な発展とは何か，それをどのように実現するかについては，常に熟慮が必要であるが，少なくとも次のことは言えるだろう．持続可能な発展には，資源の利用と廃棄物の排出を自然環境の再生・吸収能力の限度内に収めることが必要であり，そのためには資源の循環的利用が不可欠である．また，地球温暖化を防止することが必要であり，そのためには温室効果ガスの排出を相当量抑えなければならない．そうすると，持続可能な発展はこれまで通りの成長や開発と同じ意味ではありえず，社会構造と生活様式の大きな変革を伴うものであることがわかる．持続可能な発展という理念は「豊かさ」「幸福」「よい生き方」などをめぐる問いを私たちに投げかけ，生き方を問い直すことを促す，優れて倫理的な概念である．

●**市民社会と教育の役割** 持続可能な発展を実現するためには，市民社会と教育が果たす役割が重要である．1992年の地球サミットには，加盟国政府や国際機関だけでなくNGO（非政府組織）と呼ばれる市民団体も多数参加して活躍したが，それ以来，環境問題その他の地球規模的な問題を検討する国際会議において，NGOは大きな役割を果たしてきた．環境問題が地球に生きるあらゆる人々に重大な影響を与える以上，その解決に行政や科学技術の専門家のみならず市民が参加することは当然であるが，市民が参加することによって，政治や経済の論理のみに捕われない視点が提供されるだけでなく，分野によってはNGOのほうが政府や国際機関よりも優れた情報や技術を提供できることが知られている．また，2002年のヨハネスブルグ・サミットでは2005年からの10年を「国連持続可能な発展のための教育の10年」とすることが提案され，国連総会で採択された．持続可能な発展のための教育（ESD）は地球サミットですでに提唱されていたが，この「10年」を機に，ユネスコ（UNESCO 国連教育科学文化機関）が先導して推進されることになった． ［寺田俊郎］

【参考文献】
[1] 淡路剛久・川本隆史・植田和弘・長谷川公一編『持続可能な発展』（リーディングス環境 第5巻）有斐閣，2006．
[2] 足立幸男編著『持続可能な未来のための民主主義』ミネルヴァ書房，2009．
[3] 井上有一「環境世界論—エコロジーを越えて」『生命／環境の哲学』（岩波講座 哲学8）岩波書店，2009．

4. IPCC

　1980年代に，世界的な異常気象が大気中の二酸化炭素などによって引き起こされる温室効果と結びつけられ，国際政治の舞台で問題にされるようになった．それを受けて1988年に，国連環境計画(UNEP)と世界気象機関(WMO)によってIPCC (Intergovernmental Panel on Climate Change 気候変動に関する政府間パネル)が設立され，国連総会で承認された．その目的は，気候変動とそれが環境や社会経済に与える可能性のある影響に関する世界中の知見がどのような状況にあるかについて，科学的見解を提供することである．つまり，IPCCは気候変動に関する科学的，技術的，社会経済的な情報を検討し評価するが，気候変動に関する独自の研究を行わず，また，情報の検討・評価の結果を政策決定者に資料として提供するだけで，具体的な政策決定には関与しない．事務局はジュネーヴのWMO本部に置かれ，世界中の科学者が協力している．これまで4回評価報告書を出し(1990，1995，2001，2007年)，5回目の評価報告の準備が最終段階に入っている(2013年6月現在)．

●**気候変動枠組条約**　IPCCは1990年の第一次評価報告書で，化石燃料の使用，森林の伐採など人間の活動に由来する「温室効果ガス」が大気中に排出され続ければ「生態系や人類に重大な影響をおよぼす気候変化が生じる恐れがある」と警告した．報告書は，気候変動に関する予測は不確実だと断りつつ，温室効果ガスの増加によって気温が上昇しており，これからも上昇すると予測され，その影響で海面が上昇しており，これからも上昇すると予測されるとした．この報告を受け，対策を検討するために「環境と開発に関する国連会議(地球サミット)」が1992年にリオデジャネイロで開かれ，「気候変動枠組条約」が締約された．この条約の目標は，気候システムに危険な影響を及ぼさないように「大気中の温室効果ガスの濃度を安定化させること」である．この目標に向けて締約国は「共通に有するが差異のある責任」に基づいてそれぞれの計画を作成・実施・公表・更新することを約束し，その計画の達成状況を検討するために「気候枠組条約締約国会議(COP)」を定期的に開くことを決定した．第3回締約国会議は1997年に京都で開かれ，温室効果ガス排出削減の具体的な目標を記した「京都議定書」を採択した．その中で先進国は，全体としての削減目標を2008年から2012年の間に1900年との比較で5.2%とし，国・地域別の削減目標を，ヨーロッパ連合(EU) 8%，米国7%，日本6%とした．京都議定書はロシアが2004年に批准したことによって2005年に発効し，2013年現在日本，EUなど192カ国・地域が批准しているが，米国はブッシュ政権下にあった2001年に京都議定書から離脱し，未だに批准していない．

●**第四次評価報告書** IPCC が 2007 年に出した評価報告書によれば，気候システムの温暖化には「疑う余地がない」．それは，大気や海洋の世界平均温度の上昇，雪氷の広範囲にわたる融解，世界平均海面水位の観測によって「今や明白である」．そして，その変化の原因が温室効果ガスである可能性は「非常に高い」．さらに，「温室効果ガスの排出量は今後数十年間増加し続けるという意見の一致度は高く，多くの証拠があり」，そうだとすれば「21 世紀にはさらなる温暖化がもたらされ，世界の気候システムに多くの変化が引き起こされるであろう」．その規模が 20 世紀より大きくなる「可能性が非常に高い」．そして，その影響として，水利用可能量の増減，生物種の絶滅，穀物生産の増減，洪水や暴風雨，健康被害などを挙げている．さらに，対応策のオプションが多様であることを示すと同時に，気候変動枠組条約と京都議定書が世界的な対応策の枠組みを構築したことは「注目すべき功績」であることについて「意見の一致度は高く，多くの証拠がある」とする．

●**予防原則** IPCC の報告書は気候変動に関する予測が不確実であることを前提としており，それは「可能性が高い」という表現が頻繁に用いられていることにも表れている．温暖化の原因が温室効果ガスであることについても懐疑的な見方がある．しかし，IPCC の報告は現時点でのあらゆる情報を検討・評価した結果である．また，重大で回復不可能な被害が予想される場合には，因果関係が科学的に十分に証明されていなくても対応措置をとるべきだという考え方，いわゆる「予防原則 (precautionary principle 慎重原則)」をとるならば，地球温暖化が進めば重大で回復不可能な被害が予想される以上，対応策をとるべきである (第 6 章 8．参照)．実際，気候変動枠組条約も予防原則の立場に立っている．

●**国家の倫理と主権** 地球環境問題は地球上のあらゆる国が協力して取り組まなければ解決できない問題であり，各国が「共通に有しているが差異のある責任」を果たさなければならない．にもかかわらず，例えば，最大の温室効果ガス排出国である米国が自国の利益を守るために京都議定書を批准せず，排出削減の努力を放棄していることは，倫理的に許されないことである．だが，それはもはや国家の倫理の問題にとどまらず，グローバル化した世界において主権国家というものをどう考えるかという問題でもある．地球規模的な問題を解決するために国家の主権を制限する仕組みをつくるべきだという見解もある．これは，地球環境問題に限らず，あらゆる地球規模的(グローバル)な問題に共通の論点である． ［寺田俊郎］

【参考文献】
[1] IPCC のウェブページ http://www.ipcc.ch/
[2] IPCC 編（文部科学省・経済産業省・気象庁・環境省訳）『IPCC 地球温暖化第四次レポート―気候変動 2007』中央法規出版，2009．
[3] ピーター・シンガー，山内友三郎・樫則章訳『グローバリゼーションの倫理学』昭和堂，2005．

5. 土地倫理とディープエコロジー

　土地倫理とディープエコロジーはともに自然中心主義の部類に属する思想だが，その内実は多少異なっている．両者を説明するためには，まず自然中心主義とは何であるかを考えなければならない．

●**自然中心主義**　自然中心主義はその名の通り環境保護をするためには人間ではなく自然の立場でなされるべきだという考え方であり，それゆえ人間中心主義と対立するのは明らかだが，どういう自然の立場から保護されるべきかでその内実が変わってくる．例えばクレプスの整理によれば，感覚能力を有するすべての存在を保護すべきだとするのが感覚中心主義，生きているすべての存在を保護すべきだとするのが生命中心主義，あらゆる自然を保護すべきだとするのがラディカルな自然中心主義であり，ディープエコロジーはこのラディカルな自然中心主義と同一視される．

　これら三つの自然中心主義のうち感覚中心主義は，苦痛を感受する存在には苦痛を回避する権利を有するという立場なのでむしろ功利主義に基づく動物倫理に該当し，一般的な意味での自然中心主義からは通常除外される．これに対して生命中心主義とディープエコロジーは一見するとその規定は同様に思えるが，前者が生きとし生けるもののみを保護の対象と見なす一方で，通常は生命とは同一視されない無機物やバクテリアなどを射程に入れないのに対し，後者は時として「生態系中心主義」と言い換えられることからも知られるように，生き物を存続させる生態系そのものの保護を求めている点で大きな違いがある．

●**土地倫理とディープエコロジー**　これらを確認したうえで，まずはディープエコロジーの詳しい内容をみることとしよう．ディープエコロジーはノルウェーの哲学者アルネ・ネスの説いた思想で，人間の都合で自然を保護する従来の環境運動をシャロー(浅い)エコロジーとして批判し，人間の価値観や政治観を根本的に転換して自然の摂理にのっとった生き方を主張する自らの立場をディープ(深い)エコロジーとして規定する．例えばシャローエコロジーが人間の資源や発展途上国の人口過剰を問題にするのに対し，ディープエコロジーはそれぞれの生物種の資源や人類全体の人口過剰を問題視するという具合である．それゆえディープエコロジーは大量生産・大量消費という近代社会のあり方を批判し，長期的な視点に立ってあらゆる生物種の保護を求める世代間倫理的な主張を提示する意味で，ポスト近代的な思想の傾向を有すると言ってよい．他方で環境破壊の原因を社会的弱者の搾取に求めるブクチンのようなソーシャル・エコロジーの立場からディープエコロジーは，経済的に恵まれた支配的エリートの唱道する擬似宗教だ

と批判される.もちろんこうした批判は,ディープエコロジーよりまさしく人間中心主義的な主張だと再批判されることは大いに予想できる.現在では原発事故を受けて従来通りのエネルギー政策の見直しを模索する精神的支柱として,再びディープエコロジーが注目される可能性がある.

他方で土地倫理は米国の環境思想家アルド・レオポルドが森林局で勤めながら著した主著『野生のうたが聞こえる』の末尾で披露した考え方で,原語に即して「ランド・エシックス」と呼ばれることもある.レオポルドは従来人間の所有物とされた土地を,その土地に住む人間と動植物との関係を考慮して再検討し,これまで人間社会のみに適用された共同体の観念を土壌,水,動植物を含めた「土地」にまで拡張したものを土地倫理と名づける.

土地倫理は土地を含めた生態系の保護を求める点ではラディカルな自然中心主義ないしディープエコロジーと近似的だが,従来なら人間社会に限定されていた倫理を土地にまで拡張するという考え方を強調すれば,ある種の人間中心主義と考えることもできる.ディープエコロジーがイメージするのがややもすると人間社会から独立した野生の生態系であるのに対し,人間が土地に住み続けるという至極当然な真実を前面に押し出すことで,人間と動植物をつなぎ止める新たな倫理のかたちをレオポルドは提唱すると言っていいだろう.

●**三つの展開** その後土地倫理はおおよそ三つの方向へと展開されている.そのうちの一つが当初キャリコットのとった,全体論的アプローチに土地倫理を位置づける考え方である.初期のキャリコットによれば自然保護の倫理は生態系全体に対する貢献の度合に収斂するので,ディープエコロジーと同様社会的弱者の問題に目を向けない「環境ファシズム」として指弾されることになった.その後キャリコットは生態系中心主義的な発想を修正して,人間の道徳との折り合いをつけるのみならず,地球のさまざまな環境思想を媒介して人間と自然のみならず,人間と人間の間の関係を考察する立場に転回する.このことを表明したのが『地球の洞察』であり,そこでは多元論的な発想が土地倫理から読み取られる.これに対して初期のキャリコットを批判した環境プラグマティストは転回後のキャリコットにも多元論的な発想は見られないと反撥し,技術的解決の視点を土地倫理から詠み込んでいる.これが第二の立場である.

第三の立場は,一般に「ナッシュ図式」と呼ばれる権利の拡張の中に自然保護を位置づける考え方である.ナッシュは13世紀のマグナカルタを権利概念の誕生だと見なしたうえで,アメリカ独立宣言,奴隷解放宣言,女性・マイノリティーへと権利を拡張していった先に,1973年に制定された「絶滅の危機に瀕する種の保存法(ESA)」があると考える.この線で土地倫理を考えれば,土地倫理はディープエコロジーとは異なって人間中心主義の拡張的形態だと考えることができる.

[菅原　潤]

6. 生物多様性

　生物多様性は地球温暖化(あるいは気候変動)に続く環境問題のキーワードとして広く知られているが，その歴史は比較的新しい．「生物多様性 (biodiversity)」は「生物学的多様性(biological diversity)」と同義だが「学的(logical)」の部分を略して一語にしたのは，1986年に米国で開催されたナショナル・フォーラムの場が最初である．フォーラムの席上で生態学者のウォルター・G.ローゼンは，生態系の改変や希少種の絶滅を阻止するため，公衆に訴えかけるスローガン的な語として「生物多様性」の語を発案した．

　この語が発案される前にも，生態系の保護を求める国際条約を作る動きは存在した．最初に採択されたのはラムサール条約で1975年に発効し，日本は1980年に加盟した．正式名は「特に水鳥の生息地として国際的に重要な湿地に関する条約」で，これに前後して1973年に採択され1975年に発効した条約として「絶滅のおそれのある野生動植物の種の国際取引に関する条約」があり，採択された場所からワシントン条約と呼ばれる．「生態系保存」を目指すラムサール条約と，「種の保護」を目指すワシントン条約の精神が「生物多様性」という概念に盛り込まれたと考えられる．こうした動きを経て1992年にはリオデジャネイロで開催された地球サミットで生物多様性条約が調印され，翌93年に発効した．

　生物多様性条約の特徴は，先行する二つの条約のように特定の生物や場所を保護するのではなく，地球上の生物の多様性を保護することを目的とするところにある．これを受けてわが国では1992年に種の保存法(絶滅のおそれのある野生動植物の種の保存に関する法律)が制定され，「生物多様性国家戦略2012-2020」が閣議決定された．そこでは生物多様性を社会に浸透させ，地域における人間と社会の関係を再構築し，森・里・川・海のつながりを確保し，地球規模の視野をもって行動するとともに，科学的基盤と政策のつながりを強化することがうたわれている．なお，生物多様性を損なう可能性のある遺伝子組み換え生物の移送や取り扱いについては，2003年に発効したカルタヘナ議定書が関係国に情報を提供し事前同意を義務づけたので，これを受けてわが国でも「遺伝子組み換え生物等の使用等の規制による生物の多様性の確保に関する法律」が制定され，2004年に施行された．

●三つの概念　「生物多様性」という概念により想定されている「多様性」は「種多様性」，「遺伝的多様性」，「生態系多様性」の三つである．「種多様性」とは現在200万種とも数えられる生物種をそっくりそのまま保護せよという考え方である．ここで言われる「種」とは，その構成員が自然条件のもとで自由に交配して持

続的に子孫を残すことのできる集合体である.「遺伝的多様性」とは遺伝子により伝えられた「種」の下位概念である亜種,属,族,科,目,綱,門,界などの分類学的カテゴリーによりくくられた特性を保護せよという考え方である.そして「生態系多様性」は「生産者」,「消費者」,「分解者」という三者に分かれるさまざまな生態系を保護せよという考え方である.「生産者」とは植物と独立栄養細菌,「消費者」とは動物,「分解者」とは菌類と従属栄養菌であり,生産者により太陽と無機物から取り込まれたエネルギーが消費者に伝えられ,それがさらに分解者に伝わって残りが熱として放出される.こうした循環のシステムの多様性が保護されるべきだというのである.

●**さまざまな批判** このように生物多様性については昨今の話題が豊富であるが,さまざまな批判がしばしば寄せられている.三つの多様性のうち生態系多様性はレオポルドの主張する土地倫理と親和的なのでそれなりの正当化は可能であるものの,残りの二つの多様性の実現が果たして可能なのかは疑問符がつく.まずは種多様性だが,ここで前提されているのは分類学の祖のリンネが言うところの,種は不変という考えである.けれどもダーウィンの進化論以降,遺伝子の突然変異と自然選択により種は変化すると考えられているので,現在の種の絶滅は未来の種の出現と相即的であり,進化のプロセスが安定期から変動期に入ったと考えることもできる.次に遺伝的多様性だが,これも地理的に隔絶された同種の生物が歴史的に形成されたものであって,人類の発明した移動手段の影響によりこれまで交流のなかった亜種が交配する可能性を産み出し,遺伝的多様性が減少することが指摘されている.例えば2000年に和歌山県でニホンザルとタイワンザルの交雑した個体を捕獲し殺処分するという動きがあったが,遺伝的多様性を保存するために感覚能力の備わった個体を殺処分するのが果たして倫理的に妥当なのかという議論がわき上がった.またカルタヘナ議定書により規制の対象となった遺伝子組み換え作物はともかくとして,これまで人類が従事してきた栽培植物や家畜の品種改良が,遺伝的多様性の考え方と整合的かどうかも問題である.

こうしてみると生物多様性は生物学者が自らの研究対象を偏愛するために提示した概念にすぎず,そうした研究者とは無縁の生活者からみて無用の長物にみえるかもしれないが,生物学者エドワード・O. ウィルソンが,食糧の 90 パーセントがわずか 100 あまりの種のみによって供給されていることに懸念を表明していることを考慮すれば,生物多様性は必ずしも生活者の利益からかけ離れた概念とは言い切れない.加藤尚武はウィルソンの視点が食料資源の確保という実用主義的な戦略を胚胎させていると指摘し,生命との一体感などといった内在的価値のみを生物多様性保護の理由に求めず,食糧,燃料,医薬品などの道具的な価値も含めよと,柔軟な解釈をしていることは注目すべきである(『新・環境倫理学のすすめ』).

[菅原　潤]

7. 自然権訴訟

　自然権訴訟とは，通常は法律的に人格として認められない自然物が生存権を求める原告と見なし，その被告人の代弁者としての立場として人間が訴訟を行うことを言う．
　この自然権訴訟を理論的に論じたのが，クリストファー・ストーンの「樹木の原告適格」である．この論文でストーンは自然が訴訟を起こすためには (1) 自然自身の要請により訴訟が開始されること，(2) 裁判所が自然に対する被害を考慮しなければならないこと，(3) 救済措置は自然のためになされなければならないことだとした．つまり自然そのものに権利が認められないとしても，自然の利害に関わる案件の訴訟は可能だとしたのである．これはまた権利の三類型のうち法律に基づかない権利(国家存立以前の権利や道義的権利)と，法律に基づく私人間の権利に基づくものと解釈される．
　それでは自然物が訴訟するためには，どのような手続きが必要となるのか．そこでストーンは，権利主体として認められない事象として奴隷と胎児を例として挙げて，この点を説明する．彼によればたとえ奴隷制を容認する社会であっても，奴隷が誰かに暴力を振るわれ負傷した場合は，奴隷の主人は暴力を振るった相手に奴隷という動産価値が減少したかどで訴訟を起こせるのであり，また言語能力も思考能力も未熟な胎児であっても，生まれる前に何らかの障害を受けたことの損害賠償の請求を，胎児の母親が胎児に代わって訴訟することが可能だとされる．
　奴隷の場合が法的に人権が与えられないのに対し胎児の場合は法的権利の土台となる言語能力と思考能力の未発達という違いはあるが，いずれの場合でも権利主体として認められない事象がその事象の利害を代行する——奴隷の場合は奴隷の主人，胎児の場合は胎児の母親という——後見人を通じて，損害賠償を請求することが可能になるのであり，この考え方をストーンは自然物にも適用するのである．人間以外の自然物にどの程度まで法的権利を帰するべきかは，シンガーの言うようにヒトの胎児と高等類人猿の知的能力を比較し種中心主義的偏見を打破していいかという問題も絡んで，従来の法体制の根本から揺るがす大問題だが，ストーンの主張はこうした認識論的な問題を棚上げして自然の利害を守ることに専念する点で注目すべき考え方である．

●米国のケース　こうしたストーンの考えは，米国で現実に起こされた訴訟のなかで実現されている．例えば1972年に，自然の保存を主張したことで知られるミューアの創設したシエラクラブが，セコイア国有林におけるミネラルキング渓谷のスキー場開発を差し止める訴訟を政府相手に起こした際に，ダグラス判事は

自然権訴訟が可能である旨の反対意見を主張した．こうした流れを受けて米国では「絶滅の危機に瀕する種の保存法（ESA）」が制定されて原告の適格性が大幅に緩和され，1978 年には絶滅危惧種のパリーラ鳥とシエラクラブが共同で提訴した訴訟が，1991 年にはシマフクロウが訴訟当事者として記載されない訴訟がそれぞれ勝訴となった．同様の訴訟はその後も続きいずれも勝訴を勝ち取ったことからみるに，米国における自然権訴訟の考え方はすでに定着していると考えてよい．

●わが国のケース　これに対して，わが国において自然権訴訟に相当する事案は数件考えられるが，その中で最も著名なのがアマミノクロウサギ訴訟である．アマミノクロウサギは世界中で奄美大島と徳之島の二カ所でのみ生息が認められる絶滅危惧種であり，わが国で特別天然記念物として指定された第 1 号であるが，ゴルフ場開発が鹿児島県で認可されたことを受けて，1995 年に環境保護団体と個人の約 20 名の連名で工事の取り消しを求めて鹿児島県知事に訴訟を起こした．その原告の中にアマミノクロウサギもあったことから，鹿児島地裁は原告名として動物名を出したことの不合理性を理由にして訴状を却下した．このことをマスメディアが大きく報じたことを受けて，自然権訴訟は多くの人々が知ることとなった．

なお同様の訴訟としては同じ年に茨城県で雁の一種であるオオヒシクイを原告名に連ねたものがあり，こちらではオオヒシクイの弁論を削除して，鹿児島地裁と同様の判断を判決の中で示した．その後北海道で起こされたナキウサギ住民監査請求では原告名にナキウサギは連ねられてはおらず，日本で自然権訴訟の妥当性は十分に認められていないと言わざるを得ない．

他方で実質的に自然の権利を認めた事例として，日光・太郎杉訴訟に注目すべきである．この訴訟は日光東照宮の参道に立ち並ぶ 30 メートル前後の高さの杉並木の先頭にある太郎杉とその敷地が道路拡張の工事のために収用されることを阻止するために東照宮が起こしたもので，1969 年に宇都宮地裁は，太郎杉の文化的価値は相当なもので，いったん損失したら人間の手で再び復元することはほぼ不可能であることを理由に，原告の言い分を全面的に認めた．ここで考慮されたのは太郎杉の自然的価値ではなく文化的価値なので，厳密にいえば自然権訴訟の事例とは言い切れないが，太郎杉の後見人である日光東照宮の言い分が認められたことにスポットを当てれば，形式的にはストーンの主張する自然権訴訟の一例と見なしてもいいだろう．

周知のように日本では米国とは違って手つかずの自然はほとんど存在せず，人間の手の加わった自然が保全されているのだから，その意味では日光・太郎杉訴訟と同様，自然的価値に文化的価値を加味した訴訟の形態を理論的に正当化する時期に差し掛かったと思われる．　　　　　　　　　　　　　　　［菅原　潤］

8. 放射性廃棄物

「一見慈善的な技術と損害を与える技術との間を区別することは簡単に見える．人々が単純に道具の使用目的を見ることによって，鋤はよい，刀は悪い．救世主の時代に刀は鋤に鍛え直された．現代技術において，置き換えられる．原子爆弾は悪い，人類を養う手助けをする化学肥料はよい．しかしここで現代技術の悩ませるディレンマが浮かぶ．……悪い兄弟カイン—爆弾—は彼の洞窟の中に結び付けられているのに対し，善い兄弟アベル—平和的な原子炉—は将来の千年のためにその毒を沈殿させ続ける」（ハンス・ヨナス）．

2010年3月，日本政府は2030年までのエネルギー政策の方向性を示す「エネルギー基本計画」の骨子案を決めた．それによると，「現在54基稼働中の原発に，さらに原発14基を新設する」というものだった．CO_2を出さないクリーンで安価なエネルギーとしての原発に期待したのである．それが翌年に起こった東日本大震災とその結果としての福島第一原子力発電所事故により，もろくも吹き飛んだ．規模としてはスリーマイル島事故（1979）を超え，多数の死傷者を出したチェルノブイリ事故（1986）と同等の原子力発電所事故となった．

幸い，最悪の原子力本体の爆発の難は避けることができたが，これで終わりではなかった．タンクやプールに保管されている核燃料棒の冷却という大きな課題が残されたのである．それは現在も微量の放射線を漏えいし続け，現在のわれわれの生活をも脅かしている．そしてもしこの燃料棒が，冷却できずに，融解すれば，現在世代を死の恐怖がおそう．しかし，それだけではない．そもそも日本の原子力政策には，使用済み核燃料から核物質のプルトニウムとウランを取り出し，燃料として再利用するという夢のようなプルサーマル計画があった．この計画により，使用済み核燃料の廃棄という大きな問題が隠されてきた．日本には，現在約1万6千トンもの使用済み核燃料がある．この使用済み核燃料が再利用されないとしたら，冷却して安定にしておかなければ，今後10万年間人々の細胞を破壊し続けるのだ．被害は現在世代だけではすまず，未来をも死の恐怖に陥れるのである．だから永久処分場をどこの国も求めている．

●フィンランド　東日本大震災が起こる直前の2月に，BS放送で，フィンランドの核廃棄物をめぐるドキュメンタリー番組が放映された．「地下深く—永遠に」という題名だった．原子力発電の使用済み核燃料の最終処分場の管理をめぐる問題だった．地下500メートルのところに21世紀に出るフィンランドの核廃棄物すべてを封印する施設「オンカロ（隠し場所）」の建設が始まった．10万年の間，人体に対して危険を及ぼす物質なのである．もっとも，6万年後には地球は氷河

期を迎え，現在の人類は死滅する．しかしその後再びこの地上に生命が芽生え，やがて新しい知性体(人類)が登場する，その人類にいかに伝えるかという壮大な話だった．まさに，未来を射程距離におく現代科学技術を使用するわれわれには未来の人類の生存に対して責任があるということを地で行く話だった．

●ドイツ　ドイツ政権は，2010年9月5日，2020年ごろまでに全廃する予定だった国内の原子力発電所の運転を延長する方針を決定した．ただし，風力などの再生可能エネルギーが発電総量に占める割合を高める方針も打ち出し，その財源に，運転延長の恩恵を被る電力業界に「原発燃料税」などの負担を課した．こうして，2000年にシュレーダー政権が決めた22年までにすべての原発を停止する法律は変更された．ところが福島原発事故で一変した．ドイツは2011年7月8日に脱原発法を成立させ，2022年までに全原発停止を決めた．いち早く脱原発を宣言したドイツには，18,000トンの使用済み核燃料がある．この核廃棄物の永久処分場として，現在中間貯蔵場なっているゴアレーベンの地下1,800メートル以下の岩塩の場所を予定していた．しかし，その後この場所に地下水脈もあることが判明し，核拡散の恐れから反対運動が激化し，結局2013年4月に，この計画を白紙に戻し，新たに候補地を選定する作業を開始することを決めた

●米国　使用済み核燃料が130,000トンになると予想される原発大国米国では，現在は104基稼働で，廃棄物は一時保存している．「米国の原子力の将来に関するブルーリボン委員会」（http://www2.rwmc.or.jp/nf/?p=6870 参照）は，2012年1月に，米国の使用済燃料および高レベル放射性廃棄物の管理・処分にかかわる安全かつ長期的な解決策のため，永久的深地層処分場が必要であるなどの包括的な提案を示した最終報告書を提出した．再処理はせず，中間貯蔵施設，最終処分場の必要性で，現在特別委員会で検討中．

●日本　2013年4月23日，日本の経済産業省は，原子力発電所から出る高レベル放射性廃棄物の最終処分場の選定について現行の公募方式を見直し，振り出しに戻した．おまけに青森県上北郡六ヶ所村にある再処理工場では，2010年に本格稼働を予定していたが，稼働のめどが立たない状況である．そしてプルサーマル方式の福井県にある高速増殖炉文殊も事故で再稼働のめどは立っていない．にもかかわらず，再び原発の再稼働へと進んでいる．

　ウランも，化石燃料と同じで，無尽蔵にあるわけではない．85年後には枯渇するといわれている．そのことを単純に考えれば，この85年間に生存する世代だけが幸福を独り占めにして享受し，その後の10万年の世代にそのツケを負わせることになる．プルトニウムの循環利用技術まで含めれば，2000年使用できるらしい．しかしそれでもやはり後世の世代は分にあわないだろう．人類の生存そのものが危険にさらされるのだから．　　　　　　　　　　　　　　　［盛永審一郎］

【参考文献】
[1]　H・W・ルイス，宮永一郎訳『科学技術のリスク』昭和堂，1997．

9. 世代間倫理と未来倫理

●**世代間倫理** 放射性廃棄物だけではない．われわれ現在世代は自らの幸福を享受するためにそのツケを未来の世代に残そうとしている．「1942年，パウル・ミュラーはDDTの発見によってパテントを手に入れた．それ以降，この有毒化学物質が……おそらく最も重大な問題は，それらがもたらす危険の極めて永い持続性という帰結である．……今から10数万年後の地球に住む人間たちの間の死の原因にもなりうるし，多分そうなるだろう」．そしてシュレーダー＝フレチェットは次のように問う．「われわれは未来の世代に対して義務を有しているのか」と．現在世代と未来世代との間の倫理，世代間倫理の問題である．

これには，以下の問いが立てられる．①現在世代と未来世代の相互性はいかに基礎づけられうるだろうか．②未来の世代はわれわれと同等の権利を有しているのだろうか，あるいは保護権益をもつのだろうか．③未来の世代の権利の存在がその中で合理的に具体化されるようなそういう倫理的枠組みはあるのか．④そうだとしても，現在および未来の世代の利害を考慮し満たすことは可能なのか．⑤未来世代の権利は，現在世代の諸個人の権利の必要範囲を狭めないのか．

否定する答は以下のようだ．未来の人と顕在的な社会契約を結ぶことは不可能，なぜなら現在世代は未来の人のためになり得るが，その逆は不可能だから．胚・胎児，動物，植物，地球，未来世代は，われわれ現在世代に対して何もしてくれないのだから，ここには相互性は成り立たないということ．また，未来世代が，われわれと同じ社会的理想を共有するとはいえないので，同じ権利を有するとはいえないだろう．未来世代はわれわれが想像することもできないほどの科学を有しているだろうから，未来の問題は未来の世代が解決してくれる（フロンティア倫理）がある．

一方，相互性が成り立つという理論としては，権利概念に基づく相互性の議論として，功利主義的議論で，未来の世代を考慮することで，現在世代のわれわれはより大きな幸福を獲得する．なぜなら，われわれの感情移入や同情心を高めるからというもの．日本的な恩に基づく世代間のバトンタッチという理論で，過去の世代から受けた負債を，未来の世代のためにすることによって返済するというもの．これらは社会契約を有しているという議論である．

相互性の諸概念を含まないで，未来の世代の権利を尊重する議論としては，ロールズの「原初状態(the original position)」説とカラハンの社会契約説がある．ロールズは，誰もが，無知のヴェールで覆われた状況で，合理的に推論するならば，「すべての世代の成員が等しい権利と義務を持たねばならないだろう」という原理に

到達する，というものである．後者は，両親・子ども関係をモデルとするもので，契約の一方の当事者が義務を選ぶがゆえに契約は存在するというものである．

●**ハンス・ヨナスの「未来倫理」**　「未来（方位的）倫理学は，未来における倫理学ではなく，未来を配慮する，未来をわれわれの子孫に代わってわれわれの今の行為の結果から守ろうとする今の倫理学である」というのが，ハンス・ヨナスである．しかもそれが今必要だというのである．「これが必要になっている．なぜなら，われわれの現在の行為は地球的技術の特徴において未来をはらんだものになっているから．そしてわれわれがなす日々の決断において，この決断によって襲われ，質問しえなかった後の世代の人の幸福を考慮にいれることを，道徳的責任は命ずる．責任は，われわれが日々隣人のために行っている，しかし未来の人にも意図せずに結果を及ぼしている力のまさに大きさから有無を言わせずに生ずる．責任は力の大きさに同等であり，同様に人間の未来全体を包み込む」．未来世代に対する現在世代の責任とは何か？

●**新しい倫理──心情倫理から責任倫理へ**　カントに代表される近代の倫理学は「今とここ」の倫理学だった．顔と顔を向い合せる，空間と時間を共有する人間の間の倫理学だった．そこでの定言命法は，「汝の格率が普遍的法則となることを汝自身も欲し得るように行為せよ」で，個人に向けられ，その行為の基準は瞬間的であり，論理的首尾一貫性だった．このように，近代の倫理学は行為の動機を問う「心情倫理」だった．しかし科学技術を手にして行為する現代人は，すでに序章1や本章1で考察したように，地球的規模と遠い未来世代を射程距離においている．しかも集団的規模でそのことを行う．だから，行為の結果（それは行為の意図とはかかわりのない）を予見し，結果に対して責任がある．そしてこの新しい倫理の定言命法は，「汝の行為のもたらす因果的結果が，地球上で真に人間の名に値する生命が永続することと折り合うように，行為せよ」となる．しかし何がわれわれの責任を未来世代の存在へと向けさせるのだろうか．

●**予見と責任の倫理学と原型としての乳飲み子**　われわれが危険にさらされているということを知るとき，何が危険にさらされているかを初めて知るのである．この恐怖の発見的方法，しかも未来の世代が体験するであろう恐怖を先回りして想像力で予見することと，次善の策としての未来へと向けられた配慮責任が未来倫理学の内容である．そしてヨナスは相互性からは導かれない「責任」の原型は「乳飲み子」という事実の中にあるという．「乳飲み子の呼吸は，乳飲み子の内在的な存在当為（あるべし）を告げている．乳飲み子の存在当為は，他者にとっては乳飲み子に対して何かをなすべしという行為当為となる」．　　　　　［盛永審一郎］

【参考文献】
[1]　シュレーダー゠フレチェット，京都生命倫理研究会訳『環境の倫理（上）』晃洋書房，1993．
[2]　Hans Jonas, Zur ontologischen Grundlegung einer Zukunftsethik, *Philosophische Untersuchungen und metaphysische Vermutungen*, Insel, 1992.

> [コラム]

J・ベアード・キャリコット『地球の洞察』

山内友三郎監訳,みすず書房,2009.
J. Baird Callicott: *Earth's Insights*, Univ. of California Press, 1994.

　キャリコットはレオポルドの提唱した「土地倫理」を全体論的に組み替えた米国の環境倫理学者として知られている．昨今では環境プラグマティストより環境問題の技術的解決にキャリコットの議論は貢献しないものとしてしばしば批判されるが，本書は二つの点で取り上げられるべき価値を有している．

　その一つは世界各地の環境倫理に関連する議論が網羅的に論じられることである．しばしば環境倫理に貢献するものとして，熊沢蕃山の森林保護の思想や中野孝次の提唱する清貧の思想が肯定的に論じられるが，キャリコットは世界各地に似たような環境保護の思想があることを指摘することで，この手の議論にありがちな「西洋的文明対東洋的自然」という二項対立から脱却し，ローカルな視点からグローバルな環境保護にアプローチする視点を打ち出している．具体的に言えばヒンズー教などの南アジアの宗教，儒教，道教，仏教を含む東アジアの精神文化，極西と位置づけられるポリネシア・アメリカ原住民の環境倫理，南アメリカの性愛論，アフリカとオーストラリアの生物共同体主義などが取り上げられ，一般に自然に支配的だとされるユダヤ―キリスト教の伝統のうちにもギリシア・ローマやイスラム教などとの親近性が際立てられている．ことアフリカとオーストラリアの思想は論じられること自体がほぼ皆無であり，世界各地のそれぞれの伝統思想から環境倫理を再考できるというのが，『地球の洞察』の最大の魅力である．

　『地球の洞察』のもう一つの魅力は，以上取り上げられた現代思想とは一見無関係に思われるローカルな環境思想を，科学哲学的な布置に置く可能性を提示したことである．周知のように科学哲学は相対性理論や量子理論といった「新物理学」の成果から出発したが，ここで強調された時間的要因と事物の関係性がこれまでスタティックな体系とされた生物学と結びつけられ，進化論と生態学に基礎を置いた科学哲学が「環境哲学におけるロゼッタ・ストーン」と見なされ「土着の環境倫理」(402頁)に翻訳可能だとされる．その上でキャリコットは「世界のさまざまな地域の土着の世界観は，それぞれが蓄えてきたいろいろな象徴(シンボル)，イメージ，隠喩(メタファー)，直喩，類比(アナロジー)，物語，神話を提供するという形で，ポスト・モダンの新しい世界観に明確な表現を与えていく過程に貢献」(414頁)できると結論づける．

　最新の科学哲学と古来の環境思想が結びつくという論点は珍奇に見えるが，クワインの「翻訳の不確定性原理」からローティが多文化主義の哲学を展開させたことを念頭に置けば，ユダヤ―キリスト教的伝統を脱中心化することに環境倫理の活路を見出すのがキャリコットの真意だと言えるだろう．　　　［菅原　潤］

第10章

民主主義と合意形成

　現代社会で応用倫理の問題を考える際には，多種多様な意見の中で何らかの結論や決定や政策を導かなければならないだろう．それゆえ，種々さまざまな意見の中で合意を形成するにはどうすればよいか，文化や価値観が多様な社会で民主主義を堅持し，民主的と呼べる決定を行うためにはどうすればよいか，という問題を避けては通れない．しかし，民主主義とは何か，民主的な決定プロセスとは何か，そして正義とは何か，という問いを考えていくと，多くの人が民主主義やその決定プロセスについて考えていることが，そのまま成り立つかは疑わしいことがわかってくる．予想外の結論も出てくる．民主主義を行うべき社会の大きさ，つまり政治的単位の問題すら，必ずしも明瞭ではない．応用倫理が現実の社会の課題に答えるものであるなら，民主的な決定プロセス，合意形成プロセス，社会への介入プロセスについて何らかの指針を持たなければならないだろう． [浅見昇吾]

1. 社会的決定と民主主義

　民主主義を定義しようとすれば、いくつもの定義が可能であろう。しかし、個々の人が(他人に危害を及ぼさない限り)他人からの強制や介入を受けずに自分の価値観や好みに応じて自分なりの選好順序を作り選択を行うことができることは、民主主義の重要な要素だろう。また、複数の人間がそのような選択を行い、そこから何らかの結論や決定を導き出すときには、多数決のような手続きが取られることになるだろう。ところが、選好順序に基づく選択や多数決には、実はいくつもの問題がある。民主主義とはどのようなものか、民主主義に相応しい社会的決定手続きとは何かは、これからも考えていかなければならない問題なのである。

●**多数決による社会的決定の問題**　多数決はさまざまな意見や価値観の対立を調整するいわば中立的なものであり、意見が対立する場合は多数決で決めればよいと通常思われているが、このことには疑念もある。まず、コンドルセのパラドックスと言われるものがある。例えば、三人の選好順序が$a > b > c$, $b > c > a$, $c > a > b$となっている場合、どうすればよいだろうか。そのまま選好順序を表明するだけでは、何も決まらない。勝抜戦方式にして、例えば最初にaとbを比べ、その勝者(この場合a)と残りのcを比較すればcに決まるが、この勝抜戦方式は、どの組み合わせを最初に比べるかで結果が変わってくる(bとcの比較から始めればaに決まる)。このようなパラドックスを生む選好順序が帰結する確率は低くないこともわかっている。では、勝抜戦ではなく、単記投票方式にしたらどうだろうか。例えば、七人が次のような選好順序をもっていたとする。$a > b > c$, $a > b > c$, $a > b > c$, $b > c > a$, $b > c > a$, $c > b > a$, $c > b > a$。この場合、単記投票方式で最も好ましいものとして選ばれるのはaになるが、もし最も好ましくないものを選べば、やはりaになる。それでも、aを最も好ましいものとして選ぶべきか疑わしいだろう。上位二者決戦方式にしても、同じようなことが起こりうる。また単記投票方式で、a, b, cの順で投票が多かったとしよう。しかし、各候補者を一対一で個別に投票数を比較した際には、全体の選好順序がc, b, aになるようなケースもありうる。それでは、順位評点方式を使い、例えば一位三点、二位二点、三位一点のように評点を与えて、それを集計する方法はどうだろうか。この場合、aとcの二つの選択肢の選好順序がそれら以外の選択肢の選好順序の変化に伴って変わりうること、そして有権者が順位を意図的に変化させることで選挙結果に大きな影響を及ぼしかねないことが知られている。さらには、パウロスのモデルというものがあり、単記投票方式、上位二者決戦方式、勝抜戦方式、順位表点方式、総当たり方式のどれを採用するかによっ

て当選者がすべて変わることがありうることを示している．こうしてみると，多数決にはさまざまな問題があると同時に，多数決にはいくつもの方式があり，方式によって当選者が異なってくるのだから，多数決は中立的な社会的決定方法ではないことがわかる．また，採用する社会的決定方式によって当選する候補者のタイプも異なってくる．嫌っている人が多くても好きな人が一定数いれば当選しやすい方式もあれば，好きな人が多くなくても嫌っている人が少なければ当選しやすい方式もある．多数決の方式をどうするかで，当選者のタイプの方向づけを行うことになるのである．（どの場面で）どの方式をとるかを多数決で決めようとしても上述と同じ問題が起こってしまう．多数決が中立的な決定方式でない以上，民主的に決めるというのがどういうことなのかは難しい問題である．

●アローの不可能性定理　このような民主主義における決定の問題できわめて重要な定理が，アローの不可能性定理（もしくはアローの一般可能性定理）である．これは，完全に民主的な決定方法は存在しないことを数学的に証明するものである．ここでいう民主的決定方法というのは，アローが挙げた条件のことであるが，多くの人が民主主義の前提として認めるものである．個人に対しては，二つの条件がある．一つは，どのような選択肢に対しても選好順序をつけることができるということがあり，もう一つは選好の推移律（$a > b$ かつ $b > c$ ならば $a > c$）を満たすということである．民主主義社会の方に必要な条件は次の四つとされている．個人の選好は自由であり，与えられた選択肢に対して，いかなる選好順序をももつこともできる．全員が a よりも b を選べば，社会も b を選ばなければならない（パレート最適性）．二つの選択肢の選好順序は，他の選択肢の影響を受けない．特定個人の選好順序が，他の個人の選好順序にかかわらず社会的決定となることはない（非独裁制）．アローは，これらの条件をすべて満たすような社会的選択関数，つまり投票様式が存在しないことを厳密に証明した．つまり，上記の条件は民主主義の社会なら当然満たしてよいものだと思われるが，それらをすべて満たす社会は存在しないことになる．ここから，民主主義は一切不可能であるという結論がすぐに出てくるわけではないだろう．上記の条件のどれかに制限を加えることもできるだろう．個人の選好に制限を加えることも，推移律に制限を加えることも考えられる．一見したところこのような制限は受け入れがたく思われるかもしれないが，不可能性定理がある以上，どこかに制限を加えなければならない．これらの考察によって民主主義社会がどのようなものか，社会的決定がどのようなものかが掘り下げて考えられていくことになるのは間違いない．

［浅見昇吾］

【参考文献】
[1]　佐伯胖『「きめ方」の論理—社会的決定理論への招待』東京大学出版会，1980．
[2]　高橋昌一郎『理性の限界—不可能性・不確定性・不完全性』講談社，2008．

2. 社会契約論とロールズ

　社会契約論とは，政治社会が成立する以前の状態，すなわち自然状態を仮想的な出発点として，その状態から人々が合意によっていかなる政治社会を創出するのかを分析・検討する議論である．17世紀にホッブズやロックらによって展開されたこの議論は，自然状態を仮想することを通じて，人間の自然本性に即した政治社会のあり方を示そうとする点に特色がある．とはいえ，論者によって社会契約を取り結ぶ人間の描き方は異なっている．例えば，合理的に利己心を追求する人間であったり（ホッブズ），生命・自由・財産への権利を意味する自然権とその権利を規定する自然法に対する理解を有する人間であったり（ロック），共通善を追求しうる自然本性——憐れみの情はその代表例——を有する人間であったり（ルソー）とさまざまである．

　社会契約論は，近代国家の正統性を裏づけるものとして評価されたり，18世紀に起こった米国の独立革命やフランス革命を正当化する議論として扱われたりもした．その一方で，ヒュームやベンサムらによる，社会契約の虚構性やその擬制的な社会観を批判する議論を受けるなかで，その影響力は徐々に失われていった．

●**ロールズによる契約論の復権**　社会契約論を現代に甦らせたのは，20世紀を代表する政治哲学者として著名なジョン・ロールズである．ロールズは主著『正義論』(1971年)で，自由で平等な市民による社会的協働を安定的に支える正義の構想を導き出すために，社会契約論を一般的かつ抽象的なレベルで用いたことで有名である．『正義論』において枢要な役割を担う原初状態は，すべての成員が理に適ったものとして受容しうる正義構想にたどり着くための「純粋に仮想的な」装置である．この，伝統的な社会契約論でいうところの自然状態に相当する原初状態は，合理的人格と正義感覚を潜在的にもちあわせているわれわれ人間の根源的平等性を表現するものとなっている．具体的に言うと，原初状態で表現される道徳的個人は，合理的に人生目的を実現しようとする人格（ホッブズ的人間像）が，社会的協働を意欲する道徳的人格（ルソー的人間像）によって制約される人格構想を含意するものとなっている．それが，自分の能力や社会的地位に関する情報を剥奪する無知のヴェールの背後で，人々は全員一致で誰もが理に適ったものとして受容しうる平等主義的正義原理を合理的に選択するという，かの有名な推論を支えているのである．

●**ロールズ以降の契約論**　ロールズによって息を吹き返した社会契約論は，ロールズの構想に批判的な論者によって積極的に援用された．その筆頭が，当時ロールズとともにハーバード大学の哲学科に所属していたロバート・ノージックであ

る．ノージックは，『正義論』と並ぶ20世紀の政治哲学を代表する著作『アナーキー・国家・ユートピア』(1974)で，人々はロックが言うように人身の自由と私有財産権に関する権原をもっており，その侵害はいかなる場面でも正当化されることのない，基底的かつ絶対的なものであると主張した．そのうえで，人々が自らの権原に従って利己的かつ合理的に行動するという現実的仮定のもとでは，権原に基づく権利の尊重(侵害されれば，その補償)を軸とした最小国家が正当化されると論じた．この最小国家論は，人々の社会的協働への参加意欲を想定することで，結果的な(再)分配を正義の問題として扱うようにし向けるロールズ正義論の(ノージックが看取する)恣意性を批判する含意をもっている．

ノージック以上に徹底して，合理的に自己利益を追求する当事者のみを前提にした契約論的枠組みで正義論を展開したのが，デイヴィッド・ゴーティエである．ゴーティエは主著『合意による道徳』(1986)で，自己利益――精確には私的効用――の極大化のために協力を行う姿勢をもっている合理的人間は，協力しない状態に比べて少なくとも損をすることのない状態を望むとして，交渉の末に至る協力(合意)に道徳的意義を見出す．というのもその合意は，当事者同士を合理的存在者として対等にみているからこそ，尊重されるべきものとして扱われるからである．それゆえゴーティエは，この合理的合意による正義の考え方の方が，全員一致で正義原理を合理的に選択する原初状態を核とするロールズの構想よりも，リベラルな個人としての人格を尊重しうると主張する．

こうした利己的合理性に基づいて契約論的構想を展開した論者とは異なり，ロールズの契約論を換骨奪胎して，道徳の一般理論として契約論を展開したのがトーマス・スキャンロンである．スキャンロンによれば，人々の道徳への動機づけは，誰一人として理に適った拒絶ができない一般的原理に基づいて，自らの利益や目的(に沿った行為)を他者に対し正当化しようとすることから生ずる．相互承認を不可避とするわれわれの社会では，この道徳的動機づけの説明は道徳が求めるほぼすべての行為にあてはまるものとなる．この契約論の特色は，原初状態(無知のヴェールの背後)での合理的選択という議論には一切拠らずに，他者と共有しうる理由のみに訴えて，(ロールズの平等主義的正義原理に相当するものを含めて)さまざまな道徳原理を正当化しようとするところにある．現代の契約論をめぐる論争は，主としてこのスキャンロンの契約論をめぐって展開されており，今後とも注目すべき議論であると言える． [井上　彰]

【参考文献】
[1] D. バウチャー，P. ケリー編，飯島昇蔵・佐藤正志訳者代表『社会契約論の系譜―ホッブズからロールズまで』ナカニシヤ出版，1997．
[2] Ch. クカサス，Ph. ペティット，山田八千子・嶋津格訳『ロールズ―『正義論』とその批判者たち』勁草書房，1996．
[3] J. ウルフ，森村進・森村たまき訳『ノージック―所有・正義・最小国家』勁草書房，1994．

3. リベラル・コミュニタリアン論争

　リベラル・コミュニタリアン論争とは，1980年代初頭から何度かにわたってリベラリズム（の立場と目される論者）とコミュニタリアニズム（の立場と目される論者）との間で行われた論争のことである．自らの望むことを自由に選べる権利を個々人に認め，自由を最大限に保証することを優先させる立場と，コミューンないし共同体に共有されている価値が根底にあるとする立場との論争と見なすこともできるが，実際には二つの立場に明確に分けることは難しい．また，外部からコミュニタリアンと見なされる人々の間にも，あるいはリベラリストと見なされる人々の間にも大きな差異があった．それでも，リベラル・コミュニタリアン論争は，多様な価値観を内に含む自由主義社会の基盤，特に自由主義社会での正義や民主主義社会の道徳的基盤を問う論争と解釈することができる．その意味ではこの論争は，現代の自由主義社会ないし民主主義社会のあり方を考える際に大きな示唆を与えると言えるだろう．

●**負荷なき自己**　論争のきっかけは，マイケル・サンデルが行ったジョン・ロールズの『正義論』への批判である．批判の矛先は，ロールズが自らの正義論を基礎づける際に用いた「原初状態」で「無知のヴェール」を被った個人（パーソン）という構想である．ロールズの構想では，「原初状態」で「無知のヴェール」を被った個人が社会秩序等々について判断していくことになるが，サンデルはロールズの構想する個人を「負荷なき自己」と呼び，疑念を投げかけた．負荷なき自己は無知のヴェールを被っている以上，孤立した個人，暗黙の規範，価値観を持たない個人であり，暗黙の規範をもたないのだから，社会秩序や正義の原理について判断を下すことはできないと考えたのである．サンデルによれば，共同体で共有された価値があらかじめなければ，個人は社会の秩序について判断を下せるはずがないのである．

　しかしサンデルの批判をリベラリズムの側も受け入れていく．個人，そして個人の価値観が，社会や共同体のネットワークの中で形成されることを，リベラリズムも当然のことと見なしていくのである．すると，原初状態の構想をどのように修正すればよいかということになる．ここでリベラリズムは，原初状態の歴史化とでも言うべき方向に進んでいく．歴史的な事実として，伝統的な社会が崩壊し，多くの場合，さまざまに異なる人生観をもった人間たちが一緒に生活する状況が生まれている．この状況を前提にする限り，個々の人間が自分なりの人生や生活の目標を自由に選べるような社会秩序，市民に同等の権利と最大限の自由を認める社会秩序こそが望ましいというのである．しかし逆に言えば，西欧近代の

判断の枠組みをある程度共有している人々が社会秩序について判断を下すことになる．ロールズ自身，次第にこの方向に進んでいく．それゆえ，リベラリズムとコミュニタリアニズムの論争の際には，外部からは個人主義と共同体主義の対立，ゲゼルシャフト（Gesellschaft）とゲマインシャフト（Gemeinschaft）の対立，アソシエーション（association）とコミュニティ（community）の対立のように単純化され，両者はまったく相容れない立場と解釈されることも未だに少なくないが，実際には両者とも，コミュニタリアニズムの前提の一部を共有し，個人が抽象的に孤立した存在ではなく，歴史的な状況で（少なくとも現在の西欧の民主主義社会では）ある程度の判断の枠組みを共有していると考えているのである．

●**自由主義社会の道徳的基盤**　その後，論争は自由主義社会ないし民主主義社会を存続させていくための基盤，特に道徳的基盤に目を向けるようになる．現時点での西欧の自由主義社会では，ある程度の判断の枠組みを共有していて，その枠内で決定の手続きないしプロセスさえ踏んでいけば何事も正当化できるという立場もある．が，今の世代のことだけを考えず，自由主義社会ないし民主主義社会とその原理を再生産していくことを，そして今後も民主主義的な判断を下して行くことを考慮に入れると，市民に何らかの共通の価値が必要であるという考えが強くなっていく．そして，どのような価値，どの程度の価値が必要であるかが主題化されていくのである．当然，ここでも多様な立場があり，愛国心を重視する立場もあれば富の再分配による相互扶助や連帯を重視する立場もある．しかし，多くの場合，市民に民主主義社会への参加を促すためには最小限の共通の価値のようなものが必要であることは認められているように見える．

　言うまでもなく，自分たちの共同体の中で異なるアイデンティティの人をどう扱うのか，共同体の中での多様性をどう保証するのかという問題は残るであろう．昨今のような人的流動性が高い社会，他の地域との交流が不可避な社会では，共同体の中にさまざまな人間が流入し，生活するようになる．が，多数とは異なる信仰をもち，その戒律を守ろうとする人等々，総じてマイノリティの人々をどう扱うべきかについて明確な答えがあるわけではない．そこにリベラリストに近い立場からの批判もある．

　そもそも，コミューンとは何を指すのかが必ずしも明確ではない．かなり小さな単位のものが考えられている場合もあれば，比較的大きな単位のものが考えられている場合もある．コミューンとゲマインシャフトは同一ではない，という主張もある．コミューンが何か，国家という単位とコミューンとはどう関係するのか，コミューン，国家，経済の世界的な市場メカニズムとはどう関係するのかは，民主主義の道徳的基盤と関連させながら，今後も検討していかなければならない問題であろう．

〔浅見昇吾〕

4. 分配と正義

　今日，正義をめぐる問題は資源をどう分配すべきかという問題，より具体的には稀少な財や所得をどう分配すべきかという問題として理解されることが多い．実際，人々の間でこの分配の適正性をめぐって意見が分かれており，ときに意見が激しく衝突するという事態があらゆるところで見受けられる．この人間社会をとりまく一般的な事実は，正義と分配の問題が今日において切り離せないことを如実に示すものである．

●**アリストテレスの分配的正義**　もっとも分配と正義が結びついているとの見方は，アリストテレスによる分配的正義の構想にまで遡ることができる．アリストテレスは分配的正義を，富や役職，名誉の適切な配分（割りあて）に関わる，ある種の社会的正義として位置づけたことで知られている．その根幹にあるのは，「等しきものは等しく」という比の等しさであり，それを支える規準が「価値（$\alpha\xi\iota\alpha$）」である．アリストテレスに従えば，何が「価値」と見なされるかはどのような政体を支持するかで変わってくるものの，能力や徳はその代表格と言うべきものである．すなわち，アリストテレスの分配的正義の構想では，そうした「価値」に即して富や役職が分配されることが正しいことであって，富や役職を単に等分することは正しいことを保証しないのである（逆に，不正と認定される可能性が高い）．各人の価値ある属性（能力や徳）やそれに基づくパフォーマンスに応じて，人々の持ち分を決めるのが正しいとする考え方が，アリストテレスの分配的正義の構想を理論的に支えているのである．

●**ロールズの分配的正義**　だが今日において，アリストテレスの分配的正義論を正義の典型的構想としてあげる人は少ないだろう．たしかに，正義は人々が受け取るに値するもの，ないし，特定の評価が与えられてしかるべきものと関わっている．そういう意味では，正義のそうした概念化自体，広く共有されていると言える．しかしながら，それが人々の価値ある属性に応じた分配のことを意味するという捉え方は，今日，必ずしも一般的ではない．なぜなら，正義を分配的正義の構想として捉える場合，今日では，すべての人に財や所得を一定程度保障するかたちでの再分配を正当化する構想として捉える傾向が強いからである．それゆえ，アリストテレスが考える分配的正義とわれわれが捉えるところの分配的正義は，大きく異なるどころか対立する可能性さえある．

　その傾向を決定的なものにしたのが，ジョン・ロールズの正義論である．ロールズは，すべての人が理に適ったものとして受容しうる分配的正義の構想として，基本的な自由の等しい保障と，社会的属性に関係なく，公職や職位が開かれてい

るという意味での公正な機会の平等をうたう原理のほかに，能力的にも社会的地位に関しても恵まれていない，いわば最も不遇な人に最大限の利益を保障する制度配置を求める正義原理——格差原理——を提出した．この正義構想は具体的には，いかなる者もベーシック・ミニマムが保障されるべきとする考え方を示すものである．それは第一に，最も恵まれない者の不遇な要因をできるかぎり排除すべきとする実質的な公正理念を背景にしている．第二に，当のベーシック・ミニマムは，人々が日々の生活で不可避に影響を受ける，社会の基本的諸制度——より具体的には，法や政府の構造を意味するもの——の中で保障されるべきものとして位置づけられている．第三に，そうした公正な制度によって社会的協働が安定的なものになってこそ，われわれは自分の取り分についての正当な期待をもつことができる．この三つの，われわれの多くが重視していると思しき理念的特徴を踏まえると，ロールズの正義論が今日的な分配的正義の見方を基礎づけるものとなっていることがわかる．

●**功績と制度をめぐる論争**　このロールズの分配的正義論と，アリストテレスの分配的正義の構想を対比させることは，今日においても有意義である．というのも両者の異同は，時代背景や文脈の違いを超えて，今日の分配と正義をめぐる論争のバックグラウンドを構成していると言えるからである．

　人々の評価や受け取るべきものについて規定する規範的概念として代表的なものに，「功績(desert)」がある．アリストテレスとロールズの分配的正義の違いは，この功績を「人の価値ある属性(能力や徳)やそれに基づくパフォーマンスによって決められるもの」とするか(アリストテレス)，「正義原理によって統御された，公正な社会制度の下で形成される正当な期待(と同義なもの)」とするか(ロールズ)の違いとも言える．この，功績を前正義的，前制度的に決まるものとするか，それとも正義に適った制度を通じて初めて意味をもつものとするかは，個人の自発的な選択行為(パフォーマンス)によって分配の範囲や程度を変える「運の平等論」の正義構想と，そうした選択行為(パフォーマンス)がそもそも社会の基本的諸制度の影響を免れない以上，制度の正しさこそが正義論の主たる問題だと考える「制度的平等論」の正義構想の違いへとつながっている．今日における分配と正義をめぐる論争は，このいずれの立場に与するか，あるいは双方のどの部分を取り入れるのかをめぐって活発になされており，アリストテレスとロールズの分配的正義論がもつ現代的レレヴァンスを物語るものとなっている．　　　[井上　彰]

【参考文献】
[1]　J・O・アームソン，雨宮健訳『アリストテレス倫理学入門』岩波書店，2004．
[2]　田中愛治監修・須賀晃一・齋藤純一編『政治経済学の規範理論』勁草書房，2011，1・4・6章．
[3]　井上彰「正義としての責任原理」宇野重規・井上彰・山崎望編『実践する政治哲学』ナカニシヤ出版，2012．

5. 文化の単位，政治の単位，経済の単位

　現代社会において国家が果たすべき機能とはどのようなものか，あるいは現代社会の種々さまざまな問題を突きつけられたとき，国家は自らの果たすべき役割を本当に果たしうるのかは，重要な問題であるだろう．経済のグローバル化，民族問題，宗教の問題等々を突きつけられ，今，国家の役割，ひいては政治の役割がいろいろな側面から批判的に問い直されている．この問題を考える際，文化の単位と政治の単位と経済の単位という視点から検討していくこともできるように思われる．

●**経済の単位と政治の単位**　現代社会の大きな問題の一つに，経済のグローバル化に伴う諸問題があることは間違いないだろう．市場のメカニズムは一つの国家の内部にとどまらず，国際的な規模で働くようになっている．これにあわせて，少なからぬ企業が一つの国家の中で活動するだけでなく，いくつもの国家にまたがって大規模な事業を行っている．このような多国籍企業に関しては，例えば，税金の安い地域に利益を移転する租税回避が大きな問題になっている．また，通信技術の発達により，インターネット等々を利用した国際的な物品やサービスの販売も容易になっているが，この際にも税金の取り扱いが問題になることもある．国家の役割を安全保障や治安維持のような最小限のものに求めるにしても，社会保障制度の整備によって国民の生活を安定させたり豊かにしたりすることに求めるにしても，徴税が国家の重要な機能であることは間違いない．特に，富の再分配を国家の役割と考える場合には，徴税はとりわけ重要な事柄になるだろう．それにもかかわらず徴税機能が十全には働いていないのである．その他にも，一方では市場メカニズムを効率的に働かせるためであれ，他の経済ブロックに対抗するためであれ，かなり多くの国がさまざまな形で自由貿易協定（FTA）や経済連携協定（EPA）を結んだり，協定を結ぶことを模索したりしている．この傾向は今後もますます強くなっていくように思われる．経済の単位は国家の枠を超えて大きくなっていっているのである．他方では，市場メカニズムにある程度の枠をはめることを特定の国家が試みたとしても，国際的な規模での市場メカニズムを一つの国家の思惑でコントロールすることは難しい状況になっている．経済のグローバル化に伴う問題に，今の国家という単位が完全には対応できていないと言えるだろう．

　このようなことは，経済の単位は大きなものになっていく傾向があると同時に，経済の単位と国家という単位とが噛み合わなくなってきていることを強く示唆するように思われる．もし経済の単位に見合うような政治の単位を考えるとすれば，

政治の単位は現在の国家という単位よりも大きなものにならざるを得ないだろう．それがどのような形のものになるか，どの程度の規模のものになるのか，どのような機能をもつべきか，ある種の連邦制を作れば解決がつくのか，そもそも政治の単位を大きくした方がよいのかは，簡単には結論が出ないにしても，今後も検討していかなければならない問題であろう．

●**文化の単位と政治の単位**　経済と政治の問題から文化と政治，文化と国家の問題に目を向けると，状況がかなり異なっているように思われる．拡大の傾向が強い経済の単位と違い，文化の単位とでも言うべきものは縮小化の傾向が強い．例えば，文化の単位や民族の単位が多民族国家や多元的な国家から分裂して，独自の単位を形成しようとする傾向が強い．このような文化の単位や民族の単位が一つの新しい国家を形成する場合も少なくないが，その中でまた新しい分裂の動きが出てくることもよく起こる．ソビエト連邦の解体，ユーゴスラビアの解体，その中での民族問題等々を見れば，このことはよくかわるだろう．もちろん，文化の単位といっても，文化をどのように定義するかという問題は難しい．それでも，生活感覚を共にし，共通の価値観をもち，同じ歴史や伝統を共有しているような単位は小さなものの場合が多いと言えるだろう．

すると，コミュニタリアニズムという立場にも目を向けなければならないだろう．この立場は，価値観を共有している単位と政治の単位とのつながりを強く主張しているからである．しかし，コミュニタリアニズムにおいても，コミューンが何を意味しているかは必ずしもはっきりとしていない．個人と国家の中間にあるコミュニティとしての地域社会を重視する傾向が強いとは言えるだろうが，コミューンが何かについて一致した意見があるわけではない．つまり，コミュニタリアニズムにおいても文化と国家の単位の問題は解決がついていない以上，総じて文化の単位と国家の単位，文化の単位と政治の単位の関係という問題は，やはり未解決の問題として残っていることになる．

したがって，国家という単位，現状での政治の基本的で重要な単位は，経済の単位としては小さすぎ，文化の単位としては大きすぎるということになる．政治の単位をどのようなものにするかは，民主主義社会のあり方，政治の有効性の問題と直接に結びつく大きな問題であり，今後の検討が求められる．また，経済，政治，文化の単位の問題は，政治の機能のような一般的な問題だけでなく，さまざまな具体的な問題においても重要な視点になるだろう．例えば，臓器移植のような生命倫理の具体的な問題を取り扱う際にも，ある地域に固有の文化の視点だけから結論を出すことは難しく，国際的な市場，経済の単位のことも考慮に入れなければならないだろう．三つの単位の関連の問題は大きな射程をもっているのである．

［浅見昇吾］

6. 多元的世界における合意形成

　今日の世界を形作っているのは、さまざまな根源的価値の衝突である．断続的に発生する紛争やテロの背景には、文化やエスニシティ、宗教といった価値の根源的多元性がある．こうした根源的多元性に彩られた世界では、各人の利益衝突でさえも、経済的再分配だけでは決着がつかないことが多い．それゆえ多元的世界では、個々の利益の背後にある諸価値のあり方にも目を向けて、合意に基づく解決をはかることが求められてくる．問題は、そうした根源的価値の多元性が共約不可能な信条をもたらし、真偽判断による合意をきわめて困難なものにしているという、われわれが直面する人間社会の一般的事実である．

●**政治的リベラリズム**　ジョン・ロールズは『政治的リベラリズム』(1993)においてそうした事実を、「理に適った多元主義の事実」と呼んだ．なぜ「理に適っている」のかというと、今日における多元的世界では、文化的、宗教的、そして道徳的信念を支える経験的証拠や考慮の評価では人々の間で少なからず違いはあるものの、そうした証拠や考慮の背景を成す諸価値を理性的に——例えば一貫性を重んじる仕方で——扱っているという了解が、人々の間にあると想定しうるからである．それゆえ、ロールズの政治的リベラリズムの枠組みでは、文化や宗教、道徳の教理は理に適ったものとして位置づけられ、人々も同様に理に適った存在として位置づけられる．言い換えれば、異なる背景をもった人々の間で合意できない部分に関する理性的な了解があるからこそ、多元的世界においても合意が得られるのである．ロールズはこれを「重なり合う合意」と呼び、その合意の、単なる利害関係に基づく妥協を意味する「暫定協定」では得られない安定性を強調した．その合意の中身は最終的に、リベラルな立憲的デモクラシーを支えるために必要な本質要素、すなわち三権分立や、良心・思想の自由、投票権、参加の平等を含む基本的権利を正当化する正義の政治的構想に落ち着くというのがロールズの見立てである．

●**闘技デモクラシー**　ロールズの重なり合う合意に基づく正義の政治的構想に対し、厳しい批判を展開するのがシャンタル・ムフである．ムフはこのロールズの構想が、リベラルな立憲主義の考え方と対立する価値に対し不寛容であるにもかかわらず、それを隠蔽して重なり合う合意があたかもそうした「構成された外部」をもたないかのような議論構成になっている点を問題視する．ムフに言わせれば、そうした外部が構成されてはじめてリベラルな正義の政治的構想が可能となっているのであって、重要なのはそうした「構成された外部」から目を背けないことである．つまりわれわれは、理に適った多元主義のもとで得られる重なり合う合意

に基づく正義の政治的構想に敵対的な価値を,「理に適っていないもの」として排除してしまうことに自覚的でなければならない．ムフはカール・シュミットの「政治の本質は『友』と『敵』とを分かつ実存的決断にある」という,かの「政治的なもの」の概念を援用しつつ,政治はそうした敵対的モメントがもたらす闘争局面で浮かび上がると考える．もっともわれわれが抱える課題は,敵対関係を助長することではなく,それをどう平和的な対抗関係に変えるかにある．この,敵対関係を対抗関係に変えるための処方箋としてムフが提出するのが,人々の集合的アイデンティティに関わる根源的価値の重層性・複合性・流動性に感応的な,闘技デモクラシーの構想である．

●**熟議デモクラシー** 多元的世界における対抗関係を重視する闘技デモクラシーに対し,市民による徹底した対話的討論——いわゆる熟議——を通じた下からの合意を重視するのが,熟議デモクラシーの考え方である．一口に熟議デモクラシーといっても多種多様な構想があり,統括的に述べることは難しい．とはいえ,①私的利益の対立・闘争を超えた共通善を追求するという前提のもと,②その追求にあたって市民同士が,根源的価値の衝突を招くような先鋭的な争点をめぐってミニ・パブリックスという,比較的少人数の人々が集う場で熟議し,③そのうえで見出される合意を議会でのフォーマルな意思決定に反映させること——以上の実践に規範的意義を見出している点では共通している．このとき重視されるのは,人々が熟議を通じて他者の観点を取り入れ,政策選好を中心に自分の信念や欲求を納得ずくで修正する側面である．この修正は,根源的価値のレベルで起こることもあれば,特定の価値を実現するための手段をめぐる信念のレベルで,あるいは実際にその手段の実現方法をめぐって起こることもある．重要なのは,そうした選好変容のダイナミズムこそが,熟議デモクラシーの根幹を成すという点である．

このように,多元的世界を前にして提出されてきた政治的リベラリズム,闘技デモクラシー,熟議デモクラシーであるが,三者ともに必ずしも相互排他的なものではない．むしろ,互いの理念や構想を取り込みつつ,さまざまな議論が展開されている．特に近年,日本でも実施されたコンセンサス会議や討論型世論調査といったミニ・パブリックスの具体的な制度化を受けて,実践レベルでも注目されている熟議デモクラシーは,他の二つの理念や構想を摂取しながら新しい展開が期待される理念である． ［井上 彰］

【参考文献】
[1] 盛山和夫『リベラリズムとは何か——ロールズと正義の倫理』勁草書房,2006.
[2] C. ムフ,千葉真・田中智彦訳『政治的なるものの再興』日本経済評論社,1998.
[3] 田村哲樹『熟議の理由——民主主義の政治理論』勁草書房,2008.
[4] 山崎望『来たるべきデモクラシー——暴力と排除に抗して』有信堂高文社,2012.
[5] J. S. フィシュキン,曽根泰教監修・岩木貴子訳『人々の声が響き合うとき』早川書房,2011.

コラム

ナンシー・フレイザー／アクセル・ホネット『再配分か承認か？――政治・哲学論争』

加藤泰史監訳，法政大学出版局，2012．
Nancy Fraser, Axel Honneth: *Umverteilung oder Anerkennung?*
Eine politisch-philosophische Kontroverse, Suhrkamp, 2003.

「再配分か承認か」は，現代社会のキーワードの一つである「承認」に関する論争である．承認ということで，特定の人種や性的指向の持ち主，マイノリティ集団等々，特定の帰属意識をつくりやすい集団をその他の集団と対等のものとして認めることを意味することも多いが，もっと幅広い領域にこの概念を用いようとする傾向も強い．この論争の当事者である二人も，グローバリズムの進展による文化横断的な接触によって，価値観の多様化，アイデンティティと差異が問題化するなかで，「承認」が現代の政治理論や道徳哲学の中心概念であることに疑念を差し挟んでいない．また，現代社会にはとてつもない富の格差があるため，「承認」と富の「再配分」との関係が大きな問題になることでも両者の意見は一致している．ただし，「承認」と「再配分」がどのような関係にあるかについては二人の意見が分かれている．「承認」と「再配分」の関係そのものを主題化して論じられることは，これまでほとんどなかった．その意味で，この論争はきわめて興味深いと言えるだろう．

ナンシー・フレイザーは米国の政治学者で，米国における批判理論とフェミニズムの理論家として有名である．他方のアクセル・ホネットは，批判理論／フランクフルト学派の第三世代に属し，現代の批判理論を代表する思想家であり，承認論をリードする思想家である．承認と再配分の関連について，フレイザーは，承認と再配分のどちらもが正義にとって同じように重要で，一方をもう一方に還元することはできないと主張する．二つの根底には，「参加の平等」を中核に据えた根源的な正義があり，承認と再配分はその根底にあるものの二つの次元に過ぎないと考える．こうして「パースペクティブ的二元論」が主張される．それに対して，アクセル・ホネットは承認が根本的なものであると考え，「規範的一元論」を主張する．この際には，愛，法的尊重，社会的評価の領域毎の相違を考慮に入れながらも，基本的にはすべてを承認という概念で捉え，このことで再配分の問題も処理できるようにしている．

二人とも批判理論の思想家であるので，この承認をめぐる論争においても，道徳理論と社会理論と政治分析の間を行き来し，資本主義社会を一つの全体として捉えようとしている．本人たちが自負しているように，「grand theory」の復権を目指していると言ってよい．言い換えれば，正義とは何かを問うていけば，「grand theory」が必要になるのである．また，正義とは何かを問うには，いくつもの領域を密接に結びつけて分析することが必要だということにもなる．このような試みからは，文化の単位，政治の単位，経済の単位の問題に取り組むためのヒントも得ることができるだろう．承認という観点から三つの領域の関連を問うこともできるのである．理論的な影響力の大きい論争である．

［浅見昇吾］

索　引

人名索引

あ 行

アイヒマン，A.　Eichmann, A. (1906-1962)
　……………………………………… 125
アガンベン，G.　Agamben, G. ……… 86
アリストテレス　Aristoteles (BC384-BC322)頃
　………………………………… 2, 6, 8, 194
アルヴァレズ，R. M.　Alvarez, R. M. ………… 25
アーレント，H.　Arendt, H. (1906-1975)
　………………………………………… 125, 126
アロー，K. J.　Arrow, K. J. ………………189
ウィルソン，E.. O.　Wilson, E. O. …………179
ウェクスラー，N.　Wexler, N. ……………… 33
ウォーレン，S.D.　Warren, S.D. (1852-1910) … 32
ウォルド，F.　Wald, F. ……………………… 67
エイアー，A. J.　Ayer, A. J. (1910-1989) ………… 6
オバマ，B. H.　Obama, B. H. …………45, 81

か 行

ガイアット，G. H.　Guyatt, G. H. ………… 46
ガザニガ，M. S.　Gazzaniga, M. S. ………… 2
柏木哲夫 ………………………………………… 67
加藤尚武 ……………………………… 1, 10, 179
カードーゾ，B. N.　Cardozo, B. N. (1870-1938) ……
　………………………………………………… 28
カラハン，D.　Callahan, D. ………………184
カント，I.　Kant, I. (1724-1804)
　……………………………… 2, 6, 55, 60, 89, 166, 185
キテイ，E. F.　Kittay, E. F. ………………… 59
キャリコット，J. B.　Callicott, J. B. ……… 177, 186
ギリガン，C.　Gilligan, C. ……………… 58, 165
グッドマン，N.　Goodman, N. (1906-1998) … 8
熊沢蕃山（1619-1691）………………………186
グリーンハル，T.　Greenhalgh, T. ………… 46
クリントン，H. R.　Clinton, H. R. ………… 45
クレプス，A.　Krebs, A. ……………………176
クワイン，W. V. O.　Quine, W. V. O.
　(1908-2000) ………………………………186
ケイスビア，W. D.　Casebeer, W. D. ………… 2
ゴア，A. A.　Gore, A. A. ……………………… 24
コッホ，H. H. R.　Koch, H. H. R. (1843-1910)
　………………………………………………… 38

ゴーティエ，D.　Gauthier, D. ………………191
コンドルセ，N. de　Condorcet, N. de
　(1743-1794) ………………………………188

さ 行

サケット，D. L.　Sackett, D. L. ……………… 47
サンデル，M. J.　Sandel, M. J. ……………192
シャノン，C. E.　Shannon, C. E. (1916-2001)
　………………………………………………… 13
シュミット，C.　Schmitt, C. (1888-1985) ……199
シューモン，A.　Shewmon, A. ……………… 73
シュレーダー，G.　Schröder, G. ……………183
シュレーダー゠フレチェット，K.　Shrader゠
　Frechette, K. ……………………… 91, 121, 184
シュワルツ，A.　Swartz, A. (1986-2013) ……… 15
シンガー，P.　Singer, P.
　……………… 6, 128, 132, 136, 138, 144, 164, 180
スキャンロン，T.　Scanlon, T. ……………191
ストーン，C. D.　Stone, C. D. ……………180
スノウ，J.　Snow, J. (1813-1858) ………… 38
スミス，A.　Smith, A. (1723-1790) ………146
関谷直也 ………………………………………… 20
セン，A.　Sen, A. ……………………………114
ソルト，H.　Salt, H. (1851-1939) …………136
ソンダース，C.　Saunders, C. (1918-2005) … 66

た 行

ダーウィン，C. R.　Darwin, C. R. (1809-1882)
　……………………………………………… 140, 179
ダニエルズ，N.　Daniels, N. ………………… 9
チルドレス，J. F.　Childress, J. F. …… 5, 51, 62
デカルト，R.　Descartes, R. (1596-1650)
　……………………………………………… 8, 134
ドゥオーキン，R.　Dworkin, R. (1931-2013)
　………………………………………………161
トゥーリー，M.　Tooley, M. ……………… 54

な 行

中野孝次（1925-2004）………………………186
ネス，A.　Naess, A. (1912-2009) …………176
根津八紘 ………………………………………… 99
ノージック，R.　Nozick, R. (1938-2002) ……190
ノディングス，N.　Noddings, N. ……………165

索引

は行

ハーウィッツ, B.　Hurwitz, B. ……………46
パウロス, J. A.　Paulos, J. A. ……………188
パース, C. S.　Peirce, C. S. (1839-1914) ……166
バーチ, R. L.　Burch, R. L. (1874-1966) …131
ハックスリー, A. L.　Huxley, A. L.
　(1894-1963) ……………………………81
バデノック, D.　Badenoch, D. ……………48
ハーバーマス, J.　Habermas, J. ……………166
原義雄 ……………………………………67
ハリス, J.　Harris, J. ……………………77, 78
ピコ・デラ・ミランドラ　Pico della Mirandola,
　Giovanni (1463-1494) ……………………60
ビーチャム, T.　Beauchamp, T. ……5, 7, 51, 62
日野原重明 ………………………………48
ヒポクラテス　Hippocrates (BC460-BC337)頃
　……………………………7, 49, 84, 100, 111
ヒューム, D.　Hume, D. (1711-1776)
　……………………………………141, 190
ブクチン, M.　Bookchin, M. (1921-2006)
　………………………………………………176
フーコー, M.　Foucault, M. (1926-1984) ………86
ブッシュ, G. W.　Bush, G. W. …………24, 174
プラトン　Platon (BC427-BC347)頃 ……6, 108
ブランダイス, L. D.　Brandeis, L. D.
　(1856-1941) ………………………………32
フレイザー, N.　Fraser, N. ………………200
フレッチャー, ジョン・C.　Fletcher, J. C. ……35
フロイト, S.　Freud, S. (1856-1939) ………106
ブロッホ, E. S.　Bloch, E. S. (1885-1977)
　………………………………………………126
ヘアー, R. M.　Hare, R. M. (1919-2002)
　…………………………………………………6
ベーコン, F.　Bacon, F. (1561-1626) ……108
ヘスレ, V.　Hösle, V. …………………………8
ヘネガン, C.　Heneghan, C. ………………48
ヘレガース, A. E.　Hellegers, A. E. …………51
ベンサム, J.　Bentham, J. (1748-1832)
　…………………………………………6, 190
ボーヴォワール, S. de　Beauvoir, S. de
　(1908-1986) ………………………………94
ホーキンズ, F. H.　Hawkins, F. H. …………117
ポター, V. R.　Potter, V. R. …………………51
ポッゲ, T. W.　Pogge, T. W. …………161, 166
ホッブズ, T.　Hobbes, T. (1588-1679)
　……………………………………168, 190
ホネット, A.　Honneth, A. …………………200

ま行

マウント, B.　Mount, B. ……………………66
マルクス, K. H.　Marx, K. H. (1818-1883)
　……………………………………144, 147
マルブランシュ, N. de　Malebranche, N. de
　(1638-1715) ………………………………134
ミューア, J.　Muir, J. (1838-1914) …………180
ミル, J. S.　Mill, J. S. (1806-1873) …2, 6, 70, 91
ムーア, G. E.　Moore, G. E. (1873-1958) ……6
ムーア, J. H.　Moor, J. H. …………………22
ムフ, C.　Mouffe, C. ………………………198
村田純一 …………………………………115
メイス, R. L.　Mace, R. L. (1941-1998)
　………………………………………………115
モンテーニュ, M. E. de　Montaigne, M. E. de
　(1533-1592) ………………………………134

や行

山中伸弥 …………………………………81
ヨナス, H.　Jonas, H. (1903-1993)
　……………………………3, 126, 182, 185

ら行

ライク, W. T.　Reich, W. T. …………………51
ライダー, R. D.　Ryder, R. D. ………………132
ラッセル, W. M. S.　Russell, W. M. S.
　(1925-2006) ………………………………131
リーガン, T.　Regan, T. ………128, 133, 137, 138
リンネ, C. v.　Linné, C. v. (1707-1778)
　………………………………………………179
ルソー, J.-J.　Rousseau, J.-J. (1712-1778)
　………………………………………………190
レオポルド, A.　Leopold, A. (1887-1948)
　……………………………………177, 179, 186
レッシグ, L.　Lessig, L. ……………………26
レンク, H.　Lenk, H. …………………3, 125
ローズ, S.　Rose, S. ………………………86
ローズ, N.　Rose, N. ………………………86
ローゼン, W. G.　Rosen, W. G. ……………178
ロック, J.　Locke, J. (1632-1704) ……91, 190
ローティ, R.　Rorty, R. (1931-2007) ………186
ロールズ, J.　Rawls, J. (1921-2002)
　…………7, 8, 160, 166, 184, 190, 192, 194, 198

事項索引

ABET（米国技術者教育認定機構）……118
ALS（筋萎縮性側索硬化症）…………142
BMI（ブレイン・マシン・インターフェース）
　………………………………………142
BOP（Bottom of Pyramid）………　162, 157
BSE（牛海綿状脳症）…………………129
CCD………………………………………120
CO_2………………………………　167, 182
CTBT（⇒包括的核実験禁止条約）
CSR……………………………………153, 156
COP（⇒気候枠組条約締約国会議）
DC-10墜落事故………………………118
EICC（電子業界行動規範）……………157
ELSI………………………………………147
EPA（経済連携協定）……………158, 196
ES細胞（胚性幹細胞）…………54, 60, 80
fMRI（⇒機能的磁気共鳴画像）
FTA（⇒自由貿易協定）
GCP………………………………………35
GRI（Global Reporting Initiative）……149
IC（⇒インフォームド・コンセント）
IPCC（気候変動に関する政府間パネル）……174
iPS細胞（人工多能性幹細胞）………78, 80
iPS細胞技術……………………………108
IRB（治験審査委員会）…………………34
JABEE（日本技術者教育認定機構）……118
LGBT……………………………………96
MBE（医学に基づく倫理学）……………2
NBM………………………………………46
NGO（非政府組織）……………………173
OECD（⇒経済協力開発機構）
PACS……………………………………96
PL法（⇒製造物責任法）
QOL（生活の質：Quality of Life）……114
sanctus（神聖さ）………………………60
SHELモデル……………………………117
STS（科学技術社会論）………………118
To Err Is Human………………………44
VDI（ドイツ技術者連盟）………………119
WHO（⇒国際保健機関）

あ　行

アイデンティティ…………………54, 79
アジェンダ21…………………………172
アセント…………………………………56
アニミズム………………………………10
アファーマティブ・アクション………159
アマミノクロウサギ訴訟………………181
安楽死……………………………………4, 64
委員会コンサルテーション……………34
イエ制度…………………………………90
医学的必要………………………………78
医学的利益………………………………78
医学の父…………………………………84
生き方の多様性…………………………4
畏敬の倫理学……………………………126
医師介助自殺……………………………61
「医師に求められる社会的責任」についての報告
　………………………………………85, 53
医師の職業倫理…………………………84
医師の職業倫理指針…………………32, 85
医師の職務………………………………85
医師の倫理………………………………85
異種移植…………………………………78
異常気象…………………………………174
移植用臓器………………………………132
依存労働…………………………………59
イデア論…………………………………6
遺伝子……………………………………140
遺伝子組み換え技術……………………108
遺伝子組み換え作物……………………179
遺伝子組み換え生物……………………178
遺伝子組み換え生物等の使用等の規制による生物
　の多様性の確保に関する法律………178
遺伝子検査…………………………33, 40
遺伝的多様性……………………………178
医の国際倫理綱領………………………84
医の倫理……………………………49, 50, 53
医の倫理綱領……………………………85
「今とここ」の倫理学…………………185
イラク戦争………………………………171
医療過誤…………………………………44
医療過誤訴訟……………………………52
医療資源…………………………………55
医療資源の配分…………………………76
医療情報……………………………28, 30
医療に関する永続的委任状況…………69
インターネット…………14, 18, 21, 22, 25, 42
インド・ボパール化学工場爆発事故…124
インフォームド・コンセント……28, 32, 39, 42, 49,
　53, 56, 85
インフォームド・コンセント・ハラスメント…49
ウィローブロック事件…………………51
ウィングスプレッド声明………………123
ウェクスラー遺伝病財団………………33

宇宙船地球号	167
ウラン	182
宇和島徳洲会病院	75
運の平等論	161, 195
永久処分場	182
疫学	38
疫学研究に関する倫理指針	38
『エセー』	134
エネルギー政策	177, 182
エンハンスメント	2, 82, 143
延命治療	64
延命治療の中止	65, 68
応召義務	85
応用倫理(学)	2, 4, 9
オーダーメイド医療実現化プロジェクト	42
オプト・アウト方式(反対意思表示方式)	39, 73
オプト・イン方式(賛成意思表示方式)	73
恩	91, 184
温室効果	174
温室効果ガス	148, 173, 174
温暖化	175

か 行

快苦の感覚	139
開発援助	162
カウンセリング	66
科学技術	3
科学・技術の中立性	110
科学者	110
科学的手続き主義	121
科学的不確実性	123
科学哲学	186
核家族	106
核家族化	88, 90
格差原理	195
核実験	170
拡張された自己決定(自律)尊重	68
核兵器不拡散条約(NPT)	171
重なり合う合意	198
過失	28, 44, 112
過失責任原則	112
過失要件	113
化石燃料	129, 183
化石燃料の使用	174
価値観	4, 9, 34, 61, 90, 92
価値(観)の多様性	4, 9
価値多元的社会	7
カネミ油症事件	112
神様委員会	76

神の被造物	60
身体の倫理	86
借り腹	102
カルタヘナ議定書	178
カルテ開示請求権	31
カルト宗教	91
枯葉剤	170
川崎協同病院事件	65
感覚中心主義	176
環境汚染	172
環境と開発に関する国連会議(地球サミット)	122, 171, 172, 174
環境と開発に関する世界委員会(ブルントラント委員会)の報告書	172
環境難民	10
環境破壊	148, 170, 176
環境ファシズム	177
環境プラグマティスト	177, 186
環境倫理(学)	2, 118
看護者の倫理綱領	32
監視社会	16, 23
監視カメラ	17
監視	19, 149
患者の権利	32, 52, 84
患者の意思	50, 65, 68, 111
患者の価値観	46
患者の権利運動	56
患者の権利章典	52
患者の権利法	69
患者の自己決定権法	52
患者の自律(性)	53, 85
患者の利益	50, 53, 111
がん性疼痛の緩和	67
間接的安楽死	64
カンタベリー事件	52
寛容論	91
緩和ケア	66
飢餓	128, 169, 171
飢餓問題	129
企業の社会的責任	152, 154, 156
企業の社会的責任論	154
企業倫理学	2
帰結主義的倫理学	6
期限モデル	100
気候変動	174, 178
気候変動枠組条約	172, 174
気候枠組条約締約国会議(COP)	174
技術革新	120
技術者	110

索　引

技術者倫理(学)·················2, 119
技術者倫理教育·····················118
記述的倫理学························6
技術と倫理·························119
技術予測··························120
傷つきやすさ························97
機能的磁気共鳴画像(fMRI)········57, 142
規範(的)倫理学···················6, 144
希望の原理··························126
基本的人権··························10
義務論的倫理学······················6
救急医療における終末期医療に関する提言····69
京都議定書··························174
恐怖の発見的方法····················185
共有地の悲劇························167
極体診断···························101
拒絶反応····························78
筋萎縮性側索硬化症(⇒ ALS)
筋弛緩剤····························65
近代科学·························2, 147
近代科学技術························2
近代形而上学························2
苦痛緩和····························53
クラスター爆弾·····················171
クラスター爆弾禁止条約··············171
グリーフケア························104
グローバリゼーション················145
グローバル化·········145, 148, 158, 175, 196
クローン技術························108
クローン胚··························80
ケア···················34, 58, 97, 104, 165
ケアチーム··························31
ケアのネットワーク··················59
ケアの倫理······················58, 165
ケアリング··························58
経済格差························146, 173
経済協力開発機構(OECD)·············131
経済連携協定(⇒ EPA)
形而上学的倫理学····················6
経団連企業行動憲章··················154
傾聴·······························104
結果主義的························111
結果倫理学··························6
欠陥·······························112
欠陥要件···························113
決議法······························2
ゲノム······················40, 42, 135
厳格責任(無過失責任)···············124
研究の自由··························80

研究倫理委員会······················34
健康·······························52
原告の適格性·······················181
現在世代·····················63, 182, 184
原子爆弾····················2, 170, 182
原初状態··············8, 184, 190, 192
原子力技術·························108
原則主義批判························7
原則倫理学··························6
原発···························124, 182
原発事故········20, 107, 110, 124, 158, 177, 183
権利主体························100, 180
合意形成·····················5, 187, 198
行為当為····························185
公益通報者保護法···················150
公衆·······························111
工場畜産·····················128, 136, 138
公正さ·······················77, 83, 151
功績主義····························77
鉱物資源···························171
公平····················7, 74, 76, 115, 125, 164
公民権運動······················50, 52, 56
功利主義··········2, 6, 77, 131, 133, 138, 176
功利主義者······················139, 144
功利主義的··········124, 131, 137, 147, 160, 184
コー円卓会議(Caux Round Table)·······149
枯渇型資源··························10
国際移植学会························74
国際人口開発会議····················98
国際保健機関(WHO)··················74
国際連合···························168
黒人の解放·························138
国民皆保険··························53
国民健康保険法······················53
国立療養所松戸病院··················67
国連 PRME·························149
国連環境開発会議(⇒環境と開発に関する国連会議)
国連グローバル・コンパクト··········149
個人主義············10, 62, 70, 124, 147, 159, 193
個人情報············12, 16, 22, 30, 32, 36, 38, 42
個人情報の保護に関する法律(個人情報保護法)
·····························16, 31, 32, 38, 53
コソボ紛争·························169
国家研究法··························51
コピーライト························18
コホート研究························39
コミュニタリアニズム··········54, 192, 197
コンプライアンス···················152

さ 行

再生医療推進法・・・・・・・・・・・・・・・・・・・・・・・・・・・80
最大多数の最大幸福・・・・・・・・・・・・・・・・・・・・・・77
在宅・・・・・・・・・・・・・・・・・・・・・・・・・・・・・・・・・・・・・・67
在宅ケア・・・・・・・・・・・・・・・・・・・・・・・・・・・・・・・・・67
差異のある責任・・・・・・・・・・・・・・・・・・・・・・・・・174
再配分・・・・・・・・・・・・・・・・・・・・・・・・・・・・・・・・・200
サイバネティックスエンハンスメント・・・・・・82
再分配・・・・・・・・・・・・・・・・・160, 193, 194, 196, 198
細胞・・・・・・・・・・・・・・・・・・・・・・・・・・・・・・・・・・・・80
サバイバルロッタリー・・・・・・・・・・・・・・・・76, 78
削減(Reduction)・・・・・・・・・・・・・・・・・・・・・・・131
サステナビリティ報告書のガイドライン・・・・149
差別・・・・・・・・・・・・・・・・・・・・・・・・・・・・・・・94, 169
サリドマイド事件・・・・・・・・・・・・・・・・・・・・・・112
サルゴ事件・・・・・・・・・・・・・・・・・・・・・・・・・・・・・52
サルゴ判決・・・・・・・・・・・・・・・・・・・・・・・・・28, 56
サロゲートマザー・・・・・・・・・・・・・・・・・・・・・102
賛成意思表示方式(⇒オプト・イン方式)
暫定的義務・・・・・・・・・・・・・・・・・・・・・・・・・・・・・7
シエラクラブ・・・・・・・・・・・・・・・・・・・・・・・・・180
ジェンダー・・・・・・・・・・・・・・・・・・58, 88, 94, 96
ジェンダーフリー社会・・・・・・・・・・・・・・・・・・95
資源クライシス・・・・・・・・・・・・・・・・・・・・・・・・10
資源の枯渇・・・・・・・・・・・・・・・・・・・・・・・10, 172
資源の循環的利用・・・・・・・・・・・・・・・・・・・・・173
自己意識・・・・・・・・・・・・・・・・・・・・・54, 60, 100
自己決定(権)・・・・・・・7, 16, 32, 49, 52, 56, 60, 63,
　64, 68, 89, 100
自己決定論・・・・・・・・・・・・・・・・・・・・・・・・・・・・92
自己情報コントロール権・・・・・・・・・・・・・16, 32
自己責任モデル・・・・・・・・・・・・・・・・・・・・・・・100
事後の非難責任・・・・・・・・・・・・・・・・・・・・・・・124
市場経済・・・・・・・・・・・・・・・・・・・・10, 124, 146
事前意思の妥当性・・・・・・・・・・・・・・・・・・・・・・57
自然科学的な説明・・・・・・・・・・・・・・・・・・・・・140
事前警戒原則(Vorsorgeprinzip)・・・・・・・・・・122
北海保護に関する第1回国際会議宣言・・・・・122
自然権訴訟・・・・・・・・・・・・・・・・・・・・・・・・・・・180
事前指示・・・・・・・・・・・・・・・・・・・56, 61, 65, 68
自然死法・・・・・・・・・・・・・・・・・・・・・・・・・・・・・69
自然主義・・・・・・・・・・・・・・・・・・・・・・・・・・・・・83
自然主義的誤謬・・・・・・・・・・・・・・・・・・・・・・・147
自然主義的倫理学・・・・・・・・・・・・・・・・・・・・・・・6
自然状態・・・・・・・・・・・・・・・・・・・・・・・・・・・・・190
自然中心主義・・・・・・・・・・・・・・・・・・・・・・・・・176
自然の価値・・・・・・・・・・・・・・・・・・・・・・・・・・・181
事前の意思表示(⇒事前指示)
自然の統合性・・・・・・・・・・・・・・・・・・・・・・・・・109
事前の配慮責任・・・・・・・・・・・・・・・・・・・・・・・124
持続可能(性)・・・・・・・・・・・・・62, 149, 171, 172
持続可能性の確保・・・・・・・・・・・・・・・・・・・・・・10
持続可能な発展に関するヨハネスブルグ宣言
　・・・・・・・・・・・・・・・・・・・・・・・・・・・・・・・・・・・172
実験動物の飼養及び保管並びに苦痛の軽減に関す
　る基準・・・・・・・・・・・・・・・・・・・・・・・・・・・・・130
実験動物福祉指令・・・・・・・・・・・・・・・・・・・・・130
死の谷・・・・・・・・・・・・・・・・・・・・・・・・・・・・・・120
資本主義・・・・・・・・・・・・・・・・・86, 146, 148, 200
市民社会・・・・・・・・・・・・・・・・・・・・87, 107, 146
社会契約・・・・・・・・・・・・・・・・・・・・・・・・・・・・・184
社会契約論・・・・・・・・・・・・・・・・・・・・・・・・・・・190
社会的決定(手続き)・・・・・・・・・・・・・・・・5, 188
社会的公正・・・・・・・・・・・・・・・・・・・・・・・・・・・・62
社会的責任購買(SRB)・・・・・・・・・・・・・・・・・156
弱者の権利・・・・・・・・・・・・・・・・・・・・・・・・・・・・50
謝罪法・・・・・・・・・・・・・・・・・・・・・・・・・・・・・・・・45
シャロー(浅い)エコロジー・・・・・・・・・・・・・176
自由意志・・・・・・・・・・・・・・・・・43, 60, 141, 142
私有財産制・・・・・・・・・・・・・・・・・・・・・・・・・・・146
自由市場主義・・・・・・・・・・・・・・・・・・・・・・・・・・77
自由主義的原則・・・・・・・・・・・・・・・・・・・・・・・・10
自由主義・・・・・・・・・・・・・・・・16, 62, 70, 148, 167
自由主義社会・・・・・・・・・・・・・・・・・・・・・・4, 192
自由主義(的)経済・・・・・・・・・・・・・・・・146, 160
自由主義的理解・・・・・・・・・・・・・・・・・・・・・・・159
集団的責任・・・・・・・・・・・・・・・・・・・・・・・・・・・125
集中医療における重症患者の末期医療のあり方に
　ついての勧告・・・・・・・・・・・・・・・・・・・・・・・・68
自由貿易協定(FTA)・・・・・・・・・・・・・・158, 196
終末期医療・・・・・・・・・・・・・・・・・・・・・・・・・・・・53
　――に関するガイドライン・・・・・・・・64, 68
　――のあり方に関する報告書・・・・・・・・・・68
　――のあり方について・・・・・・・・・・・・・・・・68
　――の決定プロセスに関するガイドライン・・・64
　――の指針・・・・・・・・・・・・・・・・・・・・・・・・・・69
自由論・・・・・・・・・・・・・・・・・・・・・・・・・・・・・・・・70
熟議デモクラシー・・・・・・・・・・・・・・・・・・・・・199
主権国家・・・・・・・・・・・・・・・・・・・・・・・・168, 175
主権国家成立・・・・・・・・・・・・・・・・・・・・・・・・・169
種差別(speciesism)・・・・・・・・132, 136, 139, 140
主体中心主義・・・・・・・・・・・・・・・・・・・・・・・・・・63
種多様性・・・・・・・・・・・・・・・・・・・・・・・・・・・・・178
手段化・道具化・商品化の禁止・・・・・・・・・・・60
出生のもつ偶然性・・・・・・・・・・・・・・・・・・・・・・83
出生前診断・・・・・・・・・・・・・・・・50, 54, 61, 99, 100
出生前診断技術・・・・・・・・・・・・・・・・・・・・・・・110

ジュネーブ宣言	84	推定同意制	73
種の保存法	178, 181	スピリチュアリティ	91, 105
守秘義務	53, 119, 150	スピリチュアル・ケア	105
樹木の原告適格	180	スピリチュアルな側面	66
シュレンドルフ裁判	28	スマートドラッグ	82
消極的安楽死	64	スモン病事件	112
使用済み核燃料	182	スリーマイル島事故	182
消費者(主権)運動	50, 52, 56	生活の質(⇒ QOL)	
情報倫理(学)	2, 11, 22, 27	正義	7, 51, 53, 62, 77, 160, 166, 194, 200
職業倫理	32, 84, 111	正義原則	5, 7
女子割礼	98	正義の倫理	58, 97, 165
女性解放運動	52	聖クリストファー・ホスピス	66
女性の解放	138	生―経済(生資本)	86
「女性の活躍促進による経済活性化」行動計画	95	性差別	132, 136, 139
		脆弱性(vulnerability)	7, 62
除草剤	170	脆弱な存在	63
知らないでいる(知らされないでいる)権利	32	生殖医療	3
自律	142	生殖ツーリズム	103
自律(尊重)原則	5, 7, 49, 62, 73, 74	生殖補助医療	99, 103
知る権利	31, 32, 50, 56	精神的エンハンスメント	82
自律性	85, 118	精神分析	106
人為主義	83	正戦論	169
人格	9, 18, 58, 60, 100, 159, 190	製造物責任	112, 152
人格の尊厳	60	製造物責任法(PL法)	112
人格の尊重	51	生存権	54, 78, 180
新型出生前診断	101	生態系多様性	178
進化(論)	135, 140, 179, 186	生態系中心主義	176
『新・環境倫理学のすすめ』	10	生の主体	128, 131, 133, 137
人権	35, 36, 60, 137, 159, 161, 166	生の首尾一貫性	62
人権侵害	173	生物医学および行動科学研究における人間の被験者保護のための国家委員会	51
人権団体	149	『生物医学倫理の諸原則』	51
人間の尊厳	5, 60, 80, 101, 159	生物学的多様性	178
人工多能性幹細胞(⇒ iPS細胞)		生物共同体主義	186
人工妊娠中絶	16, 50, 99, 100	生物多様性	63, 178
人種差別	50, 52, 132, 136, 139, 159	――国家戦略 2012-2020	178
人種差別撤廃	50, 52	――条約	172, 178
心情倫理(学)	6, 185	――の喪失	172
新生児	54, 61, 170	――の保護	63
人体実験	29, 51	――の保存	10
身体的エンハンスメント	82	生命(中心)主義	6, 176
慎重原則(⇒予防原則)		生命の価値	139
心停止	72	生命の質	144
人道	84	生命の質的区別	60
人道の介入	169	生命の尊厳	60
人道の実験手法の原則	131	生命利益	57
人命の神聖性	144	生命倫理(学)	2, 50, 70, 86, 197
侵略戦争	168	生命倫理宣言	80
診療情報	30, 32, 42, 53	生命倫理と人権に関する世界宣言	5, 62
人類の責任	10		

聖隷三方原病院	67
生をコントロール	86
世界医師会	30, 32, 38, 52, 74, 84
世界人権宣言	159
世界動物保健機関(OIE)	131
世界保健機関(WHO)憲章	52
世界保健機関(WHO)	66, 74
世界保全戦略	172
責任	109, 110, 112, 156, 185
責任の原理	126
責任倫理	185
世代間正義	172
世代間倫理	10, 63, 91, 172, 176, 184
積極的安楽死	61, 64
説明責任	110
絶滅の危機に瀕する種の保存法(ESA)	177, 181
絶滅のおそれのある野生動植物の種の国際取引に関する条約	178
遷延性植物状態(遷延性意識障害)	54, 73
全ゲノム解析	40, 43
選好	6, 100, 139, 199
善行(⇒与益)	
潜在能力	114
センシティブ情報	30
戦争における正義(jus in bello)	169
戦争の正義(jus ad bellum)	169
戦争の放棄	168
戦争の防止と平和の確立	171
全体論的アプローチ	177
選択権	56, 61
専門家	23, 44, 50, 111, 120
専門職(profession)	110, 118
洗練(Refinement)	131
臓器移植	50, 72, 74
臓器移植技術	108
臓器の移植に関する法律	73, 74
臓器売買	74, 79, 159
増強的介入	82
相互性	165, 184
相対主義	158
ソーシャル・エコロジー	176
尊厳(dignity)	7, 17, 62, 97, 101, 142, 146, 159
尊厳概念	60
尊厳死	61, 64, 159
尊厳死法制化	65
存在当為	185

た 行

第7回ウィングスプレッド会議の声明文	122

対応能力(competence)	61
ダイオキシン	170
体外受精	99, 102
体外受精児	3
代替不可能性	60
胎児	54, 99
対人地雷	171
対人地雷全面禁止条約	171
大脳	72
太陽光発電システム	120
代理意思決定	57
代理(人)指示	54, 68
代理出産	99, 102
代理同意(承諾)	56
代理母	102
大量生産・大量消費	154, 176
多元論的発想	177
多国籍企業	148, 196
多国籍企業及び社会政策に関する原則の三者宣言	149
多国籍企業ガイドライン	149
他者危害原則	70, 91
他者への配慮	62
多数決	80, 146, 188
多数者の専制	70
タスキギー事件	29, 51
堕胎	4, 100
堕胎の罪	99
多様性	4, 63, 93
多様な文化	5
男女共同参画社会基本法	95
地域医療	36
地域医療情報	36
チーム・アプローチ	66
チェルノブイリ原子力発電所事故	124, 182
置換(Replacement)	131
地球温暖化	172, 175, 178
地球環境問題	175
地球規模的な問題	175
地球サミット(⇒環境と開発に関する国連会議)	
地球全体主義	10
『地球の洞察』	177, 186
治験参加を拒否する権利	52
乳飲み子	185
着床前診断	60, 100
注意欠陥多動性障害(ADHD)	82
中間原則	5
中間貯蔵場	183
超人類	143

直観	5, 9
治療チーム	69
治療におけるパートナーシップ	53
治療を拒否する権利	52
鎮静薬	65
ディープ(深い)エコロジー	176
定言命法	185
適応モデル	100
適者生存	141
テクノロジー・アセスメント	119, 121
デザイナー・ベイビー	82
データベース	12, 15, 42, 48
手続き的正義	9
手続き的な正しさ	150, 153, 154
電子カルテ(システム)	37, 41
電子業界行動規範	157
天然資源	148, 171
同意原則	28, 56
東海大学事件判決	68
東海大学病院事件	64
闘技デモクラシー	198
討議モデル	100
道具的な価値	179
統合性(integrity)	7, 62, 142
同性愛	87, 96
同等の権利	131, 184, 192
道徳形而上学の基礎づけ	60
道徳的主体	55
道徳的主体としてのパーソン	54
動物解放論	131, 138
動物機械論	134
動物権利論	131, 138
動物実験	130, 132, 136, 138
動物実験等の実施に関する基本指針	130
動物実験の適正な実施に向けたガイドライン	130
『動物、人間、道徳―人間以外の動物に対する虐待の研究』	132, 138
動物の愛護及び管理に関する法律	130
動物の解放	132, 136, 138, 144
動物の権利	79, 136
動物の福祉	62, 79, 131, 136
動物の利益	128, 131, 133
動物の倫理	140, 176
動物福祉論	131, 138
動物保護運動	130
ドゥーリア	59
特に水鳥の生息地として国際的に重要な湿地に関する条約	178
匿名	14, 23
匿名化	39, 42
土着の環境倫理	186
土地倫理	176, 179, 186
ドナー	78
ドナーカード	57, 61
トランスジェンダー	93, 94, 96
鳥インフルエンザ	129

な 行

内在的価値	133, 137, 179
内戦	168, 171
内部告発	119, 150
内部被曝	170
内容指示	68
ナキウサギ住民監査請求	181
ナッシュ図式	177
ナフィールド生命倫理協議会	79, 86
ナラティブ	62
ナラティブ・コミュニティ	105
肉食	128, 132, 137, 139
二酸化炭素	129, 174
日光・太郎杉訴訟	181
ニヒリズム	3, 101
日本医師会第X次生命倫理懇談会	64, 68
日本学術会議	107
日本技術士会	118
日本コンプライアンス・オフィサー協会	152
ニュルンベルク綱領	84
人間開発指数	163
人間中心主義	10, 63, 176
人間の安全保障	169
人間の尊厳	5, 60, 80, 110
人間の尊厳について	60
人間の被験者保護のための倫理的な原則および指針	51
人間の不可侵性	62
人間の福祉	62
妊娠中絶	54, 100
妊娠中絶法	100
認知主義的倫理学	6
ネイタンソン事件	52
ネイタンソン判決	28
脳科学	2, 141, 142
脳幹	72
脳死	71, 72
脳死者	72, 74
脳死状態	4, 57
脳神経倫理	141, 142
脳神経倫理学	2

ノヴム・オルガヌム‥‥‥‥‥‥‥‥‥‥108
ノックアウト・ブタ‥‥‥‥‥‥‥‥‥‥78

は　行

バイオエシックス(bioethics)‥‥‥ 10, 49, 50, 62
バイオエシックス・センター‥‥‥‥‥‥51
『バイオエシックスとは何か』‥‥‥‥‥‥‥1
『バイオエシックス百科事典』‥‥‥‥‥‥51
バイオポリティックス‥‥‥‥‥‥‥‥‥86
廃棄物‥‥‥‥‥‥‥‥‥‥‥10, 109, 173
胚性幹細胞(⇒ ES 細胞)
配分‥‥‥‥‥‥‥‥‥‥‥‥50, 76, 194
胚保護法‥‥‥‥‥‥‥‥‥‥‥‥‥101
配慮(する)責任‥‥‥‥‥‥‥‥ 125, 185
ハザード‥‥‥‥‥‥‥‥‥‥‥‥‥122
パーソン‥‥‥‥‥‥‥‥‥‥54, 100, 192
パターナリズム‥‥‥‥‥‥49, 50, 52, 84, 92
働く「なでしこ」大作戦(⇒「女性の活躍促進による経済活性化」行動計画)
バリアフリー‥‥‥‥‥‥‥‥‥‥‥114
パリーラ鳥‥‥‥‥‥‥‥‥‥‥‥‥181
バルセロナ宣言‥‥‥‥‥‥‥‥‥‥‥62
反照的均衡‥‥‥‥‥‥‥‥‥‥‥‥5, 9
反省的均衡‥‥‥‥‥‥‥‥‥‥‥‥5, 8
反対意思表示方式(⇒オプト・アウト方式)
万能細胞‥‥‥‥‥‥‥‥‥‥‥‥‥80
比較考量不可能性‥‥‥‥‥‥‥‥‥‥60
悲嘆‥‥‥‥‥‥‥‥‥‥‥‥‥‥104
ビーガン‥‥‥‥‥‥‥‥‥‥‥‥‥128
非自然主義的‥‥‥‥‥‥‥‥‥‥‥‥6
ビジネス倫理‥‥‥‥‥‥‥‥‥‥‥145
ヒ素入りドライミルク事件‥‥‥‥‥‥112
ビーチャム／チルドレスの四原則‥‥‥‥62
ヒト ES 細胞の樹立および使用に関する指針‥80
非認知主義的倫理学‥‥‥‥‥‥‥‥‥‥6
ヒポクラテスの誓い‥‥‥‥‥49, 100, 111
秘密が保持される権利‥‥‥‥‥‥‥‥52
ヒューマンエラー‥‥‥‥‥‥‥‥‥116
ヒュームの法則‥‥‥‥‥‥‥‥‥‥141
平等主義‥‥‥‥‥‥‥‥‥‥‥‥‥77
貧困‥‥‥‥‥‥‥‥‥‥‥ 160, 169, 173
フェアトレード‥‥‥‥‥‥‥‥ 145, 157
フェイルセーフ‥‥‥‥‥‥‥‥‥‥117
フェミニズム‥‥‥‥‥‥ 58, 96, 100, 200
フォード・ピント事件‥‥‥‥‥‥‥‥118
負荷なき自己‥‥‥‥‥‥‥‥‥‥‥192
複雑性悲嘆‥‥‥‥‥‥‥‥‥‥‥‥105
福島第一原子力発電所(事故)
‥‥‥‥‥‥‥‥‥‥20, 124, 157, 158, 182

普遍主義‥‥‥‥‥‥‥‥‥‥‥ 138, 158
不法行為(法)‥‥‥‥‥‥‥‥‥‥‥112
プライバシー‥‥‥‥ 16, 19, 22, 25, 32, 39, 42, 142
プルサーマル方式‥‥‥‥‥‥‥‥‥183
プルトニウム‥‥‥‥‥‥‥‥‥‥‥182
ブルントラント委員会(⇒環境と開発に関する世界委員会)
フールプルーフ‥‥‥‥‥‥‥‥‥‥117
プロザック‥‥‥‥‥‥‥‥‥‥‥‥82
プロフェッション‥‥‥‥‥‥‥‥‥119
フロンティア倫理‥‥‥‥‥‥‥‥‥184
分解者‥‥‥‥‥‥‥‥‥‥‥‥‥179
文化的価値‥‥‥‥‥‥‥‥‥‥‥‥181
分配的正義‥‥‥‥‥‥‥‥‥‥‥‥194
ペイニズム(Painism)‥‥‥‥‥‥‥‥133
ベジタリアニズム‥‥‥‥‥‥‥‥‥128
ベジタリアン‥‥‥‥‥‥‥‥‥‥‥128
ベビー・ドゥ論争‥‥‥‥‥‥‥‥‥‥9
ヘルシンキ宣言‥‥‥‥‥‥ 29, 38, 56, 85
ベルモント・レポート‥‥‥‥‥‥29, 51
包括的核実験禁止条約(CTBT)‥‥‥‥171
放射性廃棄物‥‥‥‥‥‥‥‥‥ 109, 183
放射能汚染‥‥‥‥‥‥‥‥‥ 110, 157, 170
法令遵守‥‥‥‥‥‥‥‥‥‥‥‥152
保健医療分野における情報化にむけてのグランドデザイン‥‥‥‥‥‥‥‥‥‥‥‥37
保護権益‥‥‥‥‥‥‥‥‥‥‥‥184
ホストマザー‥‥‥‥‥‥‥‥‥‥‥102
ボスニアやコソボの紛争‥‥‥‥‥‥170
ホスピス(緩和)ケア‥‥‥‥‥‥‥‥66
保全(conservation)‥‥‥‥ 149, 171, 172, 181
保存(preservation)‥‥‥‥‥‥‥ 172, 180
母体保護法‥‥‥‥‥‥‥‥‥‥‥‥99
ホメオスタシス‥‥‥‥‥‥‥‥‥‥72

ま　行

マイノリティ‥‥‥‥‥ 93, 96, 103, 177, 193, 200
マグナカルタ‥‥‥‥‥‥‥‥‥‥‥177
マクロレベルの配分‥‥‥‥‥‥‥‥‥76
ミクロレベルの配分‥‥‥‥‥‥‥‥‥77
水資源‥‥‥‥‥‥‥‥‥‥‥‥‥129
水俣病‥‥‥‥‥‥‥‥‥‥‥‥ 122, 124
未来世代‥‥‥‥‥‥‥‥‥‥63, 159, 184
未来世代の保護‥‥‥‥‥‥‥‥‥‥63
未来世代への責任‥‥‥‥‥‥‥‥63, 172
未来倫理‥‥‥‥‥‥‥‥‥‥‥‥184
民主主義‥‥‥‥‥‥ 10, 11, 17, 125, 146, 187, 188
民主主義社会‥‥‥‥‥‥‥‥‥4, 192, 197
民族対立‥‥‥‥‥‥‥‥‥‥‥‥171

索　引

無加害原則 …………………………… 5, 7
無思慮 …………………………………… 125
無知のヴェール ………………… 184, 190, 192
メタ倫理学 ………………………………… 6
免疫寛容 ………………………………… 79
免疫抑制剤等 …………………………… 79
目的論的倫理学 …………………………… 6

や　行

『野生のうたが聞こえる』 ……………… 177
有機体と自由 …………………………… 126
優生主義者 ……………………………… 144
ユダヤ-キリスト教的伝統 ……………… 186
ユニバーサル …………………………… 115
ユニバーサルデザイン ………………… 114
よいは悪い，悪いはよい ……………… 109
羊水穿刺 ………………………………… 100
与益(善行)原則 ……………… 5, 7, 62, 81, 111
善き生(well-being) …………………… 114
予見と責任の倫理学 …………… 126, 185
予防原則(precautionary principle 慎重原則)
　………………………………… 122, 175
淀川キリスト教病院 …………………… 67
ヨハネスブルグ・サミット …………… 173

ら　行

ライフスタイル・ドラッグ …………… 82
ラディカルな自然中心主義 …………… 176
ラムサール条約 ………………………… 178
卵子提供 ………………………………… 102
利益の平等な配慮 ……………… 133, 138
利益の平等な配慮の原則 ……………… 128
リオ宣言(リオデジャネイロ宣言)
　……………………… 123, 159, 171, 172

リオデジャネイロ宣言第15条 ………… 122
利己主義 ………………………………… 140
リスクに関する意志決定のモデル …… 123
リスク評価 …………………… 121, 123
リスク・トレードオフ論 ……………… 123
リスボン宣言 …………… 30, 32, 52, 85
利他主義 ………………………………… 140
利他的行動 ……………………………… 141
リタリン ………………………………… 82
リビング・ウイル …………… 54, 61, 68
リビング・ウイルの法制化 …………… 69
リプロダクティブ・ヘルス …………… 98
リプロダクティブ・ヘルス／ライツ … 98
リプロダクティブ・ライツ …………… 98
リベラリズム ……………… 97, 192, 198
良好な状態 ……………………………… 52
臨時脳死及び臓器移植調査会 ………… 72
倫理学(ethike) ……………………… 6, 50
倫理規範 ………………………………… 84
倫理コーディネーター ………………… 35
倫理コンサルタント ……………… 34, 35
倫理コンサルテーション ……………… 34
劣化ウラン ……………………………… 170
劣化ウラン弾 …………………………… 170
労働における基本的原則および権利に関する
　ILO(国際労働機関)宣言 …………… 159
ローカルな環境思想 …………………… 186

わ　行

湾岸戦争 ………………………………… 170

■編者・執筆者紹介■

【編　者】

浅見昇吾（あさみ・しょうご）　上智大学外国語学部教授（兼上智大学生命倫理研究所所員）．1962年生まれ．慶應義塾大学文学研究科後期博士課程単位取得退学．研究テーマは，生命倫理，脳神経倫理，社会哲学．共著に『医療倫理Ｑ＆Ａ』太陽出版など．共訳に，ヘーゲル『法権利の哲学』未知谷など．論文に「生命倫理の基礎付けに，ホーリズムは必要か？」『モルフォロギア』第32号など．〔**序**-2，**4**　**3**-3　**4**-4　**7**-7，8　**10**-1，3，5，コラム　章頭リード文：**1，2，5，8，10**〕

盛永審一郎（もりなが・しんいちろう）　富山大学大学院医学薬学研究部教授（哲学）．1948年生まれ．東北大学大学院文学研究科中退．研究テーマは，実存倫理学，応用倫理学．共編著書に『シリーズ生命倫理学第6巻　生殖医療』『医学生のための生命倫理』共に丸善出版，『新版増補　生命倫理事典』太陽出版など．共訳に，ヤスパース『真理について4』理想社，ハンス・ヨナス『責任という原理』東信堂など．〔**序**-1，3　**4**-5，コラム　**5**-7　**6**-9，コラム　**9**-8，9　章頭リード文：**序，3，4，6，7，9**〕

【執筆者】（五十音順）

有馬　斉（ありま・ひとし）　横浜市立大学大学院都市社会文化研究科准教授．1978年生まれ．国際基督教大学教養学部卒．米国ニューヨーク州立大学バッファロー校哲学博士課程修了（哲学博士）．研究テーマは生命倫理学，メタ倫理学など．共著書に『生死の語り行い（1）：尊厳死法案・抵抗・生命倫理学』生活書院など．〔**4**-1，2　**5**-6〕

石田安実（いしだ・やすし）　お茶の水女子大学グローバル人材育成推進センター特任准教授．1959年生まれ．東京大学人文科学研究科博士課程単位取得退学．米国ブラウン大学哲学科修士．研究テーマは英米倫理学，応用倫理学（特に「自律性」の問題），分析哲学，心の哲学．論文に「ICにおける『会話モデル』を補うもの」（『医学哲学　医学倫理』第31号），「プラセボ効果は心身因果関係の理解を変えるか」（『国際哲学研究』第2号）など．〔**4**-3，6，7〕

板井孝壱郎（いたい・こういちろう）　宮崎大学大学院医学獣医学総合研究科教授．宮崎大学医学部附属病院臨床倫理部部長（併任）．1968年生まれ．京都大学大学院文学研究科博士後期課程（倫理学専修）研究指導認定退学．研究テーマは，臨床倫理コンサルテーション，臨床プラグマティズム，ドイツ自然哲学の医学思想．共編著書に『医療情報と生命倫理』太陽出版，『臨床倫理学入門』医学書院，『シリーズ生命倫理学第16巻　医療情報』丸善出版など．監訳書に『医療IT化と生命倫理』など．〔**2**-2，3，4，5，6，10，コラム〕

井上　彰（いのうえ・あきら）　立命館大学大学院先端総合学術研究科准教授．1975年生まれ．オーストラリア国立大学大学院社会科学研究校哲学科PhDコース修了．研究テーマは政治哲学（とくに正義論），倫理学．共編著書に『実践する政治哲学』ナ

カニシヤ出版など．〔**10**-2，4，6〕

大谷卓史（おおたに・たくし）　吉備国際大学社会科学部准教授．1967 年生まれ．千葉大学大学院文学研究科修士課程修了．東京大学大学院工学系研究科博士課程単位取得退学．研究テーマは，情報倫理学，科学技術史．著書に『アウト・オブ・コントロール』岩波書店．編著書に『情報倫理入門』アイ・ケイコーポレーションなど．〔**1**-2，4，5，7〕

奥田太郎（おくだ・たろう）　南山大学社会倫理研究所准教授．1973 年生まれ．京都大学大学院文学研究科博士課程研究指導認定退学．博士（文学）．研究テーマは，近代道徳哲学，倫理学，応用倫理学．著書に『倫理学という構え―応用倫理学原論』ナカニシヤ出版．〔**7**-4，5，**8**-8，9，10，コラム〕

奥野満里子（おくの・まりこ）　オハイオ州立大学医学部臨床助教授．1970 年生まれ．文学博士（京都大学）．研究上の関心は，現代功利主義とその限界．単書に Sidwick and Contemporary Utilitarianism, Palgrave Macmillan．共著書に『生命倫理学と功利主義』ナカニシヤ出版など．〔**2**-1，7，8，9〕

樫　則章（かたぎ・のりあき）　大阪歯科大学歯学部教授．1956 年生まれ．大阪大学大学院文学研究科単位取得退学．研究テーマは功利主義，生命倫理学，メタ倫理学．共編著書に『シリーズ生命倫理学第 2 巻　生命倫理の基本概念』丸善出版など．共著書に『社会歯科学』学建出版など．監訳に『道徳の中心問題』ナカニシヤ出版など．共訳に，P. チャーチランド『脳がつくる倫理』化学同人など．〔**7**-1，2，3，6，コラム〕

勝西良典（かつにし・よしのり）　青山学院大学非常勤講師．1967 年生まれ．上智大学大学院哲学研究科博士後期課程単位取得退学．研究テーマは，カント哲学，ビジネス倫理学．共著書に『ビジネス倫理学』，『ビジネス倫理学読本』，監訳書に，ノーマン・E. ボウイ『利益につながるビジネス倫理』すべて晃洋書房．〔**8**-1，2，6，7〕

小出泰士（こいで・やすし）　芝浦工業大学工学部教授．1957 年生まれ．慶應義塾大学大学院文学研究科単位取得退学．研究テーマは，ベルクソン哲学，応用倫理学．著書に『良識から見た生命倫理』DTP 出版，『技術者倫理入門』丸善出版など．共編著書に『高校倫理からの哲学』岩波書店．共著書に『応用倫理学事典』『シリーズ生命倫理学第 1 巻　生命倫理学の基本構図』丸善出版など．〔**6**-1，2，5〕

小林　睦（こばやし・むつみ）　東北学院大学教養学部教授．1962 年生まれ．東北大学大学院文学研究科修了．博士（文学）．研究テーマは，応用倫理学，現象学，心の哲学．共著書に『生命と環境の倫理』放送大学教材，『高校倫理からの哲学 2　知るとは』岩波書店など．〔**6**-3，4〕

﨑川　修（さきかわ・おさむ）　ノートルダム清心女子大学人間生活学部准教授．1971 年生まれ．上智大学大学院哲学研究科満期退学．研究テーマは，現代哲学，人間学，キリスト教倫理．共著書に『心とは何か』北大路書房，『ニヒリズムとの対話』晃洋書房など．〔**3**-5，**5**-5，8，9，コラム〕

佐藤啓介（さとう・けいすけ）　聖学院大学人文学部准教授．1976 年生まれ．京都大学

大学院文学研究科修了．博士（文学）．研究テーマは宗教哲学，フランス哲学．共著書に『スピリチュアリティの宗教史（上）』リトン，『フェティシズム論の系譜と展望』京都大学学術出版会など．〔**5**-1, 2, 3, 4〕

霜田　求（しもだ・もとむ）　京都女子大学現代社会学部教授．1960 年生まれ．大阪大学大学院文学研究科博士後期課程単位取得退学．専門分野は，哲学・倫理学．共編著書に『シリーズ生命倫理学第 12 巻 先端医療』丸善出版，『生命と環境の倫理』放送大学教育振興会，『岩波講座 哲学 8 生命／環境の哲学』岩波書店など．〔**3**-4, 6, 7〕

菅原　潤（すがわら・じゅん）　長崎大学大学院水産・環境科学総合研究科教授．1963 年生まれ．東北大学大学院文学研究科修了．研究テーマは，比較哲学史，環境哲学．著書に『弁証法とイロニー　戦前の日本哲学』講談社選書メチエなど．訳書に，ハイデガー『ドイツ観念論の形而上学』創文社など．〔**序**-コラム，**9**-5, 6, 7, コラム〕

田中朋弘（たなか・ともひろ）　熊本大学文学部教授．1966 年生まれ．大阪大学大学院文学研究科単位取得退学．博士（文学）大阪大学．研究テーマは，規範倫理学，応用倫理学．著書に『職業の倫理学』丸善，『文脈としての規範倫理学』ナカニシヤ出版など．〔**8**-3, 4, 5〕

坪井雅史（つぼい・まさし）　神奈川大学外国語学部准教授．1965 年生まれ．広島大学大学院文学研究科博士課程単位取得退学．研究テーマは，応用倫理学の方法論，情報倫理学，生命倫理学など．共著書に『情報倫理入門』アイ・ケイ・コーポレーション，『医療情報と生命倫理』太陽出版など．〔**1**-1, 3, 6, コラム〕

寺田俊郎（てらだ・としろう）　上智大学文学部哲学科教授．1962 年生まれ．大阪大学文学研究科修了．博士（文学）．研究テーマは，近現代の実践哲学，臨床哲学．共著書に『世界市民の哲学』晃洋書房，『グローバル・エシックスを考える』梓出版社，監訳書に，ケアスティング『自由の秩序』ミネルヴァ書房など．〔**9**-3, 4〕

直江清隆（なおえ・きよたか）　東北大学大学院文学研究科教授．1960 年生まれ．東京大学大学院理学系研究科博士課程単位取得退学．博士（文学）．研究テーマは，現象学，科学技術論，応用倫理学．共著書に『知の生態学的転回 2』東京大学出版会，『岩波講座 哲学 9 科学／技術の哲学』岩波書店，『応用倫理学事典』丸善出版など．翻訳に，フィーンバーグ『技術への問い』岩波書店など．〔**6**-6, 7, 8〕

水野俊誠（みずの・としなり）　津田沼クリニック副院長，慶應義塾大学・千葉大学・東邦大学講師．1965 年生まれ．慶應義塾大学大学院文学研究科修了．博士（文学）．研究テーマは，J. S. ミルの哲学，生命倫理学．共著書に『ヴィクトリア時代の思潮と J. S. ミル』三和書籍，『医学生のための生命倫理』丸善出版など．共訳書に『生命の神聖性説批判』東信堂など．〔**3**-1, 2, 8, 9, 10, コラム〕

森川輝一（もりかわ・てるかず）　京都大学大学院法学研究科教授．1971 年生まれ．京都大学大学院法学研究科中退．博士（法学）．研究テーマは西洋政治思想史．著書に，『〈始まり〉のアーレント―「出生」の思想の誕生』岩波書店．〔**9**-1, 2〕

教養としての応用倫理学

|平成25年10月20日　発　　行|
|令和 5 年 9 月15日　第5刷発行|

編 者　浅　見　昇　吾
　　　　盛　永　審一郎

発行者　池　田　和　博

発行所　丸善出版株式会社
　　　　〒101-0051　東京都千代田区神田神保町二丁目17番
　　　　編集：電話(03)3512-3264／FAX(03)3512-3272
　　　　営業：電話(03)3512-3256／FAX(03)3512-3270
　　　　https://www.maruzen-publishing.co.jp

© Shogo Asami, Shinichiro Morinaga, 2013

組版印刷・株式会社 日本制作センター／製本・株式会社 松岳社

ISBN 978-4-621-08625-4 C1012　　　Printed in Japan

JCOPY　〈(一社)出版者著作権管理機構 委託出版物〉
本書の無断複写は著作権法上での例外を除き禁じられています．複写される場合は，そのつど事前に，(一社)出版者著作権管理機構(電話03-5244-5088, FAX03-5244-5089, e-mail：info@jcopy.or.jp)の許諾を得てください．